교육사회학의 쟁점

교육과 사회

Rob Moore 저 | 손준종 역

학지사

Education and Society

Issues and Explanations in the Sociology of Education

by Rob Moore

저자 서문

이 책은 교육사회학 입문서다. 이 책의 특징은 설명될 필요가 있는 쟁점들(issues)과 그것들이 설명된 방식들(explanations)에 초점을 맞추고 있다는 점이다. 이러한 점에서 그것의 관점은 시간의 흐름에 따라 솔직하게 서술하는 방식을 채택하지 않는다. 뿐만 아니라 이론적 관점에서 형식적으로 조직된 것도 아니다. 그럼에도 이 책에서는 사회학의 기초를 닦은 사상가들을 깊이 있게 다루며 지난 반세기 동안 교육사회학 분야에서 논의된 것들을 두루 살핌으로써 교육사회학 영역의 사상을 깊이 있게 드러내고자 했다. 이런 점에서 이 책은 역사적 의미도 지닌다. 이 책에서는 어떤 접근이 이론적인 것으로 간주되는지, 그리고 다양한 관점들이 특정 쟁점에 대해 어떻게 접근하는지에 주의를 기울이고 있다. 이 책에서 기울이고 있는 관심 영역은 크게 두 가지인데, 하나는 쟁점을 정의하는 것과 관련하여 제기되는 문제이고, 다른 하나는 어떤 현상을 특정 방법으로 설명하는 것과 관련된 문제다. 전자는 세계를 바라보는 방식과 관련이 있으며 후자는 특정한 설명을 확신할 수 있게 된다면 세계가 어떠해야 되는가와 관련이 있다. 예를 들어, 교육이 '자본주의' '산업주의' 그리고 '가부장제'의 이익을 위해 기능한다면, 그러한 것이 가능하도록 하기 위해 세상에서는 어떤 일들이 일어나야 할 것인가? 그리고 그것들에 대해 우리가 알고 있는 것을 어느 정도나 확신을 가지고 설명할 수 있는가? 등과 같은 질문이다. 가장 기본이 되는 물음은 '그것이 어떻게 작동하는가?' 하는 것이다.

나는 이 책에서 교육사회학의 핵심 영역을 포괄했다고 생각하지만, 그렇다고 체계적이고 종합적으로 검토했다고 말하기는 어렵다. 실제로 나의 지식, 관심 그리고 능력의 한계 때문에 일부는 제외되었다. 뿐만 아니라 교육학과 교육사회학 관련 논의의 줄거리를 구성한다는 점에서도 편향되어 있다. 어떤 것은 지지하고 어떤 것은 반대하는데, 이러한 찬반은 지식에 대한 관점 때문이다. 이 책은 교육에 관한 지식으로서 교육학과 교육사회학의 명료성과 성실성의 근간이 되는 하나의 지식에 관한 변호다. 바로 이 때문에 마지막 장에서 근본적인 인식론 문제에 상당히 주의를 기울였다. 인식론을 검토하면서 많은 것들은 누락되기도 했지만, 또 다른 것들은 추가되었다. 한 예로, 이 책에서는 계층화와 이동 연구에서 제기된 교육 관련 쟁점을 다룬다. 초창기의 교육사회학은 사회학의 핵심 프로그램에 강하게 밀착되어 있었다. 30여 년 전 즈음, 적어도 영국에서 둘의 관계는 서로 분리되었다. 나는 지금이야말로 사회학이 교육과 관련하여 어떠한 역할을 해야 하는가에 보다 많은 관심을 기울여야 하는 시기라고 믿는다. 마지막 장에서는 인식론과 과학철학을 폭넓게 다룬다. 나는 이 작업이 지식 그 자체는 물론이고 지식의 생산방식을 중요한 관심거리로 만드는 데 상당한 공헌을 하리라 믿는다. 지금까지 30년 이상 그렇게 구분하는 것이 무익하다는 주장이 늘어나고 있지만 구성주의와 포스트모더니즘은 실증주의의 주요 대안으로 간주되었다. 이 책은 이런 주장에 반대하는 비판적 실재론자들에게 토대를 제공하기 때문에 중요하다.

제1장에서는 학교와 교육의 과정을 다룬다. 교육적 차이, 사회적 기회, 사회 불평등과 관련된 쟁점들을 검토한다. 계급, 성, 민족성, 인종의 쟁점들은 교육의 과정에 초점을 맞춘 설명적인 접근방식들에 대해 복잡하고 모순된 문제를 나타낸다. 이 장에서는 그러한 접근을 검토하고 이들 접근에서 사용된 교육의 내적 과정과 관련된 요인들만으로는 교육 및 사회분화의 제도적 속성이나, 시간에 따른 교육 및 사회분화의 변동 혹은 변동의 실패 이유를 분석하는 데 충분하지 않다는 점을 밝힌다. 이를 위해 계급분화의 역사적 안정성과 20세기 후반 교육에서 성 차이가 얼마나 급격한 변화를 보였는가 하는 점을 극명하게 대비하는 데 초점을 맞춘다. 핵심 쟁점은 이들 두 현상의 의미, 둘 사이의 관계 그리고 이론적으로 일관되고 단일한 분석틀(가능하고 바람직한 것으로 간주되어야 한다)로 두 현상을 설명할 수 있느냐 여부다.

제2장과 제3장은 경제와 계급, 국가 형성과 지위 등을 번갈아 다루면서 교육의 거시적 · 역사적 맥락을 검토한다. 제2장에서는 교육사회학에서 가장 경쟁적인 두 접근인 마르크스주의와 자유주의 접근 중 그 어느 것도 관찰된 사실들을 적절하게 설명할 수 없음을 언

급한다. 교육제도의 비교를 통해 차이를 초래할 것으로 기대되는 것이 무엇인가를 알 수 있는 것에 비해, 교육개혁이나 계급분화의 비교를 통해서는 종종 그렇지 못하다. 왜냐하면 교육적으로 사회는 아주 다양하지만 이동률과 경제적 생산성은 매우 유사하기 때문이다. 초기 영국 고등교육의 소수 선발형 제도는 비교의 관점에서 보면 일반적 기대와 달리 배타성보다는 능력주의 속성을 표방한다. 그렇다면 어떤 종류의 차이들이 서로 다른 차이를 만들어 내는가? 제3장은 국가 형성과 국민 형성의 주제로 돌아간다. 제3장에서는 교육의 다양한 형태의 분포를 살피고 아울러 구별되는 아비투스(habitus)의 형성과 관계된 '문명화(cultivation)'를 위한 교육의 어떤 특정 형태가 집단 형성과 사회계층화를 위해 어떠한 기여를 하는가를 살펴본다. 계급 내 차이가 어떤 점에서는 계급 간 차이보다 더 의미 있을 것이다.

제1장에서 제3장까지 다룬 내용은 우리의 이해 증진에는 상당한 도움을 주지만, 우리가 아는 모든 것을 적절하게 설명할 수 있는 접근은 없다. 어떻게 하면 교육의 과정, 경제와 국가 그리고 계급과 지위에 대한 이해를 상호 보완적으로 함께 이용할 수 있을까? 제4장은 앞의 장에서 살펴본 점점 변화하는 힘의 구조-역동성과 관련하여 교육제도와 학교를 다시 다룬다. 이는 학교와 학생들 스스로를 경기에서 적극적인 선수처럼 바라보는 접근을 이용한다. 학생들과 그들 가족이 처한 개별적인 조건하에서 학교에서 그들이 택한 입장과 전략에 초점을 둔다. 여기에서 검토한 구조-역동성 모델은 종합적인 설명이 가능한 분석틀을 제공할 것이다. 이는 교육사회학의 설명적 접근에 대한 이론적 토대와 가정에 대한 검토를 필요로 한다.

제5장과 제6장에서는 이론적 및 인식론적 쟁점에 대한 관심을 다룬다. 제5장에서는 교육사회학의 아버지 뒤르켐(E. Durkheim)을 다시 살펴본다. 여기서는 뒤르켐이 교육을 자기 사상의 중심에 놓은 까닭을 살펴보고, 아울러 뒤르켐이 여전히 교육사회학의 중심에 위치해야 하는 이유를 다룬다. 이러한 논의의 핵심은 뒤르켐의 교육사상에서 아비투스 개념(용어가 아니라)이 칸트의 사회학화(sociologizing)*라는 보다 넓은 틀 안에서 어떤 역할을 담당하는가 하는 점이다. 이러한 개관은 뒤르켐의 지적 계승자인 번스타인(B. Bernstein)의 이론을 이해할 수 있는 기초를 제공한다. 번스타인 연구를 개관함으로써 그의 이론의 특징과 교육사회학 분야에서 그가 견지해 온 방법을 구체화하고자 한다. 이들 두 사상가의 탐구는 교육사회학이 학문영역으로 어떻게 구성되며 그 이론적 탐구와 지식 생산 방식이 어떠한지에 관한 근본 물음을 제기한다.

마지막 장에서는 '무엇을 가르칠 것인가?'라는 물음에 초점을 맞춤으로써 이러한 관심을 확장한다. 이 장의 관심은 교육과정 그 자체보다는 지식이 사회적으로 생산된다는 인식에서 제기된 보다 심층적인 문제다. 즉, 교육은 지식 생산뿐만 아니라 지식 재생산의 결정적인 장소다. 지식사회학으로부터 인식론과 과학철학으로 관심을 옮긴다. 이는 지식의 사회적 성격에 대한 비판적 실재론자들의 접근이 전통주의와 진보주의 사이, 그리고 실증주의와 구성주의 사이의 오래되었으나 무익한 갈등을 대신하여 새로운 접근방법을 제공할

---

* 역자 주: 사회학화란 사회학적으로 또는 사회학적 용어로 설명하고 연구하며 해석하는 것을 말한다.

수 있는 가능성을 탐구하기 위해서다.

이 책은 논쟁거리를 담고 있으며 그것들은 각각 특정한 입장을 취한다. 무엇보다도 이 책의 목적은 교육사회학의 관련 분야에 대한 좋은 감각을 독자들에게 제공하는 교육사회학 해설을 하는 것이다. 때문에 무엇보다도 분명하고 이해하기 쉬워야 한다. 사례와 참고문헌은 대부분 대학도서관에서 이용할 수 있는 자료와 독자들이 교육사회학에 대해 정통하지 않더라도 찾을 수 있는 것으로 선택했다. 그중 일부는 기본 교재이기 때문에, 다른 일부는 특별한 입장을 드러내는 예로, 그리고 나머지는 논의하고 있는 쟁점에 관한 좋은 개관과 평가를 제공하기 때문에 선정하였다.

교육사회학을 가르치는 것, 교육사회학을 연구하는 것, 그리고 교육사회학에 관한 저술 활동을 하는 것은 특별한 일이다. 어떤 이는 교육사회학을 배우고, 다른 이는 배운 것을 가르치며, 또 어떤 이는 배우고 가르친 교육사회학을 연구한다. 그중의 일부는 배우고, 가르쳤으며, 탐구하여 발견한 것을 가르친다. 이 점에서 나는 누구보다 다양한 경험을 했다. 나는 상당히 오랫동안 교사 생활을 했다. 런던의 한 초등학교에서 근무하였으며, 중학교 사회과 교사로 오랜 시간을 보냈고, 성인교육기관에서 학생들을 가르쳤으며, 교육사회학을 연구하는 석·박사 학생 시절을 보냈다. 나는 연구대상이자 연구자였다. 그리고 연구하던 나를 돌아보곤 한다. 나는 초등학교의 C반, 런던 남동부 남자 중등학교, 지역 문법학교 대학입학예비학교, 런던 폴리테크닉 그리고 런던대학교를 거쳐 지금은 케임브리지대학교 교육학부 교수로 재직하고 있다. 나는 교사이고, 교사들을 가르치고 있으며, 지금도 교사가 되고자 하는 많은 학생들을 가르치고 있다. 공립 · 사립 학교의 학생들, 교사와 학자들, 도중에 많은 신세를 졌던 분들로 인해 가능했던 교육 경험이 이 책의 주제로 재현되었기 때문에 감사의 인사를 전하고자 한다.

감사의 글

먼저 나의 훌륭한 스승을 잊지 못한다. 나는 런던 남동부 찰톤 포스드니 로드 남자 중학교의 담임이셨던 테리 닐(Terry Neal) 선생님께 감사드리고 싶다. 당시 닐 선생님의 격려가 없었다면 아마도 나는 이 책을 쓰는 지금의 자리에 있지 못했을 것이다. 그는 오랫동안 나를 위하여 교직에 종사하셨다. 닐 선생님을 비롯한 다른 많은 선생님들이 하셨던 일들에 감사한다.

골드스미스대학의 이안 헥스톨(Ian Hextall) 교수님과 지금은 세상을 떠난 마단 사럽(Madan Sarup) 교수님은 내가 교사로서 런던대학교에서 학사와 석사학위 과정(교육학)을 밟고 있었던 1970년대 초반에 나의 기초를 닦아 주셨다. 헥스톨 교수님의 지도로 나는 박사학위 과정을 밟았으며 그로부터 상당한 지도(이 책의 많은 내용이 그 시절에서 나온 것이다)를 받았다. 케임브리지대학교 교육학과와 호머튼대학 사회학과의 동료 교수와 친구들은 대단한 자극과 지원을 해 주었다. 지금은 개방대학교에 있는 존 아이어(John Ahier)와 매들라인 아르노(Madeleine Arnot)에게 감사한다. 특히 인내심 많고 배려심이 깊은 존 벡(John Beck)은 모든 장을 읽어 주었으며 지적인 명료성뿐만 아니라 세미콜론의 올바른 사용법까지 알려 주는 도움을 주었다. 또한 린 존스(Lynn Johnes)에게 감사한다. 나는 번스타인 교수님을

1966년 버로 폴리테크닉(Borough Polytechnic, 오늘날의 사우스뱅크대학교) 사회학과 학부생으로서 처음 만났다. 번스타인 교수는 돌아가실 때까지 나에게 격려, 지원 그리고 학문적 아량을 아끼지 않으셨다. 그는 영감적인 교사이자 나의 멘토였다. 나는 번스타인 교수님에게 한없는 빚을 지고 있다. 내가 정말로 좋아하는 친구 마이크 히콕스(Mike Hickox)와 나의 만남은 행운이었다. 우리는 런던 남동부의 '가까운 거리(round the corner)'에서 성장하였으며, 같은 시기에 버로 폴리테크닉 사회학과에서 그는 나의 선생으로, 나는 그의 학생으로 출발했다. 우리는 몇 차례 글도 함께 썼다. 그는 나에게 학자적 성실성과 영감적인 교수 모델의 토대를 제공해 주었다. 마이크에게 매우 감사한다. 이 책을 완성하기까지 많은 분들이 오랫동안 격려해 주고 충고해 주었다. 조 뮬러(Jeo Muller), 파를로 싱(Parlo Singh), 마이클 영(Michael Young), 조나단 펄머터(Jonathan Perlmutter), 파잘 알리(Fazal Ibrahim Ali) 등이 그들이다. 내가 이 책을 쓰는 동안 박사과정 지도학생 칼 메이튼(Karl Maton)도 박사학위논문을 작성하는 중이었는데, 우리는 서로 아이디어를 다듬으면서 최고의 지적인 나눔을 즐겼다. 나는 출판사의 익명의 세 독자로부터도 상당한 도움을 받았는데, 매우 감사하게 생각한다. 교육은 일찍 시작되어 오래 지속되는데, 나의 부모님은 든든한 기초를 만들어 주셨다. 두 분 모두에게 감사와 사랑을 전하고 싶다.

Rob Moore

차 례

저자 서문 • 3

제1장 불평등과 교육의 과정 15

교육사회학의 주요 쟁점 • 19
교육사회학의 접근방법 • 37
성과 '교육혁명' • 42
쟁점의 요약 • 46
내재적 접근의 한계: 남성성 에토스 • 49
학교가 차이를 만드는가 • 61
정 리 • 67

제2장 교육, 경제, 계급 69

마르크스주의와 자유주의 • 74
산업주의 논리 • 83
자본주의 논리 • 92
교육제도와 사회적 기회 • 102
교육과 세계화 • 116
정 리 • 122

제3장 교육, 국가, 지위 125

국가 형성 • 129

교양과 독일의 고급관료 • 137

아비투스와 '정신의 교육학' • 143

부르디외와 문화적 자본 • 157

정 리 • 173

제4장 교육변화 177

구조–역동성 모델 • 182

교육적 의사결정의 장 • 193

선택과 사회계층화의 일차 효과 • 209

정 리 • 219

제5장 교수법 담론의 구조 223

뒤르켐과 교육의 과학 • 229

교육, 사회 그리고 지식의 문제 • 234

질서의 구조화 • 244

번스타인: 계급, 코드 그리고 통제 • 252

기술 언어와 지식구조 • 267

정 리 • 274

제6장 지식의 문제: 교육과정 277

구성주의 • 285
포스트모더니즘과 '폭로하기' • 289
지식과 사회: 무엇을 가르쳐야 하는가 • 296
지식의 복권과 상대주의의 비정합성 • 308
지식의 장과 지식의 사회적 생산 • 318
인식 주체 없는 인식론 • 320
과학, 지식, 사회 • 323
지식의 사회적 생산 • 327
정 리 • 330

제7장 교육사회학의 과제 333

역자 후기 • 343
참고문헌 • 349
찾아보기 • 363

제1장

불평등과 교육의 과정

제1장
불평등과 교육의 과정

교육사회학의 가장 중요한 쟁점 중 하나는 교육 및 사회 불평등과 기회와의 관계다. 이는 대중 토론이나 정책 수립 과정에서 교육사회학의 주요 이론적 관심과 연구주제 그리고 그 폭넓은 실제적 활용을 하나로 묶는 역할을 한다. 그러나 교육은 단순하지 않다. 교육은 다양한 집단에서 서로 다른 방식으로 행해지고 있으며 다양한 세력으로부터 영향을 받는다. 불가피하게 이들 대부분은 모순적이다. 예를 들어, 교육이 기회의 평등을 촉진해야 한다는 요구는 학문적 수월성을 유지하려는 요구와 갈등할 것이다. 또는 '전인적 인간' 의 양성에 가치를 두는 자유주의 교육자들은 교육이란 경제적 요구에 부응해야 한다고 생각하는 사람들과 갈등할 것이다. 이 장에서는 교육 및 사회분화와 관련된 일련의 문제들과 그러한 문제들이 다양한 관점에서 설명되는 여러 방식을 탐구한다. 특히 교육제도 및 교육의 과정에 관련된 요인에 초점을 맞춘다.

사회학자, 교육자, 정책입안자 등이 이러한 요인에 기본적으로 관심을 두는 데에는 분명한 이유가 있다. 그것은 교육이 행해지는 곳이 학교 안이기 때문이다. 우리가 학교제도를 조직하는 방식은 아이들의 교육적 삶의 질을 결정할 뿐만 아니라 교육을 통해서 얻고자 하는 광의의 목적에도 영향을 미친다. 교육구조와 과정을 우선적으로 간주하는 또 다른 이유는 정책입안자와 교육학자가 직접적으로 개입할 수 있는 길이 열려 있기 때문이다. 교육과 노동시장 또는 가족 간의 외적 관계와 요인에 영향을 미치는 것은 더욱 어렵다. 따라서 이번 장의 결론은 학교와 관련된 요인들의 설명으로 제한된다. 만약 교육이 사회 내에서 작동하는 방식을 보다 완전하게 이해하고자 한다면, 그 요인들을 보다 넓은 사회적 분석틀 안에 위치시킬 필요가 있다. 그러나 교육적 변화는 그 성격상 제한된 효과만을 가지고 있다.

분화의 문제는 점점 더 복잡해졌는데, 그 이유는 사회적 차이의 증가를 설명할 때 계급뿐 아니라 성이나 민족성 등을 고려하게 되었기 때문이다. 이는 페미니즘의 공헌처럼 설명적 접근이 급격하게 증가한 것과 관련이 있다(Measor and Sikes, 1997). 따라서 설명할 필요가 있는 것이 무엇인지 그리고 다양한 접근방법 중에서 교육 및 사회분화의 다른 국면에 어떤 방법을 적용할 것인지를 아는 것이 필수적이다. 이러한 복잡성은 보다 미묘하고 다차원적인 자아, 정체성, 차이 모델을 선호하는 대신에 계급이나 성 같은 큰 범주를 거부하는 포스트모던 접근 때문에 훨씬 더 복잡해졌다(Bradley, 1996). 이번 장의 목적은 교육사회학과 그 다양한 관점들이 마주하게 될 복잡한 쟁점들을 검토하는 것이다.

교육사회학의 주요 쟁점

역사적으로 교육사회학과 교육정책은 계급, 성, 민족집단 간의 차이에 주목하여 왔다. 할제이(Halsey)의 지적처럼 "계급, 성, 인종은 형평을 향한 열망의 길목에서 만나는 세 거인들이다." (Halsey, 1997: 638) 교육은 보다 평등한 사회를 만드는 원리로 다루어진다(어떤 이에게 교육은 불평등하게 될 기회의 평등을 의미하며 다른 이에게는 결과에서 더 큰 형평성을 성취하는 것이다.). 이것은 사회의 보상이 상속이나 부당한 사회적 유리 혹은 불리에 따라 이루어지기보다는 능력(merit)에 따라 분배되어야 한다는 이념이다. 계급, 성, 인종 불평등은 기회와 보상의 분배에서 정의를 실현하기 위해서 교육이 넘어야 하는 장애물로 다루어진다. 교육에서의 기회 평등은 사회 평등을 실현하는 수단으로 간주된다. 그렇지만 '비판적' 이론가들의 생각처럼 교육 그 자체는 오히려 사회 불평등을 재생산하는 것과 관련이 있는 것으로 보인다. 결과적으로 교육사회학의 많은 연구들은 그러한 방해 요인들을 구체화하고 진보적 대안들을 제시하는 일에 관심을 두어 왔다.

이러한 쟁점들은 콜린스(C. Collins) 등의 다음 견해에 잘 드러나 있다.

> 출신 배경이 다른 아이들은 사실상 동일한 학교교육을 받는 것이 아니기 때문에 학교에서 다른 결과를 보인다.…… 대체로 학생들은 사회경제적으로 유리하든 혹은 불리하든 자신들의 출신 배경 쪽으로 가게 하

는 학교교육을 받는다. 게다가 그들이 택한 경로가 선택의 문제로 해석될 수 있지만, 결과의 체계적인 차원은 다른 요인들이 작용할 강한 개연성을 암시한다(C. Collins et al., 2000: 135).

이것은 학교교육과 분화에 관련된 분석방법에서 고려될 수 있는 기본 요소들과 가정을 포함한다.

- 차별적인 교육 결과는 집단 간 사회경제적 유리 또는 불리로 정의된다.
- 학생들의 실존적 지위가 교육 결과와 관계가 있다는 주장이 있다. 왜냐하면 어떤 학생에게는 선택의 문제이지만, 다른 학생에게는 선택에 작용하는 요인들의 영향이기 때문이다.
- 이들 결과들은 학교교육의 유형에 따라 적극적으로 구성된다.
- 결과적으로 교육적 과정의 효과성이 학교교육의 유형과 관련이 있다는 가정이다. 이때 '효과성'이란 효과의 범위를 말하는데, 이는 실제로 무엇이 일어났느냐 혹은 특정 상황에서 얼마나 효과적인가에 관계없이 어떤 것의 장점 때문에 생겨나는 능력을 말한다.
- 학교교육의 유형을 변화시키는 것이 결과적으로 학교교육의 효과와 그 성과를 변화시킬 잠재적 가능성이 있다.

복잡하고 다양한 쟁점들은 이러한 명제 및 가정과 각각 관련되어 있다.

차이와 불평등

사회분화 현상이 교육사회학에 있어 근본이라 하더라도 그것을 모두 '차이(difference)'라고 말하기는 어려우며 오히려 용어의 다양한 의미들을 구분할 필요가 있다. 아마 가장 명백한 의미에서 차이는 사회집단들이 보이는 교육 결과에서 체계적 평균의 차이를 언급할 때 사용될 것이다. 하지만 '차이'라는 용어는 포스트모던 담론에서는 다른 의미를 갖는다. 그것은 정체성의 구성적 특징과 자아의 주체성, 구성원 그리고 유산과 관계가 있다. 이러한 '차이'를 지지하는 것은 후기구조주의자와 해체주의자의 의미에 대한 기호이론으로(Mills, 1997), 이때 자아란 내가 아닌 다른 모든 타자(others)와의 대조를 통해 상대적으로 주어진다. 예를 들어, '남성성'은 여성이 아닌 존재로 이해된다. 이때 여성은 타자다. 일반적으로 차이의 개념에 대해서는 두 가지 입장이 있다. 하나는 사회학자가 자신의 목적에 따라 정한 '객관적' 기준들에 의한 개념이고, 다른 하나는 개인들이 자신의 정체성을 어떻게 느끼는지 그리고 집단이 타자들에 의해 어떻게 인식되기를 원하는지에 따라 구성되는 담론으로 보다 '주관적'인 개념이다. 학교가 이러한 주관적 차이에 어떻게 반응하고 존중하느냐는 많은 연구자들에게 핵심 문제다. 최근의 후기구조주의자들의 접근법에 따르면, 차별적인 결과는 각 집단들이 학교가 자신들의 정체성, 경험과 유산에 적합하며 가치를 부여한다고 느끼는 정도를 반영한다. 그리고 이는 상징적 상호작용론에 근거한 초기 접근을 따르고 있다.

셋째, '차이(difference)'와 '불평등(inequality)'을 확실히 구분하는 것이 중요하다. 교육사회학에서는 종종 두 의미가 혼재되어 사용된다. 그러나 차이를 불평등으로 당연하게 받아들일 수는 없다. 그렇게 가정되기보다 증명되어야 하는 것이다. 이러한 구분은 교육사회학에서 무엇이 '문제'로 간주되어야 하느냐에 대한 시사점을 제공한다.

차이를 불평등으로 정의하고자 하는 가정에 깔려 있는 가치와 합리성은 '문제'로 정의되는 것(불평등은 문제지만, 차이는 문제가 아니다)과 설명으로 간주되는 것(불평등을 낳는 사람들에게 작용하는 힘을 구체화하는 것)을 구분하는 또 다른 문제를 낳는다. 기본적으로 무엇이 문제를 구성하는가에 대한 정의는 교육에서 사회분화의 실제 유형과 그 부정적 영향이 제거되면 출현하게 될 이상적 유형의 가정—"'선천적 자질의 자유로운 활동 결과'는 무작위로 분배된다"—사이의 대조에 달려 있다(Bourdieu and Passeron, 1977: 228). 철학적으로 무엇을 다룰지라도, 실질적으로 중요한 의미에서 선택과 불평등을 구별하는 것은 불가능하다. 집단들 간에 체계적인 차이가 지속적으로 존재한다는 것은 사람들로 하여금 특정한 방식으로 행동하도록 제약하는 일터에서 암묵적으로 작용하는 힘으로 받아들여질 수 있다. 선택이 문제가 되는 경우는 사람들이 효과적으로 행사할 수 있도록 하는 선택을 제약하는 맥락적 조건 안에서다. 따라서 우리는 자신에게 불리한 선택을 '자유롭게' 할 수 있다(Ogbu, 1997: 770 참고)! 부분적으로 사회학적 설명은 명백하게 비합리적인 선택들을 이해할 수 있도록—윌리스(Willis)가 자신의 고전적 연구인 『노동하는 법 학습(*Learning to Labour*)』(1977)에서 "노동계급의 자녀는 왜 노동계급의 직업을 갖게 되는가?"라는 물음에 답하였던 방식처럼—하는 맥락적 조건을 가시화하는 것과 관련이 있다(제4장 참고).

차이와 사회변화

역사적으로 계급은 주된 분석과 관심의 대상이었지만 우리는 계급이 하위문화 집단의 구성원, 민족성, 성적 성향과 같이 정체성의 다른 측면들보다 중요하지 않은 포스트모던 세계에 살고 있다(Hartley, 1997). 지난 반세기 동안 사회적으로 어떤 변화가 사회계층화와 교육분화 연구에서 전통적으로 동원되었던 범주들의 유용성을 약화시켰을까(Westergaard, 1995: 제3부; Brown and Lauder, 2001)?

- **일의 성격 변화**: 개념으로서의 계급의 효과성은 육체적 노동계급과 비육체적 노동계급, 관리자와 행정가 계급 사이의 명확한 분업에 기초한 안정적이고 위계적인 직업 구조에 의존했다. 제조업에 기초한 이러한 '포드주의적' 직업 체계는 서비스 산업에 기반을 둔 '포스트포드주의적' 체계에 의해 대부분 밀려났다. 포스트포드주의적 체계는 서비스와 직업 안정성, 경력개발 가능성에서 확연히 다른 조건들을 갖는 보다 파편화되고 '유연한' 노동 배치 체제를 나타낸다. 개인들은 전문화되기보다는 다중 기술을 숙달하도록 기대되며, 정례적으로 직업을 바꾸고, 기술을 재교육하고 업데이트할 준비가 되어 있다. 핵심 노동자와 주변부 노동자 사이의 구분과 같이 다른 유형의 구분이 중요하게 되었으며, 계급은 노동과 사회적 삶 그리고 정체성의 구성을 조직하는 원리로서 그 의미를 상실했다.
- **가족구조의 변화**: 포드주의적 생산은 남성이 가족을 부양하고 여성이 아내이자 어머니로서 살림과 육아에 전념하는 가부장제적

가족구조를 유지했다. 이러한 전통적 가족은 오늘날 이혼율의 증가, 성적 관습의 변화, 한부모가족과 동거가족, 동성애와 같은 상황에 대한 새로운 태도의 결과, 다양한 가족 형태로 대체되고 있다.

- 여성의 역할 변화: 가족에서의 중요한 변화의 측면은 여성의 역할과 페미니즘의 영향에 따른 변화 결과다. 경제적 영역뿐 아니라 삶의 다른 영역에서 여성의 독립 증가는 일반적인 경향이 되었다. 여성은 같은 경우에서—자녀 없이 사는 것을 포함하여 약 25%는 입양을 선택한다—예전보다 훨씬 광범위하게 선택을 경험하고 기대한다.
- 다문화주의: 원주민집단 내에서 일어난 것으로 기술되었던 다원적 경향이 이주를 통해 유입된 여러 유형의 다양성에 의해 보완되었다. 예를 들어, 영국은 과거 대영제국의 국가들, 주로 카리브해 연안과 인도 대륙 국가들로부터 이주해 온 인구가 늘어났으며, 미국은 영국과 아일랜드계의 비율이 상대적으로 감소하고 대신에 아프리카계 미국인과 히스패닉 인구가 증가했다.

이와 같이 복잡한 변화의 양상은 포스트모더니스트들에게는 과거와 근본적으로 단절된 새로운 사회질서를 향한 결정적 변화로 해석되었다. 낡은 범주들과 사회적 모델들(혹은 '거대담론')은 더 이상 사회에 기여하지 못하는 것으로 다루어졌다. 그러나 다른 이들은 이러한 변화들을 본질적으로 연속성을 가지며 덜 근본적이라고 생각한다(Giddens, 1990; Alexander, 1995). 이러한 변화의 유형들은 교육자들에게 무엇을 어떻게 가르칠 것인가에 관한 문제들을 제시할 뿐만 아니라, 사회학적으로도 무엇을 어떻게 설명할 필요가 있는가 하는 점을 제시한다(Hartley, 1997).

차이와 계급

정체성과 위치결정(positioning)의 다차원적 속성을 인식하는 과정에서 '어떤 차원이 다른 차원보다 더 근본적인가?'라는 질문에 마주하게 된다(Lopez and Scott, 2000: 제5장). 마르크스주의자들처럼 계급이 성이나 인종보다 더 근본적인가? 만약 그렇다면 민족적, 성적, 지위의 차이들이 궁극적으로 계급 차이로 해소될 수 있는 환원론적 형식을 채택하여 설명할 것이다. 그렇지만 견지(見地)적 관점을 채택하고 있는 페미니스트들은 성이 '남성적인' 계급이론과는 질적으로 다른 별개의 이론과 개념을 요구하고, 또한 '페미니즘적 방법'은 '남성적' 방법과는 종류가 다르다고 여긴다(Bilton et al., 2002: 461-463). 페미니스트들에게 이론과 방법은 구성적으로 성차별적이며 따라서 근본적으로 불연속적이고 비교할 수조차 없는 것이다.

웨스터가드(Westergaard)는 계급의 우선성을 옹호하면서 다음을 제안한다.

> 계급 불평등은 성과 민족적 불평등과 별개로 존재하는 차이다. 공적 영역과 일반 원리처럼, 성과 민족은 계급을 통해서 대체로 작동되고 측정된다. 남녀 간의 불평등과 인종 간의 불평등—개신교 사회에서 가톨릭과 개신교 사이의 문제—은 계급 불평등의 주된 표현이다. 그러나 그

역은 아니다(Westergaard, 1995: 145).

그가 지적하듯이 "여성은 계급구조에서 낮은 곳에 위치함으로써—유일하지는 않지만—특별히 사회적 종속을 경험한다."(Westergaard, 1995: 145) 흑인의 경우도 마찬가지다. 이 점을 지적하는 것은 계급환원론으로의 복귀를 의미하는 것이 아니다(계급 불평등과 차별의 양식이 성과 인종의 불평등의 모든 것을 분석하지 못한다.). 다만 "다양한 유형의 불평등을 다룬 이론과 방법이 서로 개념상 병렬적이지" 않고 오히려 상호작용하며 관련성이 있다는 것을 밝히기 위하여 이러한 불평등 사이의 중요한 비대칭성을 지적하고자 한다(Westergaard, 1995: 147).

미국의 상황에서 옥부(Ogbu, 1997)는 계급/인종 관계에 관해 비슷한 관찰을 하였지만 교육에서 인종 불평등이 지속되는 현상을 설명하기 위하여 다른 점을 지적했다. 옥부는 계급과 분리된 '인종적 계층화'의 특수성을 정의하기 위해 일련의 신중한 차이들을 구성했다. 그는 비록 사회 불평등이 보편적이라고 할지라도 사회계층화는 그렇지 않다고 주장한다. 계층화는 집단들이 특정 기준들(예, 피부색, 성)에 따라 규정될 때 발생하며, 이때 각자의 상대적 위치가 정해지고, 개인들은 집단 구성원으로 취급된다. 그는 계층화를 다음과 같이 정의한다.

> 계층화된 사회는 사회 내 집단의 구성원과 사회의 기본 자원들 사이에 차별적 관계가 존재하는 사회다. 그 결과 어떤 이들(예, 미국의 백인들)은 특정한 사회집단에 속한다는 이유로 전략적인 자원에 대해 거의 온전하게 접근이 가능한 반면에, 다른 이들(예, 미국의 흑인들)은 다른

사회집단의 구성원이라는 이유로 동일한 주요 자원이나 기본 자원에 접근하는 데에 다양한 장애를 경험한다. 게다가 위계적으로 다른 사회집단들은 집단 간 사회적 거리를 유지하는 데 봉사하는 문화적이고 부당한 구분에 의해 분리된다. 계층화된 사회에는 일반적으로 지배집단의 합리화를 구체화하고 집단들 사이의 위계 질서를 설명하는 데 활용되는 포괄적인 이데올로기, 민속(folk)이론이나 과학적 이론이 존재한다. 종속집단이 제도의 합리화를 반드시 받아들이는 것은 아니다. 그러나 종속집단은 그 영향으로부터 완전히 자유롭지 못하다(Ogbu, 1997: 766-767).

계층화는 계급 없이도 (예, 산업사회 이전처럼) 일어날 수 있으며 계급도 반드시 계층화(사회 불평등과 구별되는 것으로서)를 수반하지 않는다. 개인은 계급을 바꿀 수 있지만, 인종적으로 계층화된 사회에서 개인의 피부색과 그것이 수반하는 것을 바꿀 수는 없다. 계급의 구성원은 성취되며 (사회경제적 지위와 같은) 외적 특성으로 표시되는 것에 비하여, 계층의 구성원은 (본래적인 것으로 가정된) 귀속적 특성에 따라 할당된다. 계층은 계급을 포함하지만(예컨대 중간계급인 미국 흑인들), 하위계층에 속하는 계급들은 지배집단과 동일한 계급의 연속선상에 있지 않다. 옥부가 언급했듯이 미국에서 흑인은 상위의 계급적 지위를 성취할 수 있지만, 여전히 인종 계층화의 결과로 고통을 겪고 있으며, 동일한 계급의 백인들로부터 분리되어 있고, 백인들에 비해 상대적으로 불이익을 받고 있다.

옥부의 분석에 따르면, 백인이 지배하는 인종적으로 계층화된 사회에서 흑인 학생들의 위치를 온전히 이해하기 위해서 계급과 구별하여 계층화의 특수한 역동성 개념을 고려할 필요가 있다. 이렇게 개념화된 계층화는 계급과 상호작용하며 계급을 통해 작동한다. 역동성은 성과 성적 관심과 관련하여 페미니즘에서 발전된 개념들을 요청할 수도 있다. 사회학적 설명은 서로 보완하고 '소통하는' 일련의 이론과 개념을 도출할 것이다. 그것은 모든 것을 하나의 기본 범주의 결과로 간단히 취급하는 환원론이나, 서로 다른 이해관계를 반영하는 패러다임적으로 전혀 다른 관점을 나열하는 견지 접근과도 구별된다. 핵심 문제는 교육사회학이 더욱더 높은 추상화 수준에서 증가하는 복잡성에 관해 종합적인 설명을 생산할 수 있는가다. 그래서 우리가 교육과 사회를 이해하는 방식은 설명적 학문(explanatory discipline)으로서 사회학 그 자체를 어떻게 이해하느냐 하는 것과 관계가 있다.

상대적 유리함과 불리함의 관점에서 교육 불평등을 정의하는 이러한 복잡성은 콜린스 등(C. Collins et al., 2000)에 의해 호주 교육에서의 성차를 다룬 보고서에서 검토되었다.

> 교육의 형평에 대한 접근에는 몇 가지 역설과 문제가 있다. 이들은 일련의 질문을 통해 가장 잘 드러난다. 첫째, 만약 특정한 성이 정상에서 다른 성을 능가하는 성취와 참여를 보인다면, 이것이 다른 성으로 하여금 정상에서 낮은 성취와 참여를 보이게 하는가? 불이익을 초래하는가? 만약 이것이 불리함으로 이해된다면, 다른 성취 수준에서 남성과 여성을 어떻게 비교해야 하는가? 누가 불리한가? 최고 수준에서 뛰어난 성

> 취를 보인 사람의 성인가, 아니면 수행 체계의 낮은 수준에서 두드러진 성취를 보인 다른 성인가, 아니면 각 수준에서 뛰어난 성취를 보인 사람의 성인가? 그들은 모두 똑같이 불리한가? 그렇지 않다면, 밑바닥에 있는 사람들이 성에 관계없이 그들보다 위에 있는 사람들과 비교하여 특별히 불리한가? 이것이 사실이라면, '그 남자 아이들 어때?' 라는 문제가 어떻게 새롭게 정의되어야 하는가? …… 교육적 불이익은 종종 모든 학교 학습 영역에서 그리고 특별히 '핵심적인' 학교 학습 영역에서의 낮은 수행으로 자주 이해된다. 그리고 아마도 이것은 한 사람의 학교교육을 추가적인 훈련, 교육 혹은 안정된 노동으로 또는 참으로 의미 있는 삶의 다른 측면으로 전환할 수 없는 것으로도 가장 잘 이해되었다. 교육을 통해 생겨난 자본 - 인간자본, 문화자본, 사회자본 - 을 가지고 학생들이 지금 그리고 나중에 할 수 있는 것들을 참고하지 않은 채 교육의 불리함을 논의하기 어렵다. 실제로 어떤 학생은 그의 문화적 자본과 사회적 자본이 학교교육을 통해 개발될 필요가 있으며 또한 인간자본도 마찬가지다. 단지 한 영역에서만 개발된 사람은 누구나 불리하다고 말할 수 있다 (C. Collins et al., 2000: 60-61).

콜린스 등은 학생들이 학교를 떠날 때, 시간의 경과에 따른 교육적 유리함의 누적 효과를 지적한다. 교육은 추가적인 교육, 훈련, 직업으로 '전환될' 수 있는 '인간자본, 사회자본, 문화자본' 에 대한 투자다. 이러한 누적 효과에 대한 설명과 관련해 적절한 가중치를 부여하는 것이 중요하다. 왜냐하면 그것이 학교에 다니는 동안 학생들의 행동에 영향을 미치는 것처럼, 학교를 졸업한 후 자신들의 미래에 관한 기대에도 영향을 미칠 것이기 때문이다. 남학생들은 여학생들만큼 그렇게 잘하지 못할 것이다. 왜냐하면 남성들은 노동시장에서 누릴 유리함을 갖추고 있어서 잘할 필요가 없기 때문이다! 이것이 시사하는 바는 만약 남학생들이 여학생과 동등한 교육적 성취를 하게 된다면, 여성은 직업세계에서 더욱더 불리하게 될 것이라는 점이다. 교육 내부에서 성 간의 평등 증진은 교육 외부에서 불평등을 증가시킬 것이다. 교육적 유리함은 사회적, 경제적 이익으로 직접적으로 전환되지 않으며 학생들도 이 점을 잘 알고 있다.

콜린스 등은 교육에서 여학생들이 남학생들보다 뛰어나도 노동시장에서 크게 유리하지는 않지만, 여학생들은 스스로에게 흥미 있는 과목을 선택함으로써 보다 의미 있는 학습법을 선택한다고 지적한다. 남학생들은 도구적으로 유용한 '일련의' 과목들을 공부하지만, 여학생들이 획득한 인격적 속성의 발달을 놓칠지 모른다. 그리고 남학생들은 원하기보다 '해야 한다' 고 느끼는 것을 공부함으로써 소외를 증가시킬지 모른다. 어떤 남학생들은 '여성적인' 과목들을 더 잘할지 모른다. 연구자들은 다음과 같은 것을 관찰했다.

> 현재의 성적과 지식의 위계는 어떤 남학생집단에게는 심각하게 불리하다. 지식의 위계는 남학생들이 '여성적인' 과목들을 피하도록 만들고 수학과 '어려운' 과학을 수강하도록 해서 다른 것만큼 잘하지 못하도록 만든다. 실제 교육과정의 과제는 남성과 여성 모두에서 성과 권력의 관계가 어떻게 그들 삶의 선택을 침해하고 제한하는지를 좀 더 명백하게 알도록 가르치는 것이다. 결과적으로 그들은 그들이 배우고 성취하기를 원하는 것에 대한 결정이 사회적으로 구성되기보다 오히려 전문가에 의해 만

들어지는 상태에 처하게 될지도 모른다(C. Collins et al., 2000: 89, 강조는 인용자*).

그러나 남학생들의 도구주의가 본질적으로 '더 나은' 선택인가? 자유주의 교육의 관점에서는 여학생들이 더 나은 결정을 하는 것으로 비춰질지 모른다. 그들은 경제적인 면에서는 손실이지만, 인간으로서는 더 많은 이득을 얻는다. '(전문가에 의해) 만들어진' 결정과 '사회적으로 구성된' 결정을 구별하는 것은 불가피하게 가치 판단을 수반한다.

차이의 영역

교육과 관련된 사회적 차이의 영역은 다음과 같이 요약될 수 있다.

- 계급: 교육에서의 계급 차이에 관한 사례는 사회학적으로 독특한 문제를 제기한다. 영국과 다른 나라에서(Erikson and Goldthorpe, 1993) 모든 개혁이 계급 차이를 줄이고자 했음에도 불구하고 20세기 내내 상대적 차이는 실질적으로 변화하지 않았다. 사회적으로 교육의 절대적 수준은 지속적으로 높아졌으나 계급 간 차이는 여전히 존재한다. 낮은 교육 수준에서 계급

* 역자 주: 이 책에 등장하는 강조 부분은 *Education and Society*의 저자 롭 무어(Rob Moore)의 것이다. 이하 '강조는 인용자'에서 인용자는 무어를 가리킨다.

차이는 계속해서 감소되었지만, 전반적인 차이는 동일한 형태를 유지했다. 교육적 성취의 절대적 수준을 포함하여 교육에서 일어난 모든 변화에도 불구하고 계급 차이가 지속되는 이유는 무엇인가? 노동계급 학생들이 자신들의 교육 수준 평균을 높였음에도 불구하고 그들의 상대적 지위가 변화되지 못한 까닭은 무엇인가?

- 성: 성은 상황이 반대다. 지난 20여 년 동안 두드러진 현상은 고등교육을 포함하여 모든 교육 수준에서 여학생과 젊은 여성이 남성의 성취를 점차적으로 따라잡은 '성 혁명(gender revolution)' 이었다(Arnot et al., 1999). 성 혁명은 두 측면을 갖는다. 하나는 1인당 성취 수준의 성 혁명이고, 다른 하나는 전통적으로 '남성' 의 영역으로 간주되었던 수학과 과학 분야로의 여성 진출이다. 여성은 낮은 계급은 하지 못하였던 일을 하는 데 성공함으로써 자신들의 절대적 위치뿐만 아니라 상대적 위치를 변화시켰다. 중요한 것은 계급이 20세기 후반 교육정책과 개혁의 주요 초점이었던 데 반해서, 성 개혁은 대부분의 경우 기껏해야 단편적으로 다루어졌으며, 심한 경우는 공적으로 적의를 가지고 대했다는 점이다!
- 민족성: 이 차원에서는 전반적인 일반화가 일어났다고 확신할 수 없다. 예를 들어, 영국에서 인구의 다수를 점하는 민족에 비해 상대적으로 소수인 민족들의 학업성취를 살펴보면 그들 중 일부는 평균 성취 수준보다 높고 다른 일부는 낮은 수준을 보인다. 이러한 위치는 시간에 따라 변하고 심지어 국가 내 지역에 따라

다양하다(Heath and McMahon, 1997; Gillborn and Mirza, 2000). 잉글랜드, 웨일즈, 스코틀랜드 그리고 아일랜드의 원주민인 백인 다수 집단은 총계에서 국가적 평균을 약간 밑도는 성적을 보였다. 민족에 따른 집단 자료의 경우, 어떤 범주들이 사용되었는가에 주목하는 것이 중요하다. 예를 들어, 때로 '인도/파키스탄/방글라데시' 는 함께 묶이는데, 그러나 이들 집단 간(그리고 집단 내)에는 상당한 교육적 · 문화적 차이가 존재한다. 다른 나라의 상황도 정착과 이주의 유형 그리고 식민화된 원주민의 존재 등을 개별적으로 고려할 필요가 있다.

이처럼 차이, 변화 그리고 균형의 복잡한 패턴은 주된 설명에 한계가 있음을 의미한다. 우리는 성 혁명과 계급 차이의 안정성을 민족적 복잡성과 함께 한 번에 그리고 동시에 어떻게 적절히 논의할 수 있을까? 문제는 일관성을 유지하는 것이다. 만약 성 혁명이 보다 '여성 친화적' 인 교육 그 자체의 결과라고 주장한다면, 비슷한 종류의 개혁(보다 체계적이고 광범위하게 적용된)이 노동계급 학생들을 위해서는 왜 작용하지 않았는가? 전형적인 인종차별주의자가 아프리카-카리브계 흑인 남학생들의 불리한 위치를 설명한다면, 아프리카-카리브계 흑인 여학생, 아프리카계 흑인 남학생, 일부 아시아계 학생집단의 상대적 성공을 어떻게 설명할 수 있는가? 기본 설명과 관련된 쟁점은 교육제도, 그 구조와 과정, 사회적 인과성의 기초 모델 그리고 인간의 다른 측면에 기인하는 효과성의 유형과 관련이 있다.

차이의 질서

계급, 성, 민족과 관련된 교육의 차이는 서로 다른 질서에 의한 것이다. 길본과 미르자(Gillborn and Mirza, 2000)는 1997년 영국과 웨일즈에서 (대부분 16세인) 전체 학생의 45%가 대학입학자격시험(GCSE)에서 5등급 이상의 성적을 거두었다고 주장한다. 이들 중 여학생은 51%(평균 이상 6%), 남학생은 42%(평균 이하 3%)였다. 하지만 백인 학생들과 아프리카-카리브계 학생들 간의 차이는 두 배였고—어떤 소수 민족은 백인보다 우수한 성취 수준을 보이며, 최상위와 최하위 점수 차이는 소수 민족 집단이 백인과 흑인 사이의 차이보다 더 크다—계급 차이는 여전히 매우 컸으며, 특히 관리직/전문직 자녀들은 20% 이상이 평균 이상이었으나, 비숙련 노동자 자녀들은 대략 25%가 평균 이하로 나타났다(Gillborn and Mirza, 2000: 22-23). 만약 전문직을 관리직과 구분한다면, 계급 차이는 더욱 클 것이다. 왜냐하면 이들 두 계급 분파 간에 의미 있는 교육적 차이가 있기 때문이다(Savage et al., 1992; Power et al., 2003). 해석하자면 집단 내 차이(예를 들어 중간계급의 분파 간)가 모든 점에서 집단 간 차이처럼 중요하다.

집단 내 차이

우리는 같은 범주에 속하는 구성원 간에도 낮은 성취를 보이는 이유와 그렇지 않은 이유를 상대적 용어(즉, 동일한 이론적 언어)로 동시에 성공적으로 설명할 수 없다. 집단 간 차이는 평균에 근거하지만, 항상 평균을 중심으로 유의미한 분산을 이루며 이 분산은 상당히 중요하다. 범주 간 차이는 범주 내 변화와 관련이 있다. 따라서 계급 안정성과 성 변화의 조합은 계급들 간 차이의 보존이 각 계급 내 성별 간 변화와 관련이 있음을 의미한다. 예를 들어, 이는 배우자 선택에 영향을 미칠 수 있다. 사람들은 교육 수준이 비슷한 배우자를 선택하는 경향이 있다. 차이 영역들 사이(그리고 안정성과 변화 사이)의 상호작용은 집단에 따라 다양한 의미를 가지는데, 이는 집단 구성원들이 출발하는 곳과 그들이 거치거나 도달하게 되는 곳이 다르기 때문이다(Savage and Edgerton, 1997). 길본과 미르자는 다음과 같이 정리하고 있다.

> 1995년까지 각 민족집단 내에는 비슷한 비율의 성 격차 패턴이 굳어져 있었다(각 집단에서 10% 정도의 여학생들이 남학생보다 성적이 좋았다.). …… 그러나 같은 기간 동안에 학생들의 성에 관계없이 민족집단 간에는 일관되고 유의미한 학업성취의 불평등이 있었다. 1991년 이후 백인과 인도 여학생은 대충 비슷한 비율로 5등급 이상의 성취 수준을 보였다. 이들과 파키스탄/방글라데시 그리고 아프리카-카리브계 여학생들 간에는 상당한 격차가 있었다. …… 오히려 여학생들은 남성 동료들보다 높은 성취를 보였다. 그러나 각 집단 내 성 격차는 그들 민족집단 전체와 연관된 성취의 두드러진 불평등을 좁히기에 충분하지 않다(Gillborn and Mirza, 2000: 24).

결론적으로 성 격차(비록 비슷한 비율임에도)는 집단에 따라 서로 다른 결과를 보인다. 성 격차는 민족집단들 사이의 계급 차이와 관련되어 있으며 각 집단의 위치가 교육적, 사회적 기회 구조들과 상호작용하는 방식들—그들이 다양한 교육적, 직업적 상한과 하한과 관계하는 방식—과 관련된다. 이러한 관계의 역동적 측면도 고려되어야 한다. 평균적 성취 수준과 분화는 시간에 따라 변화한다. 그리고 이것은 각 세대의 환경이 이전 세대의 성과에 따라 변화해 왔다는 점에서 그 자체로도 중요하다.

계급, 민족, 성과 연관된 교육에서의 사회적 차이는 상호작용하지만 각각은 그 자체로 특정한 영향을 미친다. 길본과 미르자는 잉글랜드와 웨일즈에서의 연구결과를 다음과 같이 요약한다.

> 성과 사회적 계급 배경이 동일한 학생들을 비교하면서, 연구에서 나름의 가치를 지니는 민족집단은 5개였다. 이들 중 네 집단에서 인도 학생들이 가장 우수하였고, 다음으로 백인, 파키스탄/방글라데시 그리고 흑인 학생들 순서였다. …… 다음과 같은 유용한 증거가 있었다.
>
> - 1980년대 말에서 1990년대에 걸쳐 대학입학자격시험(GCSE) 성적에서 향상을 전혀 보이지 않은 집단은 없었다.
> - 1995년까지 사회적 · 계급적 배경에도 불구하고 모든 인종집단 내에서 성 격차가 나타났다.
> - 민족적 불평등은 성과 계급을 동시에 통제할 때조차도 지속된다.
> - 성, 계급, 민족적 기원과 관련하여 유사한 것들을 비교할 때 성취에서 일관적이고 의미 있는 민족적 불평등이 명백히 남아 있다 (Gillborn and Mirza, 2000: 26).

계급, 민족, 성 사이에 있는 이와 같은 복잡한 상호작용은 아르노(Arnot) 등이 강조한 중요한 지적을 확인시켜 준다(Arnot et al., 1999:

28). 우리는 포괄적인 일반화를 시도하기보다 '어떤 여학생과 어떤 남학생이냐?' 라는 물음을 항상 제기해야 한다. 남성/여성, 흑인/백인, 중간계급/노동계급과 같은 이분법은 각 반대편에 있는 일부 성원들이 자신이 속한 집단의 다수와 비슷하기보다는 다른 집단 성원들과 더욱 비슷하게 될 수 있는 방식을 모호하게 할 수 있다.

사회적 차이의 세 가지 주요 차원인 계급, 성, 민족은 교육사회학에서 매우 다른 교육적 논의와 다양한 문제들을 제시한다. 비록 각 차원들이 분리되어 고려될 수 있더라도, 그것들은 상호작용적이다. 우리들 각자는 특정 계급의 구성원이며 하나의 성과 민족적 정체성을 갖는다. 분석을 위하여 우리는 그것들을 별개로 다룰 수 있다. 문제는 그것들을 다시 함께 다루는 일이다!

교육사회학의 접근방법

설명적 접근법을 살펴보면, 각 접근법이 무엇을 교육적으로 중요한 문제로 선택하였는지를 구체화할 수 있다. 먼저 접근법은 아동의 사회적 배경이나 추정된 유전적 구성(예, 문화적 박탈, 정체성과 자아상 또는 IQ)에 초점을 둔 '외재적(external)' 논의와 교육조직(예, 중등학교 삼원체제,* 능력별 학급편성과 배치)이나 교육의 과정(예,

* 역자 주: 영국의 중등학교는 1944년부터 1970년대 초반까지 문법학교(Grammar

교사기대와 고정관념)의 특성에 주목하는 '내재적(internal)' 논의로 구분하는 것이 가능하다. 원래, 전자는 다양한 사회집단이 학교와 관계를 맺는 방식에 관심을 두는 반면에, 후자는 학교가 다양한 사회집단들과 관계를 맺는 방식에 관심을 둔다. 교육분화에 관심을 두는 내재적 접근이 이번 장의 주요 관심사다. 이들 두 관점에서는 교육 속에서 그리고 교육을 통하여 사회적 차이를 낳는 요인들을 다음과 같이 구체화하고 있다.

외재적 접근

외재적 접근의 기본 관심은 '교육가능성(educability)' 이었다. 교육가능성이란 사회적으로 결정된 개인의 능력을 말하는데, 개인은 이러한 능력을 바탕으로 특정 교육적 배치의 요구에 반응하게 된다(Floud and Halsey, 183; P. Brown, 1987: 13 재인용). 외재적 접근은 교육제도를 문제 있는 것으로 다루지 않으며, 대신에 자녀가 학교로부터 충분히 도움을 얻을 수 없도록 하는 가족의 실패나 무능력을 문제로 본다. 다음 내용은 교육에서 사회적 차이의 원인으로 밝혀진 것이다.

- IQ 또는 인지능력과 관련하여 집단 간 선천적 차이에 대한 가정
- 물질적 박탈

School), 기술학교(Technical School), 중등현대학교(Secondary Modern School)로 구분된 복선형 교육체제였는데, 이를 삼원체제(Tripartite System)라고 한다.

- 가정에서의 문해 부족과 학교에 효과적으로 대처하기 위해 필요한 사회적 · 언어적 기술과 일반적 지식의 부족과 같은 문화적 박탈
- 교육적 동기와 사회적 열망 수준에서의 사회적 차이
- '문화적 자본' 에서의 차이들

외재적 설명은 박탈이론 및 보상교육과 관련된다. 학교는 가정과 지역사회가 떠맡은 결핍을 보상하고자 한다. 그 고전적인 예는 1960년대 영국에서 플라우든 보고서에 따라 계획된 교육우선지역(EPA)과 미국의 헤드스타트 프로젝트(Head Start Project)다. 보다 최근에 영국의 신노동당 정부가 도입한 '사회적 배제' 개념과 연결된 교육실행지역(EAZ)도 유사한 정책이라고 할 수 있다(Jordan, 1996). 이러한 유형의 접근들이 어떤 점에서 상식적으로 강력한 합리적 요소를 갖는다고 할지라도—분명히 어떤 지역사회는 아동들의 교육에 영향을 미치는 복합적인 박탈로 고통받고 있다—가정과 학교에서 표준으로 간주되는 백인 중간계급의 가치를 갖추지 못한 집단에게 검증되지 않은 규범적 가정을 강요한다는 이유 때문에 비판을 받아 왔다. 그들은 자신들의 가치를 단지 다른 것(different)이라기보다 결핍(deficient)으로 바라봄으로써 자신들을 병리화한다.

내재적 접근

내재적 설명은 '교육분화', 더 구체적으로 말하자면 학문적 및 기타

다른 기준에 따라 학생들을 범주화하고, 선발하며, 순서 매기기는 학교와 연관된 교육의 과정에 주목한다. 다음과 같은 특징을 갖는 학교 그 자체에 초점을 둔다.

- 계급과 다른 분리를 반영하고 재생산하는 교육제도의 조직
- 전통적 성 역할이나 백인 우월성을 고정관념에 따라 재현하거나 중간계급의 문화적 가치를 가정하는 것과 같은 공식적 교육과정에서의 사회적 편향
- 어떤 집단은 성공하고 다른 집단은 실패한다는 '자기충족예언'을 낳는 잠재적 교육과정과 교사기대를 통한 그러한 가정의 은밀한 전수
- 민족성과 섹슈얼리티와 관련하여 어떤 종류의 문화적 정체성을 인정하고 포용하는 데 있어서 학교의 실패

내재적 설명은 분화의 주된 원인으로 교육을 주목한다. 내재적 설명은 1960년대와 1970년대에 외재적 설명에 대한 비판으로 발달했다. 그들은 외재적 설명이 특정 집단을 병리화함으로써 '희생자를 비난'하고, 나아가 학교의 성격을 사회적으로 중립적이고 호의적인 것으로 당연하게 받아들였다고 비판했다. 당시에 내재적 접근은 질적, 해석적 사회학에 의존했다. '신교육사회학(New Sociology of Education)'은 학교지식과 교육의 과정에서 '실재의 사회적 구성'을 비판적으로 분석하는 데 관심이 있었다. 어떤 것이 '구성적'이라는 것은 용어나 개념이 독립적으로 실재하는 세계 밖의 어떤 것을 지칭하는 것이 아니

라는 의미다. 구성적인 것은 말하는 것이 실제로 실재함을 확증하도록 실재(reality)를 구성한다! 그러므로 지능검사는 사람들의 실재하는 속성을 말하지 않으며 객관적으로도 측정되지 않는다. 다만 그것은 사회에 근거하여 구성되었고, 권력관계와 이해관계를 반영하고 있는 차이들을 정당화하기 위해 선별적으로 사용된다.

이처럼 내재적 분석은 두 가지 방식으로 교육의 과정을 변형할 것을 주장한다. 그것은 ① 이전에 검증되지 않은 가정과 그것과 권력과의 관계를 비판적(혹은 '성찰적')으로 논의하는 방법, ② 이들 가정에 도전하고 현 권력관계에 맞서는 새로운 종류의 포괄적인 '급진적 교육학'을 적극적으로 발전시키는 방법이다(Giroux, 1997 참고). 비록 구성주의적 접근이 교실에서 일어나는 것에 대해 민감성을 갖는다는 점에서는 평가받지만, 지나치게 관념적이고 주관적이어서 구조적 요인들과 제약을 무시—또는 심지어 그런 생각조차 거부—했다고 비판받는다.

외재적 접근과 내재적 접근 사이의 상호작용의 복잡성이 갖는 심층적 의미와 그것이 거시적인 사회변화의 과정에서 맥락화되는 방식의 의미는 교육에서 성 혁명과, 그것이 교육제도 내의 다른 변화들과의 관련성을 고려함으로써 알아볼 수 있다. 이것은 20세기에 보이는 계급 차이의 특이한 안정성의 배경과 대비하여 다루어질 것이다.

성과 '교육혁명'

20세기 후반의 가장 뚜렷한 교육변화는 성 혁명이었다(Arnot, 2002). 성 혁명은 현대사회 성 관계에서 보다 일반적이고 복잡한 변화의 한 측면으로 가족구조, 경제적 참여, 페미니즘의 영향을 수반한다. 아르노는 이 상황을 다음과 같이 설명한다.

> 대항 헤게모니 운동의 일부로 페미니스트 교사들은 학교교육을 통해 성 범주가 구성되고, 재생산되며, 전달되는 방식에 문제를 제기했다. 그들은 사회질서의 원리－성별화된 원리에 따른 권력과 사회통제의 배분－와 단일한 사회적 정체성으로 '여성' 을 규정짓는 방식에 도전했다. 페미니즘은 정체성 형성에 비판적인 문제화(problematisation) 과정을 주장함으로써 젊은 여성 세대에 대한 여성성의 범주를 근본적으로 뒤흔들었다. 여성이라는 존재는 정적인 계급에 근거한 범주가 아니라 (여성으로) '되어 가는' 역동적 과정과 관련을 갖게 되었다. 따라서 여성은 주어진 것이 아니라 자의적으로 기술된 사회적 관계 안에서 행위자가 되도록 고무되었다(Arnot, 2002: 191).

페미니스트들의 교육에 대한 관심은 광범위한 사회변화가 성 관계를 재생산하는 학교의 역할을 비판적으로 문제제기하는 형태로 다루어질 수 있는 여지를 제공했다. 아르노의 지적처럼, 학생(교사 포함)에게 이러한 활동은 여학생들로 하여금 과목과 직업 선택 같은 것에 문제를 제기하도록 함으로써 정체성 형성과 직접적으로 관련된다.

그러나 오직 하나의 '페미니즘' 혹은 오직 한 종류의 교육적 '페미니즘' 만 있지 않다는 점을 강조하는 것이 중요하다(Arnot and Dillabough, 1999). 페미니즘은 그 입장과 관점에서 복수성을 보인다. 페미니즘은 자체적으로 내적 발전뿐만 아니라 다양한 전통(마르크스주의, 정신분석학, 실존주의 등)에도 의존하고 있다. 때문에 많은 연구자들은 대체로 복수의 페미니즘들로 사용하기를 선호한다(Bilton et al., 2002: 487−493, 527−529; Measor and Sikes, 1997; Weiner, 1994). 페미니즘의 다양성이란 다룰 수 있는 쟁점들과 사용했음직한 접근법 모두의 다양성을 의미한다.

페미니즘의 다양성

아르노 등(Arnot et al., 1999: 제5장)은 교육적 페미니즘을 크게 '자유주의적' 관점과 '비판적' 관점으로 구분한다. 전자는 주로 접근, 경험 그리고 기회의 평등 문제에 관심을 둔다. 반면에 후자는 학교지식의 남성 중심적이고 민족 중심적인 성격 그리고 그것과 백인 남성 지배와의 관련성에 관한 근본 쟁점에 더욱 관심을 기울인다. 비판적 페미니즘은 특히 마르크스주의, 흑인, 레즈비언, 급진적 그리고 후기구조주의적 접근을 포함한다. 이 중에서 후기구조주의 페미니즘을 제외한 접근은 교육적으로 성차별주의를 사회에 만연한 가부장제적 구조의 산물로 보며, 따라서 성차별주의를 견고하고 매우 뿌리 깊은 것으로 본다.

마르크스주의 페미니즘에서 가부장제와 자본주의는 서로 뒤엉켜 있다. 한쪽의 문제해결은 다른 쪽의 문제해결과 연결되어 있다(그렇다고 반드시 해결을 보장하는 것은 아니다.). 이런 점에서 페미니즘은 근본적인 사회변화를 모색하는 다른 운동들과 협력하고 있다. 급진적 페미니즘에서는 가부장제를 자본주의나 다른 경제 구성과는 독립적으로 작동하는 남성에 의해 여성이 억압받는 자율 체계로 본다. 따라서 자본주의를 넘어서는 것이 가부장제의 문제를 자동적으로 해결하지 못한다. 왜냐하면 노동운동과 사회주의가 반드시 비가부장제적(non-patriarchal)이지 않기 때문이다. 결국 여성은 그녀들 자신의 분리된 투쟁을 인식해야 하고 다른 쟁점들과 독립적인 자신의 해결을 모색해야 한다. 동성애 이론가들은 가부장제가 여성의 섹슈얼리티를 통제하고, '강제적 이성애' 를 부과하는 방식에 관심을 두며, 급진적 페미니즘과 같은 입장을 취한다고 주장한다. 레즈비언 페미니스트에 따르면, 주류 페미니즘도 역시 동성애 여성의 상황과 경험들을 주변화하고, 관례적으로 이성애를 정상적인 것으로 간주하는 이성애적 관점을 가정하고 있다고 주장한다.

대조적으로 자유주의적 접근은 성차별주의를 의식의 진보적 개혁과 변화를 통해 제거될 수 있는 과거로부터 전해져 온 문화적 잔재로 본다. 기본 문제는 '무지' 인데, 이는 적절한 교육을 통해 '치유될' 수 있다. 후기구조주의자들은 성차별주의를 지배적 '규율 담론' 의 '규범화(normalizing)' 활동으로 간주한다. 따라서 그들이 스스로 자기 모순을 느끼지 않는 한 변화를 통해 수정하기 어렵다. 후기구조주의자들은 성격상 비판적 접근법과 '거대담론' 을 취하는 여타 거시-구조적 이론을 거부하는 자유주의적 페미니즘과 입장을 공유한다.

위너(Weiner, 1994: 제4장)는 페미니즘과 페미니스트 교육 연구의 다양한 관점을 정리하고 있다. 그녀의 설명(Weiner, 1994: 71-73)에 따라 주요 교육적 페미니즘과 각각의 관심사와 연구주제를 예를 들어 나타내면 〈표 1-1〉과 같다. 그녀 자신도 인정하듯이 이것 또한 모든 것을 포괄하고 있지 않다(Measor and Sikes, 1997 참고). 위너는 이들 접근이 근본적인 변화에 기여할 수 있는 것으로서 교육 그 자체를 바라보는 방식에 있어서 차이가 있음을 지적한다. 자유주의적 페미니즘이 현존 사회 체제 내에서의 개혁주의적 접근을 가정하는 반면에, 마르크스주의와 급진적 페미니스트들은 보다 근본적인 변화가 사회에서 일어나야 하고 변화를 일으키는 교육의 능력은 제한되어 있다고 믿는다.

〈표 1-1〉 교육 페미니즘의 주요 관점

관 점	주요 관심사	연구문제	핵심용어
자유주의	학교교육제도에서의 여학생 저성취와 변화를 위한 보다 일반적인 교육에 관심을 둠	• 교과(특히 수학, 과학, 기술)에서 성 간의 차별적 성취의 원인 • 영역과 진로지도에 있어서의 성적 고정관념 • 검사가 구성되고 표시되는 방식에서의 편견 • 학교 교직원 유형의 성차	접근, 선택, 불이익, 과소대표, 저성취
급진주의	사회의 남성 지배와 학교지식의 성격에 관한 비판	• 교실과 교무실 그리고 보다 일반적으로 학교교육과정에서 여학생/여성 억압 속에서 섹슈얼리티에 의한 성 역할 • 여성학습문화의 창출에 있어 단일 성별 학교의 역할	가부장적 관계, 지배와 종속, 억압과 권한부여, 여성 중심, 여학생 중심

(계속)

관 점	주요 관심사	연구문제	핵심용어
마르크스주의	교육과 학교교육이 계급 불평등의 재생산과 비교되는 성별 불평등을 생산해 내는 효과의 정도	• 성과 권력관계가 학교교육에서 계속적으로 재생산되는 방식 • 학교교육 상황에서의 성별화된 계급집단 형성 • 지배계급과 성 관계를 유지하고 있는 가족, 학교교육과 노동시장 간의 관계	자본주의, 생산, 재생산, 계급, 성, 가부장적 관계, 대응이론
인종주의	인종차별주의와 성차별주의에 내재된 특성 비판	• 영국의 학교교육과 고등교육에서 흑인 여학생들과 흑인 여성들의 실제 경험 • 교사들의 성차별주의와 인종차별주의 • 교육에 있어서 그리고 교육 내에서의 문제로서 여성과 흑인 학생의 구성	반성차별주의, 반인종차별주의, 흑인의 불리함, 제도적 인종차별주의, 고정관념, 기대의 부족
후기 구조주의	생물학적 성과 사회문화적 성이 담론 실천을 통해 구성되는 방식	• 진보적 초등교실에서의 '진리 체계' • 페미니즘 연구자의 '프락시스'와 '자기성찰성'	성별화된 정체성, 규율담론, 주체성, 권력-지식, 성찰성

쟁점의 요약

이 장의 앞부분에서는 교육사회학 분야의 복잡성을 설명하기 위해 다양한 종류의 쟁점을 제기했다. 일련의 쟁점들을 다음과 같이 요약할 수 있다.

• 교육분화와 사회 불평등의 문제: 이 쟁점은 언급이 필요한 사실과

설명될 필요가 있는 유형 및 경향과 관련이 있다. ① 계급 차이의 안정성, ② 성 혁명, ③ 민족집단 간 차이의 폭넓은 다양성에 주목했다. 이들의 관계가 시간에 따라 변화하는 방식 그리고 집단 간 차이뿐만 아니라 집단 내 분산의 중요성을 다루는 것이 중요하다는 점을 강조했다.

• 차이와 불평등을 구분하는 문제: 어떤 점에서 이 문제는 해결되기 어렵다. 지금까지 한 사람의 선택은 자유롭게 행해졌고 다른 사람의 선택은 결정되었다는 것을 어떻게 명확하게 증명할 수 있었는가? 그러나 어떤 삶의 조건은 다른 것에 비해 인간적으로 선호되며 운이 나쁜 사람들의 환경을 개량하고 대체로 많은 사람들의 상황을 향상시키기 위한 시도가 필요하다는 점을 생각하면, 집합적인 사회적 차이가 지속되는 구조를 설명하는 것이 사회학의 주요 관심사 중의 하나로 합당하게 다루어질 수 있다. 그러나 사회학적 문제의 구성에 관한 정의는 부분적으로 사람들 선택의 실존적 지위와 관련된 가정을 반영하는 가치판단의 문제와 동떨어질 수 없다는 사실에 민감성을 갖는 것이 중요하다. 왜 노동계급의 자녀들이 노동계급의 직업을 가지면 안 되는가? 무엇이 노동계급의 문제란 말인가? 현모양처가 어떻단 말인가? 서구 자유주의 전통에서 교육의 목적은 개인들로 하여금 자율적이고 참된 의사결정을 할 수 있도록 능력을 확실하게 발달시키는 것이었다. 따라서 이 같은 보다 철학적인 관심사는 교사들에게 직접적으로 중요한 의미를 갖는다(Bonnett and Cuypers, 2001). 또한 이는 교육제도가 사회적 기회, 이동과 변화를 촉진시켜야 한다는 견해와 연계

된다. 이러한 세속적이고 인간주의적인 가치들은 전통적인 신앙 공동체의 신자들과 정치적으로 보수적인 전통주의자들에 의해 냉혹하게 비판받을 수 있다.

- 연구방법의 문제: 여기서 쟁점은 사회학에는 다양한 관점의 설명이 가능하다는 것이 아니라 그것들이 서로 다른 양식으로 작동한다는 점이다. 예를 들어 어떤 관점은 모든 것들을 기본 차원으로 환원시키고자 하고, 다른 관점은 견지 · 특수 관점의 다수성을 가정하며, 또 다른 관점은 통합적 일반 이론을 열망한다. 게다가 설명이 필요한 것들과 관련하여 영역 간 일관성을 유지하는 것이 중요하다. 만약 어떤 종류의 요인들이 성 혁명을 설명하기 위해 사용되었다면, 그것이 계급과 인종 영역에서도 동등하게 효과적일 것이라는 점을 가정해야 한다. 한 영역에서 채택된 설명 방법이 다른 영역에서 관찰된 것과 일치하는가? 어떤 집단에 대한 평균 조건의 설명이 분산과 관련하여 어떻게 조정되는가? 본질적으로 이것은 교육의 특수한 측면에 어떤 설명 관점이 적절한가 하는 효과성의 유형과 관련이 있다. 이와 관련된 핵심 쟁점은 다음과 같다. 즉, 교육의 과정은 교육적 차이들을 얼마나 설명할 수 있는가? 그리고 교육이 얼마나 차이를 만드는가? 이는 다음 절에서 다루게 될 것이다.

내재적 접근의 한계: 남성성 에토스

위너(Weiner) 등이 지적한 바와 같이 교육에서의 성 혁명에 대한 주된 대중적 반응(적어도 매체에서)은 남학생들의 '저성취'를 둘러싼 도덕적 당황스러움이었다. "마치 여성의 성공이 남성의 실패에 대한 당연한 결과로 보인다. 여학생들의 성취와 열망을 축하하기보다는 오히려 남성의 불이익 담론으로 이어졌다."(Weiner, 1997: 620) 이렇듯 여학생들의 성공을 마치 남학생들의 희생에 따른 것인 양 생각하는 듯했다. 하지만 콜린스 등의 주장처럼, 교육적 유·불리를 정의하는 것은 그리 간단하지 않으며, 더욱이 모든 저자들이 강조하듯이 교육에서 여성의 '유리함'은 사회경제적 이익으로 저절로 전환되지 않는다. 위너 등은 '남학생 문제'가 계급과 인종에 따라 다른 방식으로 기술되는 방법을 탐구했다. 비록 교육의 과정이 특정한 '남성적'인 방식으로 기술되었을지라도 거기에는 오직 하나의 남성성만 있는 것이 아니며 남성성들도 학교에서 모두를 동등하게 다루지는 않는다.

남성성 문제는 영국에서 규율상의 이유로 퇴학당한 학생들 중에서 흑인 남학생들이 지나치게 많다는 점 때문에 첨예하게 부각되었다. 라이트 등(Wright et al., 1998)은 이 문제를 연구하면서 학교에서 흑인 남학생들의 행동이 흑인의 남성성에 관한 교사들의 고정관념에 의해 중재되는 역동성을 조사했다(Macan Ghaill, 1988; Sewell, 1997; Youdell, 2003). 그들은 다음과 같이 지적한다.

> 이는 흑인 남학생들이 학교의 제재가 필요한 행동을 한다는 것을 부인하는 것은 아니다. 대신에 학교에서 그들의 경험이 비슷한 방식으로 행동하는 백인 동료 학생들이나 흑인 여학생들과 다르지 않아야 한다는 것을 말한다. 흑인 남학생들이 자신들에 대한 차별적인 교사의 반응을 인식한다는 점과 그들의 학교교육 정체성이 자신들과 교직원과의 계속되는 관계를 특징짓는다는 점에 주목하는 것이 중요하다(Wright et al., 1998: 84).

연구자들 간에 이 쟁점을 둘러싼 논쟁은 격렬했고 때로는 신랄했다. 그리고 다음과 같은 문제가 제기되었다. 퇴학당한 학생들 중에서 흑인 남학생들이 지나치게 많은 것은 흑인 남학생들이 어떤 학생이든 퇴학당할 만한 그런 행동을 실제로 했는가, 아니면 교사들이 흑인 남학생의 행동을 문제로 규정함으로써 흑인 남학생을 지나치게 많이 퇴학시키는 결과를 초래한 것은 아닌가? 사회학적으로 이것은 구성주의적 접근법에 의해 제기된 객관성과 해석 문제와의 관계에 대한 오래된 방법론적 논쟁이다(Forster et al., 1996). 초기에 낙인이론(labelling theory) 같은 상징적 상호작용론 관점은 교실(과 다른 곳)에서의 '일탈' 행동을 사회적으로 생산된 것으로 기술했다. 즉, 교사는 자신이 무의식적으로 지니고 있는 '이상적 학생' 모델에서 벗어난 특정한 학생의 범주에 대해 자의적으로 '낙인(labels)'을 부과한다는 것이었다. 낙인이론가들에게 이 과정의 다음 단계는 낙인을 받은 사람이라는 자아상(self-image)을 형성하기(내면화를 통하여) 시작하는 것이다. 이 과정에서 학생들은 교사들의 고정관념에 따라 그런 부류의 인간이 되어 간다. 학생들이 자신의 '유형(kind)'에 관한 교사의 기대를 확증하게 되는 자기충족예언이 그 예다(Becker, 1971; Keddie, 1971). 이러한 과정은 문제학생이 '실제로' 문제를 일으킨다는 상식적 견해를 근본적으로 뒤엎는다. 문제학생은 학생의 자아상에 영향을 미치는 공식적이고 비공식적인 교육분화의 복잡한 과정을 통하여 구성된다.

이러한 유형의 분석은 중요한데, 왜냐하면 그러한 효과성을 교육분화의 내적 과정에서 찾기 때문이다. 쟁점이 되는 것들은 담론이론과 푸코 사상에 대한 위너 등의 관찰을 통해 다음과 같이 지적되었다. "담론은 사회기관(학교와 같은), 사유양식, 개인의 주체성을 구성하는 기제다. '담론은 그들이 말하는 대상을 체계적으로 형성하는 실천' 이다." (Weiner et al., 1997: 621-622) 푸코에서 인용한 이 말은 효과성의 힘이 교육적 담론 과정에 기인한다는 것을 의미한다. 즉, 담론은 지시하는 대상(이 경우에는 '학생')을 형성한다. 이처럼 강한 효과가 교육분화의 내적 과정에 있다는 것이 이번 장의 핵심 쟁점이다.

라이트 등은 학교에는 위계적으로 서열화된 '학교교육의 남성성' 이 있음을 강조한다. 지배적(혹은 '헤게모니적') 모델은 백인과 중간계급 그리고 학구적 성공과 관련이 있다. 운동을 잘하는 것과 관련된 다른 남성성은 단지 낮은 지위에서 받아들여질 수 있으며, 여전히 다른 남성성은 받아들여지지 않거나 합법적이지 않다. 남성성과 그것에 대한 접근은 계급과 인종에 따라 다르다. 흑인 남성성의 어떤 유형은 특별히 문제가 되며, 나아가 "교사, 백인 남학생 동료에 의해 그리고 스스로 흑인 남학생을 매우 공격적이고 성욕화된 남성성으로 규정한다." (Wright et al., 1998: 78) 따라서 학교의 지배 에토스가 '남성적' 이라면 어떤 남학생은 '너무' 남성적일 수 있으며, 다른 이들은 충분히 남성적이지 못하거나 그렇지 않으면 가치가 없는 식으로 남성적일 수 있다. 이와 같은 교육분화의 성별화되고 성욕화된 체제는 학생의 범주가 인종, 계급 그리고 성에 따라 배분되는 지위 체제(position system)를 낳는다.

연구자들에 따르면, "노동계급과 흑인 남학생들은 자신들을 학문적 실패자로 재현함으로써 학교교육의 남성성에 대한 지배적인 설명들과 충돌하게 된다. 그리고 그들은 다른 형태의 권력을 발견하기 위하여 남성성에 대한 다른 표현을 채택했다." (Wright et al., 1998: 78) 합법적이고 불법적인 '남성성' 의 위계는 학교에서의 계급 분화에 관한 초기의 논의에서 능력별 학급편성(streaming)과 같은 학교조직의 특성과 동일한 방식으로 기능한다(예, Hargreaves, 1967; Keddie, 1971). 이러한 설명 논리는 보다 최근 연구에서 푸코주의적 반향에도 불구하고 반학교 하위문화 형성에 관한 계급적 분화/양극화 연구로 이어지고 있다 (제4장 참고).

흑인 남성의 배제 문제는 라이트 등(Wright et al., 1998)에 의해 보다 넓은 페미니스트 문제 안에 위치하게 되었다. 그들은 '남성성의 에토스(Ethos of Masculinity)' 라는 제목하에(Wright et al., 1998: 77) 급진적 페미니즘에 근거한 다양한 교육분화 모델의 적절한 사례를 제시했다 (다음 내용 참고). 하지만 여기서의 관심은 일반적인 교육분화의 내재적 이론이며 하나의 관심 대상인 페미니즘 그 자체가 아니라는 점을 되새기는 것이 중요하다—교육에 대한 페미니스트 접근방식이 이렇게 특수한 형식을 채택해야 하는 내재적 이유란 없으며, 상징적 상호작용론이나 현상학 혹은 낙인이론의 관점에서 논의된 '학교의 중간계급 에토스'에 관한 초기 연구들로부터 비슷한 내용을 선택하는 것은 어렵지 않을 것이다.

> 페미니스트 연구자들은 교육 내 성별 분업의 재생산을 연구하면서 학교 내에 존재하는 남성성의 묵시적이고 명시적인 형태에 주목했다. 과거에는 특정한 '교과지식'이 성별화된 구성방식이 교육 영역에서 성이 재생산되는 유일한 방식이 아니었다. 이러한 유형의 성 연구는 남학생들이 남성성의 정체성을 채택하는 방식에 관심을 두기보다는 오히려 여학생들을 기술과 과학 과목으로 통합하려는 요구에 더욱 관심을 기울였다. 페미니스트 연구는 개인주의, 경쟁, 분화를 촉진하는 교육 내 에토스를 밝혀냈으며 이러한 에토스는 남성적인 것으로 이론화되었다. 따라서 만약에 어린 여학생의 에토스가 개인적 관계를 지향하는 것으로 그리고 남학생은 구조와 역할 분화를 지향하는 것으로 개념화된다면, 학교 내 교육(과 실제)의 기본 원리는 여학생들의 사회적 지향과는 어울리지 않는 대신, 남학생들이 일반적으로 사회화되는 방식에 우호적이다. 게다가 학업성취가 아이들 간의 비교를 통해 측정되는 과정은 종종 적대적 경쟁의식을 조장하게 되며, 이것은 어린 남학생의 지향뿐만 아니라 시장을 지배하는 것으로 보이는 '기술적으로 제한된 합리성'과도 동시에 일어난다. 페미니스트들의 교육 연구에서 중요한 작업은 학교에서 여학생의 교육적 성취 — 도움을 주었던 많은 방식들 — 를 밝혔다는 점이다. 남학생과 비교되는 여학생의 교육적 성취의 향상이 이러한 작업의 증거로 볼 수 있다(Wright et al., 1998: 77-78).

여기에 제시된 분화의 유효성에 대한 내재적 접근의 일반 원리는 다음과 같이 요약할 수 있다.

- 연구는 공식적 그리고 비공식적 성 관계가 지배적인 '남성' 모델을 중심으로 교육적으로 재생산된다는 것을 밝힌다.
- 특별히 이러한 '남성' 모델에서는 개인주의, 경쟁의식, 분화의 에토스가 불가피한 것으로 표현된다.
- 학교교육은 남성의 정체성 형성에 기여한다.
- 그러한 정체성에 대해 모두가 동등하게 평가되는 것은 아니다.
- 교육의 기본 원리는 남학생이 사회화되는 방식과 일치하지만 여학생의 사회적 지향과는 조화를 이루지 못한다.
- 페미니스트 연구는 남학생과 비교하여 여학생의 교육적 성취가 개선되는 방식으로 교육적 배치에도 영향을 미쳤다.

구성주의 형태의 교육분화이론에는 세 가지 공통적인 난점이 있다. 그것은 기술(description) 문제, 효과성(effectivity) 문제 그리고 타당성(validity) 문제다(Foster et al., 1996 참고).

기술 문제

우선 교육제도, 학교, 구조와 과정은 이들 모두를 포괄하는 범주, 즉 '중간계급' '남성' '백인' 혹은 다른 것들로 기술되어야 한다. 이때 '중간계급' 등의 정확한 정의는 무엇인가? 그리고 이들 특징은 학교 내에서 어떻게 구체화되는가 등이 문제다. 원칙상 이들은 개별적으로 이론화되어야 한다. 그다음 학교의 관련 특징이 실제로 이러한 것들의 사례임을 입증할 필요가 있다. 불행하게도 이러한 일은 엄격한 방식(fashion)—흔히 단순히 반복적인 것으로 밝혀진 감독—으로 거의 행해지지 않았다. 페미니스트의 문제의식은 전형적으로 '남성성' 을 '개인주의, 경쟁 그리고 분화' 로 정의한다. 그러나 이러한 특성이 왜 '남성적' 이어야 하는가? 어떤 점에서 그런 특성이 남성적인가? 그리고 우리는 그것을 어떻게 아는가?

근본 문제는 너무 특수해서 어떤 특정 집단이나 범주에 제한적(또는 구성적)인 것으로서 아무 문제없이 구체화할 수 있는 명확한 특징을 가려내는 것이 어렵다. 사회 모집단에서 범주들 간 평균 차이는 범주 내의 어떤 특징의 분산과 비교하여 상대적으로 의미가 없는 일정한 경우란 거의 없다. 단일 성 내에서의 분산을 상회하는 성별 간 차이의 측정 가능한 측면은 존재하지 않는다. 따라서 우리가 수학은 '남성적' 이라고 주장한다면, 이것이 의미하는 바는 수학자 모집단인 소수가 여성보다는 남성이 더 많다는 것이다. 그러나 남성과 여성의 다수가 수학자가 아니라는 점에서 서로 유사하다. 이는 '공격적으로 경쟁적인 개인주의자' 집단에도 동일하게 적용된다. 이 집단에는 남성들이 보다 많을 것이고 여성은 유의미한 정도일 것이다–프로 테니스 경기를 시청하는 사람은 누구나 알 수 있는 것처럼! 그리고 남녀 대다수가 공격적으로 경쟁적인 개인주의자가 아니라는 점에서 보다 유사할 것이다.

이것이 의미하는 바는 그러한 기술이 단지 매우 편파적—실제로

'구성' 된다—이라는 점이다. 범주들 사이 어떤 특징의 상대적 분포는 균형적이지 않을 것이다. 그러나 이는 언제나 절대적이지는 않다. 왜냐하면 어떤 이원화된 분류—남/여, 흑/백, 중간계급/노동계급—에는 유의미한 특정 범주의 소수가 항상 존재할 것이기 때문이다. 이들은 반대 집단의 대다수보다는 반대되는 것으로 정의된 특징을 더 많이 지닌 사람들이다. 예를 들어, 만약 수학이 '남성적' 이라고 주장한다면, 이때 어떤 여성은 다수의 남성에 비해 더욱 수학적이라는 주장이 여전히 가능할 것이다. 역사적으로 노동계급 민중의 상당수가 평균적인 중간계급 사람들보다 더욱 교육적으로 성공할 수 있었던 것이 바로 모집단의 특징 때문이었다. 현대 다원적 자유민주주의에서는 어떤 집단이 다른 집단에게는 중요하게 이용될 수 없을 정도의 배타성을 가진 특징을 전유하기란 극히 어렵다.

효과성 문제

효과성 쟁점은 분화이론의 핵심이다. 왜냐하면 효과성은 '일' 이 마무리되는 지점이며 또한 교육분화 과정이 사회적으로 차별화된 교육결과를 낳는 방식으로 학생들에게 결정적인 효과를 미치는 곳이기 때문이다. 상징적 상호작용론으로부터 낙인이론과 신교육사회학의 현상학을 거쳐 오늘날의 담론이론에 이르기까지 분화 패러다임은 강력한 효과가 학생 주체성에 작용하는 교육의 과정에 있다고 생각했다. 고정관념과 낙인과 같은 구성물(constructs)은 교사들이 학생들을 어떻게 이해하고 대우하느냐 그리고 결과적으로 학생들이 자신을 어떻게 보느냐 하는 두 과정 모두에 영향을 미침으로써 학생들의 정체성을 구성한다. 기술의 문제는 정의된 사회적 특징이 어떻게 표현되는가를 밝히려는 교육 분석을 통하여 실제로 스스로 해결된다. 교육의 남성적 특징은 교육과정 지식과 교수방법 등으로 구체화된다. 이들은 서로 다른 방식으로 다른 학생 범주에 자리하고, 추측건대 영향도 미친다. 여학생들은 학교의 남성적 에토스 때문에 불이익을 당할 뿐만 아니라, 그것과 관련된 성별 분업으로 사회화되기도 한다.

교육분화 과정이 효과를 가져오기 위해서는 어떤 조건들이 충족되어야 하는가(Jones and Moore, 1996)? 이상적으로 학교 상황은 다음과 같은 곳일 것이다. ① 교육의 과정과 지식이 통일된 단일 형태로 제공되는 곳, ② 학생들이 예측 가능한 방식으로 그것을 수용하는 곳, ③ 결정적 효과를 낳는 곳이다(교사들은 '만약 ~이라면!' 식으로 말하는 경향이 있다.). 실제로 지식에 대한 교육의 과정과 전달은 파편화되고, 예측 불가능하며, 임의적이며, 논쟁적이다. 학생들은 무언가를 배우는 데 실패하거나 잘못 배울 뿐만 아니라 그것을 무시하고, 거부하며, 자신의 특수한 방식으로 재해석한다. 학생들은 다른 지식의 원천과 권위에 반드시 접근해야만 한다. 현실은 이상과 너무나 괴리가 있다. 그리고 교육의 과정이 예측 불가능하고 결정되어 있지 못해서 분화의 효과성은 엄격하게 제한되었을 것이다. 뿐만 아니라 그러한 내적 메커니즘을 사회 불평등 구조의 기본 재생산자로서 받아들이기 어렵게 한다.

이러한 유형의 접근방법에 관한 고전적인 비판에서 흑인 사회학자 스톤(Stone, 1981)은 흑인 학생의 부정적 자아상 모델은 흑인들 스스로 자신에 대한 백인의 관점—흑인으로 하여금 열등하다고 느끼게 하기보다는 오히려 백인들이 얼마나 어리석은가를 생각하게 하는 것이다—에 좌우된다는 가정에 기대고 있음을 지적했다. 이것은 그들을 매우 화나게 할 수 있다! 이 접근방법은 학생과 학생 가족이 원하고 그들에게 우수한 자격증의 현실적 유리함을 가져다줄 엄격한 학구적 교육을 제공하기보다는 진보적인 '치료적' 접근방법을 채택하도록 교사들을 장려함으로써 오히려 흑인들에게 불리하게 된다. 이는 학생들 스스로 교육의 과정과 관련되는 방법에 관한 진전된 논의를 이끈다. 상징적 상호작용론자의 설명은 개인이 자아상을 형성하는 데 있어 '유의미한 타자'라는 생각에 의존한다. 그러나 교사들은 학생들에 대해—부정적이든 긍정적이든—유의미한 존재일 필요가 없다. 차후에(제4장에서) 논의되겠지만, 학생 대부분은 학교에 대해 무관심한 도구주의적 태도를 취한다. 어떠한 것들도 그들을 성가시게 하지 못한다. 틀림없이 어떤 학생에게는 학교와 교사들이 대단히 중요할 것이며 정체성과 발달에 긍정적 영향을 끼친다. 라이트가 논의했던 흑인 남학생과 같은 타자는 자신들에게 엄청나게 영향을 미치는 특별히 불쾌한 구석으로 내몰릴 수 있다. 어떤 아이들은 적극적으로 '저항'할지 모른다.

여기에 두 가지 중요한 점이 있다. 첫째, 교육분화의 효과성은 일반적인 가정보다는 오히려 특별한 사례를 통해서 확인될 필요가 있다. 둘째, 학생들은 단순히 교육분화 체제에 의해 그들의 위치가 결정될 뿐만 아니라, 스스로 제도와 관련하여 자신의 위치를 정한다. 우리는 그들을 위한 다양한 과정이 자신들의 위치를 어떻게 규정하는지에 대해뿐 아니라, 학생들이 교육 내에서 자신의 위치를 어떻게 결정하는가에 대해서도 설명해야 한다. 학생들이 자신의 교육 결과를 근거로 형성하는 위치의 패턴과 관련하여 중요한 것은 그것이 내적 분화 체제에 어떻게 밀접하게 대응하느냐가 아니라, 얼마나 그렇지 않은가 하는 점이다. 이것은 '타당성'과 학생 '전략'의 문제를 일으키며 제4장에서 논의할 것이다.

타당성 문제

교육분화 체제의 효과는 앞에서 다룬 이유들 때문에 줄어든다. 만약 그렇다면 교육적 성취 수준, 각 집단의 상대적 위치 그리고 시간에 따른 변화가 교육제도와 그 분화 과정 내의 조건과 변화에 의해 움직인다는 견해는 어떻게 타당할 수 있는가? 예컨대 라이트 등의 주장처럼 교육에서의 성 혁명이 페미니스트의 생각처럼 교육의 과정에서의 변화가 여학생의 상대적 위치의 개선을 초래했다고 볼 수 있는 증거인가?

다음의 내용은 내재적 접근법의 설명력에 관한 일반적 평가에 적합한 특수한 경우로 이해될 수 있다(Moore, 1996의 반응에 대한 Arnot, 2002: 190-191 반대 견해 참고).

- 교육에서 여성들의 상대적 지위는 20세기 후반—4분기에 가속됨—을 통해 오랜 기간 안정되게 향상되는 경향을 보였다. 이러한 지속적인 특징은 교육 내의 특정 사건이나 변화와 관련된 것

이 아니다.

- 성 차별과 인종차별 반대 교육, 다문화 교육을 촉진한 교육에서의 기회평등(equal opportunity) 프로그램의 영향은—페미니스트 연구자들에 따르면(Weiner, 1994 참고)—불균등하게 배분되었고, 단편적이었으며, 종종 공적 적대감을 형성했다. 그러한 정책적 노력들은 여학생들의 성취 수준의 상대적 향상이 장기적으로 체계적 모습을 보일 수 있을 만큼 충분히 광범위하게 그리고 장기적으로 실시되지 않았다.
- 그러한 정책이 실시된 교육제도의 해당 영역과 그곳에서 교육받은 여학생들이 받은 이익들 사이에 어떤 직접적인 상관관계가 있는지를 알아내기는 어렵다. 영국에서 가장 성공적인 여학생들은 전통적인 단일성별 학교에 다니는 학생들이었다. 적어도 이들 학교는 긍정적 이미지의 기회평등 정책에 부합되었던 것처럼 보였으며 학교조직, 지식, 교수법도 '남성적' 형태에 가장 많은 영향을 받았다. 반면에 가장 성공적이지 못한 여학생들은 그런 정책이 가장 빈번하게 실행되었던 대도시 지역에 소재한 남녀공학 종합학교에서 전형적으로 나타났다.
- 동시에 변화는 보다 낮은 수준의 교육제도—대학입학자격시험(GCSE)과 관련된 상위중등학교에서—에서 가장 빈번하게 발생하는 경향이 있었다. 그러나 이러한 변화는 여학생들이 'A' (상급) 수준과 학위 수준—이 수준에서의 변화는 덜했다—으로 그들의 성공을 확장하는 것을 가로막지는 못했다. 여성의 향상은 보다 진보적이고 ('여성화된') 낮은 수준이 아니라 높은 수준의 보다

전통적인 ('남성적') 수준에서 성공적으로 나타났다.

요약하면, 교육의 과정에서 필요한 변화들이 교육에서 성 혁명의 장기적이고 체계적인 특징을 발생시킨 것으로 타당하게 간주될 정도로 충분히 광범위하지도 지속적이지도 못했다. 다른 한편, 20세기 후반에 교육에서 계급 차이를 줄이기 위한 동일한 종류의 지속적이고 체계적인 시도가 발견되었다. 선발과 능력별 학급편성으로부터 종합학교, 이질 학급 편성, 교육과정과 교수법 개혁 등으로의 이행이 그것의 시도였다. 그러나 이러한 시도들은 계급적 차이를 줄이는 데 아무런 영향도 미치지 못했다. 그렇다면 이것은 학교에서 행해지는 것이 아무런 차이를 만들지 못한다는 것을 의미하는가?

학교가 차이를 만드는가

미국에서 〈콜먼 보고서(Coleman report)〉 작성에 참여했던 젠크스(Jencks)는 1972년에 『불평등(*Inequality*)』이라는 제목의 책을 출판했다. 그의 책은 교육에 관한 대중 토론에 엄청난 영향을 미쳤다. 그의 결론은 전후 20년 동안 교육의 팽창을 지지했던 개혁론자들의 낙관주의를 무력화하는 것으로 보였다. 그의 비판의 핵심은 개인에 관한 한 생의 기회를 만드는 데 있어서 교육보다 운이 더 중요하다는 것이었다. 할제이 등(Halsey et al., 1997: 34)이 '젠크스의 비관론(Jencks' pessimism)'이라 명명한 이러한 연구 결과는 '학교가 차이를 만드는가? 얼마나, 어떻게 차이를 만드는가?'라는 문제를 규명하기 위해 학교의 효과와 관련된 연구 프로그램을 장려했다. 물론 이 주제와 관련된 모든 연구자들이 자신을 사회학자로 분류하거나 자신들의 연구성과를 교육사회학적인 것으로 인정하는 것은 아니다.

본질적으로 교육 연구의 쟁점은 '어떤 학교가 다른 학교보다 더 효과적인가, 그리고 만약 그렇다면 그 이유는 무엇인가?'였다. 이러한 접근방법이 젠크스 접근방법과 다른 점은 학교 간 차이를 연구한다는 점이다. 오늘날 이들은 '학교효과성(effectiveness)' 연구로 알려졌는데, 이는 베넷(Bennett, 1976)이 독창적 연구에서 '교수 유형(teaching styles)'—기본적으로 '전통적' 대 '진보적' 구분—이라 부른 것에 초점을 맞춤으로써 시작되었다. 영국에서 이 분야를 선도하고 있는 연구자인 모티모어(Mortimore)는 다음과 같이 말한다.

> 콜먼과 젠크스가 학교 풍토, 교직원의 행동, 학생의 태도 그리고 제도적 관계 등과 같이 보다 미시적 수준의 변인들에 접근했었더라면, 보다 상세한 요인들에 반대되는 그들의 결론을 검증했었을 것이다. 많은 연구자들은 학생들의 학습 결과에 미치는 개별 학교의 효과를 분석하기 위하여 거시적 변인에서 미시적 변인으로, 제도에서 개별 학교로 연구 초점을 변화시켰다(Mortimore, 1997: 476–477).

이런 점에서 학교효과성 연구는 교육분화 분석과 연구 초점을 공유하지만, 연구방법론이 질적 연구보다는 양적 연구였다는 점에서 차이가 있었다. 여기에서는 다층 수준 분석과 같은 통계기법의 발달이 중요했다. 뿐만 아니라 다양한 담론 과정보다는 학교교육의 조직적 측면에 더 관심이 있었다.

학교효과성 연구의 기본 아이디어—예를 들어, 러터 등(Rutter et al., 1979)에 의해 수행된 선구적 연구 등—는 사회적 항목들—사회경제적 배경, 성, 나이, 민족성 등—과 학교를 가능한 한 연결하고자 했다. 그리고 이러한 요인들이 일정한 영향을 미치는가를 보기 위하여 학생들의 성취 수준이나 행동 유형 등의 산출물에서 유의미한 차이가 있는지를 살펴보고자 했다. 만약 차이가 있다면, 그것이 학교들 간의 차이라고 가정하는 것—어떤 학교가 다른 학교보다 '효과적'이다—이 공정하다. 두 번째 단계는 학교가 조직되고 운영되는 방식에서 이들 차이를 확실하게 구체화하는 것이다. 연구들은 이러한 항목들에서 학교들 간에 유의미한 차이가 정말로 있었다는 것을 보여 주었다. 모티모어의 연구결과에 대한 검토에 따르면, "배경요인을 고려한다면, 학생들 간의 분산 중에서 약 10% 정도가 학교에 의해 설명된다는 것"이다. 그는 이 점과 관련하여 다음과 같이 지적한다.

> 중등학교에서 실시된 영어시험에서 10% 정도가 대학입학자격시험(GCSE)의 14점 이상이었다. 이것은 대략 GCSE에서 E등급과 C등급을 각각 7개 받은 학생의 차이로 해석될 수도 있다. 학생이 7개 과목에서 C등급을 얻으면 A 수준으로 이동할 수 있으며, 보다 유망한 직업에서 일할 가능성이 열리게 되는 반면에, 7개 과목에서 E등급을 받은 학생은 영국에서 학업성적이 낮다는 충분한 증거로 간주된다(Mortimore, 1997: 479).

따라서 10%가 그렇게 크지 않은 것처럼 보이지만, 그럼에도 그것은 학생들로 하여금 경계를 가로질러 갈 수 있도록 하는 기준점과 관련된 기회에서 유의미한 차이로 변환된다(Mirza, 1992: 제3장 참고). 핵심 질문은 무엇이 학교들 간의 차이를 만드는가다. 이와 관련하여 모티모어는 (영국) 국가교육위원회에서 행해진 사례 연구들로부터 다음과 같은 점을 추출하여 제시하고 있다.

> 팀별 접근을 하도록 하고 발전하는 지도력, 학교를 개선할 수 있는 방법 그리고 개선되었을 때 업적 중에서 어떤 것을 긍지로 바꿀 것인지 등을 포함한 성공에 대한 비전, 계획 수립과 목표 설정을 격려하는 학교 정책과 실제, 물리적 환경 개선, 학생의 행위와 성공에 관한 공동의 기대, 부모 · 지역사회와의 좋은 관계에 투자(Mortimore, 1997: 481).

이런 목록이 전부라고 생각해서는 안 된다. 이 분야의 연구자들은 계속해서 주의를 기울일 것을 요청한다. 이는 정책입안자들이 '학교 개선'을 위한 '신속한(kwik-fix)' 해결책으로 드러난 결과들을 기꺼이 채택하려는 경향 때문만은 아니다.

학교효과성 연구는 학교가 차이를 만든다는 점을 지적한다. 보다 효과적인 학교에 다니는 학생은 덜 효과적인 학교에 다니는 학생들보다 많은 이익을 얻게 된다. 하지만 이 분야의 문헌들은 수많은 단서들을 제공한다.

- 교육 불평등에 관심을 두는 한 보다 효과적인 학교가 모든 학생

들에게 더욱 효과적이라는 점을 강조하는 것이 중요하다(예, Smith and Tomlinson, 1989). 모든 학교를 효과적으로 만드는 것은 모든 학생들의 성취에 비례하여 개선하는 것이다. 따라서 집단 차이는 동일한 상태로 남는다.

- 학교의 효과성을 증가시키는 것은 본질적으로 좋은 것이다. 그러나 그렇게 하는 것이 반드시 사회적으로 가장 불리한 이들의 위치를 개선하는 것은 아니다. 결과적으로 학교효과성은 사회적 기회의 평등을 개선하는 정책으로 자동적으로 변환되지 않는다. 이런 점에서 모티모어를 포함하여 중요한 연구자들은 학교 개선의 한계들을 강조했다.
- 최대 추정치는 어느 학교에 다니느냐가 학생들 간 학업성취의 차이를 10% 정도 설명한다고 말하는 것 같다. 모티모어가 지적한 바와 같이 이것이 무의미한 것은 아니다. 그렇지만 이는 분산을 설명하는 보다 유의미한 요인들을 도처에서 발견할 수 있다는 것을 의미한다. 효과적인 선택을 할 수 있는 능력이 다른 교육시장에서는 이들 다른 요인들과 학생이 보다 효과적인 학교를 다닐 가능성과의 관계가 중요할 것이다(제3장과 제4장 참고).

'젠크스의 비관론' 과 반대로 학교는 차이를 만든다. 세세한 항목을 자세히 살펴보면 이 연구에서 도출된 일반 원리는 정합성(coherence)의 원리다. 효과적인 학교는 집합적으로 생겨나고 실행되는 이해, 목표, 기대 그리고 목적을 공동으로 견지하고 다양한 수준에서 모순되지 않도록 통합한 곳이다. 러터 등(Rutter et al., 1979)은 이러한 속성을

'에토스(ethos)' 라고 표현했다. 이와 같은 에토스가 표방하는 특수한 이데올로기적 양식이 효과성에는 적절하지 않다는 점을 아는 것이 중요하다. 대신에 중요한 것은 학교란 일관되게 적용되는 공통된 가치, 목표와 기대의 공동체라는 점이다. 교육적으로도 이 점이 중요하다. 이러한 연구는 교육적 논쟁에서 잘못된 이데올로기적 분열을 완화한다. 즉, 모든 학교는 ① 모든 학생들에 대해 높은 학문적 기대를 가져야 하고, ② 교수 유형이 특정 학생집단의 독특한 요구에 적응할 수 있도록 유연성(flexibility)을 가져야 한다. 교수법에 대한 접근은 이데올로기적이라기보다는 실용적이다. '어떤 남학생들, 어떤 여학생들?' 이라고 물었다면, 우리는 교수방법의 목록 중 어떤 교수방법이 최선인지 물어야 하고, 교사들이 그곳에서(in situ) 전문적 판단을 할 수 있도록 충분한 자율성을 제공해야 한다(Pollard, 1994). 교육사회학에서의 분화 분석과 교육연구자들에 의한 학교효과성 연구, 둘 모두는 학교조직과 교육의 과정의 서로 다른 측면이 다양한 환경에서 다른 방식으로 서로 다른 범주의 학생들에게 긍정적이고 부정적인 다양한 효과를 미쳤을지 모르는 수많은 방식을 지적했다. 그러나 이러한 방식들은 중간계급/노동계급, 남성/여성, 흑인/백인과 같이 광의의 이분법에 근거해 한 묶음으로 가정되기보다는 오히려 특수한 개별 사례에 대해 실용적으로 다루어져야 한다.

사회적 차이와 교육분화와의 관계는 복잡하다. 이들 관계와 관련된 문제 중에서 간단하게 답할 수 있는 것은 아무것도 없다. 상식적으로 볼 때 특정한 때에 특정 집단을 위해 상황에 무엇인가 도움을 주는 모든 것들을 망라했다고 볼 수 있다. 이들 문제가 시간에 따라 변화하듯이, 그 어떤 문제도 개별적이든 혹은 다른 것들과의 결합되었든 추세 자료의 체계적 속성 내의 복잡성과 모순을 내생적으로 생성하는 것으로 간주하는 것은 타당하지 못하다.

정 리

이 장에서는 교육적 차이와 사회적 차이 사이 관계의 복잡성을 살펴보았다. 아울러 그것에 관한 다양한 교육사회학의 논의방식을 검토했다. 특히 학교의 외재적 요인을 강조하고 '교육가능성'에 관심을 두는 접근방법과, 교육의 내재적 요인을 강조하고 '분화'에 관심을 두는 접근방법으로 구분했다. 후자의 관점은 내재적 요인에 강한 효과가 있다고 주장하며 그것을 교육적 재생산과 변화의 주요 동력으로 본다. 전통적 교육이 성별 차이를 재생산하고 학교에서 성차별을 반대하는 시책들이 성 혁명을 야기했다는 주장이 그 예다. 이러한 견해에 대해 두 종류의 회의적인 반대 의견이 제기되었다. 첫 번째는 그런 과정이 그렇게 강한 결정 효과를 갖기 위해 충족되어야 하는 교육의 과정, 학생 상호작용 그리고 조건을 어떻게 만들 것인가 하는 가정에 관련된 것이다. 두 번째는 계급, 성, 민족성 차원의 차이 변화에서 나타난 복잡성과 관련된다. 또한 계급 차원에서는 설명이 어렵고 민족성 차원에서는 설명이 일관적이지 않은, 그렇지만 명백히 존재하는 성과 관련된 현상(강한 내재적 접근에 있어서)을 어떻게 설명할 것인가와 관련된다.

1944년 교육법 이후 발생한 변화들과 관련하여 잉글랜드와 웨일즈의 교육제도는 교육개혁의 가상 역사적 실험실을 구성했다. 그럼에도 계급 차이는 다루기 어려운 문제로 남겨졌었다. 성에 관한 한 상대적으로 너무 많은 변화가 교육에서 나타났으나, 계급과 관련해서는 너무 적었다! 교육에서 여성의 위치는 교육적 관계가 보다 일반적인 사회적 그리고 경제적 변화 구조 내에 자리할 필요가 있음을 제안한다. 교육제도와 교육의 과정은 교실의 미시적 역동성과 사회의 거시적 구조와 운동 사이의 중간 수준(mezzanine level)*을 나타낸다. 다음 두 장(제2장, 제3장)에서는 경제와 계급, 국가와 지위와 같은 광의의 주제를 검토할 것이다. 제4장에서는 이러한 수준들이 교육적 변화의 구조-역동성 모델로 함께 다룰 것이다.

---

* 역자 주: 메자닌(mezzanine)은 건축에서는 1층과 2층 사이의 중간층을 의미한다. 이 중간층은 독자적인 층을 뜻한다.

제2장

교육과 사회

교육, 경제, 계급

제2장

교육, 경제, 계급

이 장에서는 근대교육제도를 주로 경제적 요인이나 계급관계에 기초하여 설명하는 접근법을 개관한다. 할제이 등이 언급했듯이 "아무리 정교한 교육이론이라도 경제 발전에 관한 교육의 공헌을 무시할 수 없다. 실제로 20세기 내내 교육과 경제와의 관계는 중요성이 매우 큰 것으로 일관되게 가정되어 왔다."(Halsey et al., 1997: 156) 그들은 이것을 인간자본론의 영향과 연계시킨다(Karabel and Halsey, 1977: 제3부; Woodhall, 1997; Brown and Lauder, 2001). 인간자본론은 1960년대에 생겨났는데, 기본 관점은 교육을 개인적 소비라기보다는 오히려 투자로 바라보아야 한다는 것이다. 그 이유는 교육이 인간의 노동생산성을 향상시키고 노동은 경제적 생산성과 경쟁력에서 가장 중요한 요인이기 때문이다. 인간자본으로서 교육에 투자하는 것은 경제적 성취 수준을 개선하는 데 있어서 최선의 방식이다. 이러한 주장에 기초하여 산업사회의 정부들은 교육에 실질적인 투자를 하였고 세계은행과 같은 조직을 통해서 개발도상국들도 교육에 투자하도록 장려되었다. 이러한 주장은 경제 상황이 세계화와 '포스트포디즘적' 생산 양식의 진전으로 두드러지게 변화된 오늘날에도 여전하다.

교육과 경제와의 관계는 이 장과 다음 장에서 다루게 될 다음과 같은 문제를 제기한다. 첫째, 근대교육제도 출현과 관련된 문제다. 분명히 대중교육제도는 근대산업경제와 함께 출현했고 많은 점에서 근대 후기계몽주의 시대 진보정신의 증표로 간주될 수 있다. 그러나 둘 사이의 관계는 가정하는 것처럼 직접적이지 않다. 둘째, 대중교육제도의 공헌은 단지 경제적인 것뿐만이 아니라는 점이다. 교육은 식견 있고, 관용적이며, 합리적인 자유민주주의 시민들을 육성하는 문명화의 영향력을 갖는다고 가정된다. 셋째, 교육제도는 기회의 평등, 능력주의, 사회이동을 통해 사회정의를 촉진하는 주요 수단으로 간주된다. 근대사회에서는 많은 것들이 교육제도로부터 기대되었으며 그 기대가 충족되지 못했다는 이유로 엄청난 비난이 교육에 쏟아지게 되었다. 20세기 후반, 특히 1970년대에 교육에 대한 생각이 낙관론에서 교육의 실체를 깨닫는 것으로 변화하였고, 교육은 해결책으로서 시작되어 문제로 끝났다. 교육사회학은 교육과 경제의 관계 그리고 교육의 효과에 주목한다. 교육과 경제 그리고 사회의 제1영역들 사이의 관계는 어떠한가? 그리고 교육이 상당한 기여를 했다는 것이 의미하는 바는 무엇인가? 교육은 정말로 기대되는 모든 것들을 이룰 수 있는가? 교육은 기대에 어긋난 만큼 공정하게 비난받고 있는가? 번스타인의 "교육은 사회를 보상할 수 없다"(Bernstein, 1977:

제7장)는 유명한 말은 실제로 그러한가? 결국 교육과 사회와의 관계를 논의하면서 그 바탕에서 가정하고 있는 것이 무엇인지를 명확히 하는 것이 중요하다.

무엇이 포함되어야 하는가를 알기 위해서는 몇 가지 기본 문제를 중심으로 논의를 시작하는 것이 좋다.

- 근대교육제도의 발달과 경제와의 관계는 명확하지 않다. 근대국가교육제도의 역사적 출현은 산업화의 발달 단계를 그대로 따르지 않는다. 영국이 가장 확실한 예외다. 영국은 가장 먼저 산업화되었지만 대중교육제도의 발달은 매우 늦었다. 이러한 쟁점들은 국가 형성과 관련해서 다음 장에서 논의될 것이다.
- 전후 사회-민주주의 낙관론 시대에 교육은 기회평등을 통해 사회정의를 증진하고 능력주의적 선발을 통해 사회이동을 가능하게 하는 것으로 기대되었다. 교육에서의 계급 차이를 줄이고자 시도된 많은 교육개혁에도 불구하고 차이는 크게 변화되지 않은 채로 남아 있다. 사회학적으로 이것이 핵심 쟁점이고, 특히 '성 혁명'에 대해 논의할 때 그렇다. 이렇게 교육은 기대되었던 바를 이루는 데 확실히 실패했다.
- 인간자본론의 논리는 경제 발전의 수준과 교육 유형 사이의 직접적인 상관관계에 의해 좌우된다. 이러한 관계는 결코 분명하지 않다. 상관관계에 관한 모든 질문처럼, 쟁점은 요인들 사이의 인과적 고리를 설명하는 것이다. 부유한 사회들은 보다 발달된 교육제도 때문에 부유해진 것이 아니라, 오히려 그들이 부유하기 때문에 보다 발달된 교육제도를 가지는 것일지 모른다. 그러

나 자신 있게 대답하기에는 증거가 충분하지 않다. 경제적 발달 수준이 유사한 사회는 교육 수준이나 교육제도의 유형보다는 오히려 사회이동률에서 훨씬 더 비슷하다. 다른 것을 고려할 때, 국가교육제도 성격의 변이의 정도는 유사한 정도의 경제성장률, 생산성 그리고 사회이동에서의 변이와 대응되지 않는다.

불행하게도 근대사회에서 교육이 어떻게 기능하는가에 관한 중요한 주제의 결론은 서로 모순되는 이론들이 나름의 증거에 따라 똑같이 지지받고 있다는 사실 때문에 '미결정' 상태에 있다. 주전자는 당신이 어떻게 보느냐에 따라서 절반이 비어 있기도 하고 절반이 차 있기도 하다. 예를 들어, 근대사회에서 사회이동의 총량은, 마르크스 관점에서 보면 계급 불평등의 재생산으로 합당하게 기술하기에는 너무 크며 자유주의 이론의 개방적 능력주의를 드러내기에는 충분하지 않다. 골소프(Goldthorpe)의 주장처럼(아래 부분 참고) 마르크스주의의 '자본주의 논리'와 자유주의의 '산업화 논리' 모두 근대 선진 산업사회와 그 교육제도의 특징을 충분히 묘사하고 설명하는 데 실패했다.

마르크스주의와 자유주의

교육제도 문제는 근대사회와 그 발달을 정의하는 이론적으로 대비되는 두 '논리'를 중심으로 다루어져 왔다(Goldthorpe, 2000: 제8장). 마르크스주의의 '자본주의 논리'와 자유주의의 '산업화 논리' 가 그것이다. 이들 각 논리는 대비되는 문제의식과 연구 프로그램과 관련되어 있다. 골소프에 따르면, 마르크스주의 전통은 주로 계급 형성과 '집합적 계급행동의 출현과 유형을 설명하는 것' 에 관심이 있었다.

> 물론 집합적 계급행동은 마르크스의 포괄적인 역사이론에서 가장 중요했다. 모든 역사는 '계급투쟁의 역사' 였고 그와 같은 투쟁의 혁명적 결과에 따라 시기를 구분했다. 그러나 모든 역사는 생산력 발달의 역사이자 기존의 생산관계가 낳는 모순의 역사이기도 했다. 그러므로 마르크스와 그 추종자에게 있어서 중요한 문제는 이 두 논의의 흐름이 특별히 자본주의 사회에 적용될 때 어떻게 적절히 통합되어야 하는가였다. 변함없는 이론적 과제는 자본주의의 '무덤을 파는 사람' 이라는 역사적으로 부여받은 역할을 수행하기 위하여 노동계급에게 필요한 계급의식과 계급갈등을 실제로 초래하는 내부 모순을 강화하는 과정이 무엇인가를 제대로 설명하는 것이었다(Goldthorpe, 2000: 162).

1960년대와 1970년대 마르크스주의에서 교육은 자본주의의 사회적 및 경제적 관계의 재생산을 위한 대행자로 그려지는 것이 보통이었다. 그러한 '재생산' 이론은 교육의 과정을 다음과 같이 설명한다.

- 지배계급은 엘리트 직업과 사회적 지위에 이르게 하는 교육적 이득으로의 접근을 통해서 특권과 지배를 재생산한다.
- 지배 이데올로기의 주입을 통해 자본주의적 사회관계의 정당성을 담보한다.

- 자본주의에 효과적으로 도전할 수 있는 대항 헤게모니적 노동 계급 의식화를 봉쇄한다.
- 자본주의 경제와 사회구조 안에서 학생들을 차별화된 미래의 지위에 알맞게 체계적으로 준비시킨다.

『학교교육과 자본주의(*Schooling and Capitalism*)』(Dale et al., 1976)라는 제목으로 편집된 논문집의 서문에서 발취한 다음 글에서는 재생산이론의 핵심 아이디어와 재생산이론이 마르크스주의식으로 '토대'와 '상부구조'를 구분하여 분석에 이용하였음을 알려 준다.

> 이 나라(영국) 안팎에서 마르크스주의에 대한 관심의 증가는 상부구조의 제도와 이데올로기를 경제적 토대와 관련짓는 문제를 가장 중요하게 생각하도록 했다. 이데올로기적 가정과 함께 문화적 그리고 교육적 기구는 사회통제이론의 일부로 등장했다. 사회적 존재가 의식을 결정한다는 전제 아래, 교육과 지적 구조의 매개적 개입이 분석의 주요 관심사가 되었다. 우리는 문화적 생산, 재생산 그리고 전수이론들과 상부구조의 분석을 함께 다룬다(Daler et al., 1976: 2).

이러한 이론의 영향을 받은 교육사회학은 주로 '문화적 생산과 재생산 그리고 전수' 과정에 관심을 둔다. 즉, 경제적 관계와 사회적, 문화적 양식 간의 연계를 설명하고 교육의 과정 안으로부터 그들을 '발견하는' 것이다. 이러한 유형의 마르크스주의 교육사회학의 가장 영향력 있는 버전은 아래에서 상세하게 검토하게 될 미국의 학자인 보울즈와 긴티스(Bowles and Gintis, 1976)의 '대응이론(correspondence theory)' 이다.

이에 반해 자유주의 이론은 근대사회를 '자본주의' 보다는 '산업주의' 로 접근하고, 이를 기초로 한 분석은 주로 계급 분해(class decomposition)와 관련된다. 마르크스주의 모델에 직접적으로 반대되는 관점으로서, 자유주의 이론은 산업주의 논리의 중심 경향이 근대사회의 주요 차원으로서 계급을 점진적으로 해체한다는 이념을 전개한다. 마르크스주의 이론이 계급의 중요성이 증가할 것이라고 예언한 데 반해서, 자유주의 이론은 계급이 점진적으로 시들해질 것이라고 예언한다.

> 산업사회의 발달 과정에서 자유주의 이론이 주로 설명하고자 하는 것은 계급 간 이동이 확대되고 계급과 연관된 기회의 불평등이 점진적으로 줄어듦에 따라 계급 형성이 어떻게 계급 분해로 이어지는가 하는 점이다. 이러한 경향이 인적 자원을 보다 효율적으로 활용하고자 하는 산업주의 논리에 따라 부과된 수요로부터 가장 중요하게 일어난다는 것을 보여 주기 원한다. 산업주의 논리는 교육기회의 확대, 교육제도의 평등주의적 개혁, 모든 사회적 선발 과정에서 귀속적 기준이 성취적 기준으로 점차 대체되는 것에 반영되었다. …… 따라서 점점 더 '개방된' '능력주의' 사회에서 무엇보다 정치적으로 '계급투쟁의 민주적 전환' ― 시민과 선거 정책에 집중함으로써 국가 노동계급의 혁명을 포기 ― 을 촉진할 방법을 우리에게 제공할 수 있을 것이다. 그러면 비록 개별화된 투표행위지만 계급 구성원과 정치적 행동 사이의 연결을 무의미하게 할 것이다(Goldthorpe, 2000: 162).

자유주의 접근에서 교육은 진보적 사회변화의 주요 동력의 하나로 핵심 역할을 담당한다. 그리고 교육은 산업사회와 산업사회의 발달 논리의 요구에 반응한다.

- 점증하는 높은 기술, 과학에 기반을 둔 경제가 요구하는 '인간자본' 생산
- 선진 자유민주주의에 적합한 '시민' 가치와 행동 증진
- 단지 출생에 의해 '귀속된' 것이 아니라 실제 능력과 공헌에 따라 사회적 지위를 성취할 수 있는 '능력주의' 선발제도 발달
- 능력과 기회의 관계를 반영하는 높은 수준의 사회이동을 특징으로 하는 '개방' 사회 촉진

이런 것들은 교육개혁을 통하여 성취되는데, 교육개혁은 교육 기관과 방법을 '선진 산업사회'에 적합한 형태로 바꾸며(다음 참고) 그렇게 함으로써 광범위하게 진보적 사회변화를 발생시킨다는 것을 가정한다. 교육개혁은 사회개혁을 이끈다. 마르크스주의자들이 교육을 주로 계급관계의 수동적인 '재생산자'로 바라본다면, 자유주의자들은 교육과 연계된 사회이동—'귀속' 지위로부터 '성취' 지위로의 이동—을 통해 표현된 기회평등의 증진으로 세대 간 계급 상속의 연결고리를 끊는 '차단장치'로 본다.

두 접근의 중심 불일치는 근대산업사회 경제조직에서 가장 주된 특징을 무엇으로 보느냐 하는 점이다. 자유주의자들은 주로 정치적으로 중립적이며 기술적 측면에서 경제를 바라보는 반면, 마르크스주의자들은 경제를 자본과 자본가계급의 이해관계를 중심으로 조직

된 것으로 정의한다. 자유주의자들에게 자본주의는 시장 메커니즘을 통해 이윤을 증진할 수 있도록 최적의 효율성 수준에서 생산을 조직하는 것이다. 그러나 마르크스주의자들은 이윤동기를 다수 대중의 실질 요구를 충족시키기 위한 생산의 효과적인 활용으로 제한한다. 이들은 경제를 사회주의적 소유권과 통제 형태 아래에서 인간 요구를 충족하기 위해 보다 효과적으로 조직할 수 있다고 생각한다. 이런 점에서 통상 자유주의와, 특히 자유주의적 교육철학은 자본을 위해 작동하는 이데올로기로 간주되었다. 자유주의는 사람들로 하여금 자신의 '실제' 계급에 근거하여 부르주아 경제제도의 연막을 꿰뚫어 보지 못하도록 방해한다.

골소프는 보다 더 중요한 이론적 쟁점이 있다고 주장한다. 이는 마르크스주의와 자유주의적 접근 모두와 공통적으로 관계가 있다. 두 이론은 각각 자본주의와 산업주의의 '발달 논리'로 작동한다. 그리고 이론이 적용될 수 있도록 각 논리의 기본 원리를 제공한다. 즉, 교육의 특성화와 교육이 할 일(또는 할 수 있는 일)은 발달 논리와 그들의 기능적 요구(exigencies)로부터 비롯되었다. 이처럼 두 이론은 특수한 종류의 사회적 인과성을 바탕으로 작용한다. 예컨대 논의될 수 있는 인과성으로는 '사회적으로 이렇기 때문에 교육적으로는 저러하다' 또는 대안적으로 '교육이 변화하면 사회적으로 이것들이 뒤따를 것이다.' 등이다. 덕분에 두 이론은 예측 가능하고 검증 가능하다. 그리고 이것은 매우 훌륭하다. 그러나 바로 이 점에서 두 관점 모두 결정적으로 실패했다고 골소프는 주장한다! 마르크주의의 실패는 잘 알려져 있다. 그것은 첫째, 혁명의식과 정치를 발달시키는데 있어 선진 근대사회에서 노동계급의 실패 때문이고, 둘째, 소비

에트 연방과 동유럽 '공산권' 국가들의 붕괴 때문이다. 그러나 그는 자유주의 모델도 마찬가지로 실패했음을 보다 강력하게 주장했다. 이러한 실패는 사회적으로 교육이 어떻게 '작용' 하는가를 이해하고자 하는 교육사회학의 중요한 논의거리다.

> 제2차세계대전 후 10년—자유주의 이론이 가장 꽃피웠던 시기—산업사회의 경제 발달은 전례 없을 정도로 상당한 성장을 경험했다. 따라서 이 기간에 사회계급 내의 지배세력을 전복시킬 잠재력을 가진 산업주의 논리가 변화 추세를 이끌었을 것이라고 가정하는 것은 타당해 보인다. 그러나 그런 변화 추세를 확고히 하기 어렵다는 것이 밝혀졌다. 실제로 주요한 많은 측면에서 연구 프로그램으로서 계급 분석의 주된 성취로 간주될 수 있는 것들이 단순하게 발생하지 않았음을 보여 주었다.
>
> 따라서 …… 교육성취와 사회이동 연구를 통해 얻어진 유용한 증거는 서로 다른 계급적 기원을 지닌 개인들이 생의 기회를 더욱 평등하게 만드는 방향으로 나아간다는 일반화되고 오래된 아이디어를 그다지 지지하지 않았다. 오히려 이런 점에서 계급 불평등은 전형적으로 일시적 안정성을 보이고 있으며 '장기적 호황' 시기를 포함하여 지난 10년 동안 확대되었다(Goldthorpe, 2000: 163).

비록 근대사회가 마르크스의 예상대로 전개되지는 않았지만 자유주의 패러다임도 예견했던 대로 발달하지 않았다! 교육사회학과 관련해 이것의 의미를 분명히 하는 것이 중요하다. 전후시기에 골소프가 묘사한 방식으로 산업사회가 확장되었을 뿐만 아니라 교육제도도 자유주의적 논리에 근거하여 행해진 중요한 개혁을 경험했다

(Brown and Lauder, 2001). 그러나 이와 같은 상당한 개혁에도 불구하고 교육에서는 전반적인 계급 불평등이 두드러지게 안정적인 상태로 유지되었다. 자유주의적 사회변화 시기의 두드러진 특징은 계급 불평등과 상대적 기회구조에서의 변화 부족이었다. 신자유주의적 자본주의의 지정학적 승리와 함께 사회 불평등과 절대적 빈곤은 미국과 영국 모두에서 증가했다! 이 복잡한 쟁점과 관련하여 해결해야 할 많은 것들이 교육사회학의 핵심 문제를 이루고 있다.

골소프는 계급 역동성—계급 형성과 계급 분해—에 우선성을 두었던 마르크스주의와 자유주의적 접근과 반대로 주요 초점을 '근대 사회의 계급적 계층화의 특징을 나타내는 주요 거시사회적 규칙성'의 시간적 안정성에 두어야 한다고 주장했다(Goldthorpe, 2000: 484). 문제는 이러한 규칙성이 다른 것들이 변화했던 때에도 지속되었다는 점이다. 예를 들어, 교육성취에서 계급 차이는 중요한 평등주의 교육개혁에도 불구하고 지속된다. 이것에 기초하여 골소프와 많은 공동 연구자들은 ① 사회이동률의 안정성, ② 사회에 따른 이동률의 공통성(commonality)이 설명될 필요가 있음을 주장한다(Erikson and Goldthrope, 1993).

기술과 설명

사회이론에 관해서 두 종류의 다른 질문을 제기할 수 있다. 첫째, 사회를 '기술(describe)' 하는 방식이다. 예를 들어 마르크스주의, 자유주의 그리고 '포스트모더니스트' 의 용어, '가부장제' 와 인종차별주의에 대한 페미니스트 관점 그리고 계급과 성 불평등, 기회평등 등에서 다루는 보다 특수한 문제, 쟁점, 관심사가 무엇이냐는 것이다. 둘째, 사회를 '설명(explan)' 하는 방식이다. 즉, '사회' 를 기술하면서 각 이론이 관심을 두는 관계와 과정을 어떻게 설명하느냐 하는 문제다.

특히 교육과 관련해서 '구조' 이론들은 다음과 같이 작용한다.

- 사회에 관해 일반적으로 기술한 다음, 교육에 관한 특별한 논의를 한다. 사회에 관한 기술은 교육제도, 교육의 구조와 과정을 특별한 방식으로 묘사하는 수단을 제공한다.
- 일반적인 것과 특별한 것의 관계는 ① 더 넓은 사회질서가 교육제도를 형성하고, ② 교육제도는 사회제도의 핵심 특징을 유지하고, ③ '정상적 발달의 논리' 를 더욱 촉진—효과성의 정도를 다양화하면서—하고, ④ 급진적 변화—계급 불평등이나 성별 관계에서—를 주도할 잠재력을 내포하고 있다는 점에서 인과적이다.
- 교육과 사회와의 인과관계는 효과적인 기제의 상세화를 요구한다. 사회는 교육이 해야 할 것에 대해 어떻게 '말' 하는가? 교육은 정치제도와 정책 수립을 통해 투명하게 일어나는가 또는 일을 좌우하는 '자본' 이나 '가부장제' 처럼 보이지 않는 손이 있는가? 효과를 낳는 것으로 보이는 교육제도의 핵심 특징은 무엇인가? 그것은 교육제도의 구조인가, 가르치는 것에 관한 교육과정인가, 가르치는 방법에 관한 교수법인가 아니면 이런 것들의 복잡한 조합인가?
- 상호작용, 상호적 인과성 또는 '중층결정(over-determination)' 에

관한 가정—즉, 각 부분과 전체에 대한 부분의 효과 그리고 부분에 대한 전체의 효과—과 효과적인 기제의 상세화는 교육개혁과 가능한 변화를 위한 지침을 제공한다. 교육적으로 이러한 것들이 변화하면, 그 결과로서 사회변화가 뒤따를 것이다. 그 반대도 마찬가지다.

이러한 이론들은 사회변화와 관련되어 있으며 또한 ① 시대 구분의 원리와, ② 현재 상황과 그 내재적 미래의 특성을 포함하는, ③ 역사적 도식을 내포한다.

산업주의 논리

다음의 글은 플루(Floud)와 할제이(Halsey)가 1961년에 앤더슨(Anderson)과 함께 편집한 『교육, 경제, 사회(*Education, Economy and Society*)』라는 제목의 저명한 논문집의 서문을 인용한 것이다. 비록 사회에 관한 현대적 기술과 최근에 생겨난 경제 원칙이 플루와 할제이의 이전의 것들과 핵심 관점에서 다를지라도, 그들은 사회와 경제적 변화에 관한 일반적 기술로부터 시작하여 교육제도에 관한 기술로 이어지는 똑같은 방식으로 논의를 전개하고 있다.

교육은 현대 과학기술의 개발을 위한 결정적인 투자 형태다. 이것은 최근 모든 주요 산업사회에서 교육 발달에 역점을 두는 이유다. 개별 국가의 역사, 정치구조와 사회전통의 특이성에도 불구하고 모든 경우에서

> 교육 발달은 때로 기술공학적, 경제적 변화의 압력과 갈등하지만, 새것을 제공하는 지배적 패턴이라는 특징이 있다. …… 선진 산업사회에서 교육제도가 경제제도와 매우 밀접한 관계를 갖는 것은 불가피하다. 오늘날 산업기술공학은 에너지를 전기와 원자력의 형태로 대체하였고, 새롭고 보다 복잡한 노동분업 형태를 도입하였으며, 생산규모, 기업의 경제적 배치, 노동의 생산적 역할과 사회적 역할을 바꾸고 있다. 이러한 것들은 전례 없이 확대된 과학연구의 결과, 숙련되고 능력 있는 인력의 공급, 결론적으로 교육제도의 효율성에 근거한다. …… 교육은 기술공학적 혁신의 원천으로서 유례 없는 경제적 중요성을 갖게 되었으며 교육제도는 거대한 직업적 충원과 훈련 기제로 작동함으로써 노동력을 공급하는 일에 더욱 더 힘을 쏟게 되었다. 노동력의 업무가 점증하도록 하고 직업적 보충과 훈련의 거대한 기구로서 작동하도록 한다. 사회적 선발은 전통적인 사회분화의 기능에 추가되었다. 사회적 선발은 구 엘리트를 유지할 뿐 아니라 새로운 엘리트의 선발을 촉진한다. 게다가 근대적 대량생산 과정에서 변화된 노동의 지위로부터 파생된 다수 대중의 새로운 교육 요구에 영합해야만 한다(Halsey et al., 1961: 1-2).

이 관점은 1950~1960년대 서구사회의 '자아상'을 제공하면서 교육의 중심 역할을 규정했던 다음과 같은 아이디어들의 집합과 관련된다.

- 기술공학의 수렴: 경제성장의 토대가 되는 기술공학의 발달 덕택으로 선진 산업사회는 공동의 모델로 수렴되었다는 견해다. 이 모델은 서구의 자본주의와 동구의 공산주의 국가의 차이를 넘

어섰고, 또한 제3세계의 신생국가들을 위한 원형(原型)을 제공했다. 새로운 산업주의의 형태는 과거에 제도를 분할했던 이데올로기적 차이를 시류에 뒤진 것으로 간주함으로써 자본주의와 국가사회주의 둘 모두의 변형을 가져왔다. 산업주의 논리의 '기술지상주의적' 모델은 기술적 생산 양식을 정치상 중립적인 것으로 간주했다.

- 경영관리 혁명: 선진 산업사회에서 기술지상주의 논리의 중요한 특징은 산업계에서 서구의 구(舊) 자본가와 소련 관료를 대신하는 새로운 전문 경영인의 출현이었다. 전문 경영인들은 이익의 극대화나 당의 명령을 실행하기보다는 자원의 효율적 관리를 담당하도록 고도로 훈련된 전문가들이었다. 그들은 유급(有給)의 전문가로서 자본가나 당 관료와 달랐으며 사회적으로 보다 민감하고 의도적으로 행동했다. 또한 서구와 동구의 새로운 경영 엘리트로서 전임자들의 갈등적 이데올로기와는 달리, 공동의 이익에 관심을 표방했다.
- 이데올로기의 종언: 발달의 논리는 필연적으로 이데올로기와 이데올로기적으로 동기화된 정치의 부침(浮沈)을 이끈다. 기술공학의 중립성과 그 효율성을 극대화하기 위한 수단은 이데올로기적 분할을 위한 여지를 남기지 않았다. 문제와 해결 모두 그 성격상 기술적이며 특별히 자신의 이해관계가 개입되지 않은 경영 전문가에 의해 공동의 이익을 위한 것으로 다루어질 수 있다. 새로운 실용적 정치의 시대가 출현한 것이다.
- 풍요로운 사회: 기술공학에 의해 추동된 경제팽창은 전전(戰前) 시대에 파시즘과 공산주의의 확산을 자극하였던 사회적 분열

과 분노의 원천들을 제거함으로써 모두에게 소득의 점진적인 증대를 제공할 수 있었다. 케인즈주의적 경제 관리와 복지국가의 결합으로 선진 산업사회의 생산성은 완전고용을 유지할 수 있었고 모든 시민들에게 근사하고 개선된 삶의 질을 제공할 수 있었다.

- 부르주아지화: 이는 우리 모두가 중간계급—또는 빠르게 그렇게 되리라는—이라는 견해다. 본질적으로 이 논쟁은 풍요와 변화하는 직업구조의 결과로서, 시민 대다수가 자신을 중간계급으로 간주하거나 실제로 중간계급이라고 주장한다.
- 능력주의: 선진 산업사회는 모든 수준에서—점점 더—고도로 숙련된 형태의 노동에 의존하기 때문에 재능을 낭비할 여유가 없다. 인간자본이 그들의 기본 자원이다. 결과적으로 그들은 교육제도를 통해 자신의 사회적 배경과 관계없이 재능을 선택하고 개발하고 배분할 것이다. 모든 시민들은 능력(merit)—재능+노력—에 따라 성취할 수 있는 기회를 균등하게 가질 것이다. 이렇게 함으로써 선진 산업사회는 중요한 보상의 불평등을 유지할 것이다. 그럼에도 구성원들 간에는 사회적 정의감이 생겨날 것이고 극단주의를 부채질하는 분노의 원천을 제거할 것이다.
- 결합 강화: 능력주의를 중시하는 상황은 개인이 성취한 사회적 지위가 교육 수준에 더욱 의존하게 될 것이라는 점을 의미한다. 교육자격—개인의 생산능력의 발달을 표시—은 직업적 배치의 주된 기준이 될 것이다. 결론적으로 지위배분 논리가 확고하게 '귀속' 에서 '성취' 로 옮겨 감으로써 사회이동은 증가할 것이고

사회는 개인들이 사회적 위계에서 자신의 '자연적' —그리고 당연한—위치를 찾기 위해서 순환함에 따라 '개방' 될 것이다.

'선진 산업사회' 모델은 사회가 서로 비교되고 순서가 매겨질 수 있도록 정상 발달의 모형과 논리를 제공했다. 일반적으로 미국은 이 모델과 발달 논리의 적절한 예로 간주되었으며 이런 점에서 미국은 '선진적'이었다. 이에 반해 영국은 '차이(difference)'가 아니라 '지체(rag)' 되었고 '뒤처진(backward)' 경우로 다루어졌다. 미국은 발달이 더딘 나라로 하여금 어떤 경우든 정상 발달의 논리가 이끄는 방향으로 나아가는 데 적합한 제도적 형태에 관한 본보기를 제공했다. 미국이 선진 산업사회의 물질적 사례를 제공한 것은 물론이고 이론 그 자체도 미국 사회학으로부터—놀랍지는 않지만—주로 공급되었다.

골소프의 자유주의적 모델과 관련하여 위에서 기술한 모든 것의 중심에 교육이 있었다. 물론 '근대적' 기획은 완전히 실현되는 데 실패했으며 골소프는 이를 자유주의적 '산업주의 논리'의 실패로 구체화했다. 앞에서 언급한 변화들 중에서 어떤 것들은 확실히 일어났지만 다른 것들은 그렇지 않았으며 골소프가 지적한 것처럼 어떤 핵심 규칙성은 특별히 다루기 힘든 상태로 남아 있었다. 근대적 기획에서 교육의 중심성(centrality) 때문에 교육은 실패에 대한 책임을 지는 것으로 쉽게 인식되었으며 실제로 이러한 일은 사회민주주의 정치가 신 우익(New Right)으로부터 급진적 비판을 받았던 1970년대에 빈번하게 일어났다. 그렇지만 이런 식의 설명과 비난은 주장하는 기본 논리가 타당하다는 것을 미리 전제해야 한다. 영국의 경우 실패는 반근대적인 문화와 교육적 가치, 퇴영적인 사회 엘리트, 개혁되지 않은 제도 등 도처에 원인이 있었다. 골소프가 제시한 것처럼, 대안적 입장은 논리 그 '자체'를 문제시한다. 이처럼 모든 기획이 처음부터 근본적으로 잘못되었기 때문에 전혀 다른 형태의 설명이 고려되어야 한다는 것이다.

기능주의

교육사회학에서 '산업주의 논리' 모델은 유기적 연대에 관한 뒤르켐의 사상에 기원하고 있다. 그런데 뒤르켐의 사상은 탈콧 파슨스(Talcott Parsons)에 의해 미국 사회학의 '기능주의' 학파의 예로 굴절되어 소개되었다. 전후(戰後) 시대에 이 모델이 매력적이었던 이유는 마르크스주의의 대안으로 제시되었기 때문이었다. 가장 대비되는 점은 마르크스가 갈등을 자본과 노동의 필연적인 적대적 관계를 반영한 자본주의 사회의 고유한 특징으로 본 것과 달리, '선진 산업사회' 관점에서는 계급갈등이 지속적인 번영과 도구적 합의의 새로운 실용정치와 연결된 '이데올로기의 종언'으로 사라질 것이라 가정했다. 자본주의에 대한 마르크스주의 분석은 오직 산업 자본주의의 초기 국면의 특수한 조건만을 반영했으며 발전된 자본주의 단계에 적절하지 않다는 이유로 역사의 쓰레기통으로 내던져졌다.

기능주의 모델에 관한 고전적 진술은 「계층화의 원리(*Some principles of stratification*)」라는 데이비스(Davis)와 무어(Moore)의 논문에 나타나 있다. 이 논문에서 그들은 '계층화의 기능적 필요성'을 다음과 같이 설명했다.

> 계층화의 보편적 실재를 설명하는 주된 기능적 필요성은 사회구조에서 개인을 배치하고 동기화하기 위해 어느 사회나 직면하는 필수조건이다. 메커니즘이 기능함에 따라 사회는 구성원들을 어떻게든 사회적 지위로 분배해야 하고 그들로 하여금 그 지위에 걸맞은 의무를 수행하도록 유도해야 한다(Davis and Moore, 1953: 47).

데이비스와 무어에 의하면, 기능적 필요성이 충족시켜야 하는 기본 문제는 지위란 ① 기능적 중요성, ② 유쾌함, ③ 요구하는 훈련의 양에 있어서 다양하다는 것이다. 더군다나 사람은 능력이 다양하다. 따라서 제대로 된 능력과 동기를 지닌 옳은 사람을 적절한 위치에 배치할 필요가 있다. 사회는 지위 체계로 인력의 효율적인 배치를 규제함으로써 물질적 보상과 지위를 불평등하게 분배한다. 기능주의 계층화 이론의 고전적 공식에서 데이비스와 무어는 "따라서 사회 불평등은 사회적으로 가장 적임자에게 가장 중요한 위치를 제대로 분배되는 것을 담보하기 위하여 무의식적으로 진화된 장치다."라고 주장한다(Davis and Moore, 1953: 48).

이렇게 보면 사회 불평등은 불가피하고 합리적이며 그 자체로는 문제가 아니다. 그것은 역사적으로 적합한 분화와 보상구조에 도달하는 일이다. 분명히 이 이론은 계급 불평등을 자본주의 사회에 내재하는 문제로 다루는 마르크스주의 견해에 대한 주된 반박에 이용될 수 있다. 뿐만 아니라 '계급(class)'을 '지위(status)'로 대체함으로써 중요한 대안적 개념을 제공한다(Scott, 1996: 제4장). 이 접근은 전후/냉전 시기—특히 미국에서—에 정치적 호소력을 지녔다. 왜냐하면 마르크스주의가 소멸될 것이라고 예견하였던 자본주의를 여러 측면에서 정당화하고 정상화하였기 때문이었다.

교육제도는 선진 사회에서 계층화에 의해 요구된 핵심 기능을 수행하는 대행자로서 우선권이 주어졌다. 파슨스(Parsons)는 학교—그리고 특별히 학급—가 두 가지 일을 한다고 보았다. 첫째, 아동을 사회화하는 것이다. "학교는 개인의 인성이 성인 역할의 수행에 적합하도록 동기화되고 전문화되도록 훈련하는 기관이다."(1965: 434) 둘째, "인력' 배분의 대행자 역할이다."(Parsons, 1965: 435) 이들 두 가지 서로 관련된 과정은 일반적 목적과 특수한 목적을 갖는다. 한편으로는 '사회의 가치'에 대한 헌신을 포함하고, 다른 한편으로는 "사회구조 내의 특수한 역할 수행과 관련이 있다."(Parsons, 1965) 사회화기관으로서의 학교는 가족과 제도 사이에 존재한다. 학교는 아동을 가정에서의 제한된 경험과 가치로부터 분리시키고 대개는 사회로의 입문을 위해 준비시킨다. 선진 사회에서 이러한 유형의 전문기관에 대한 요구는 사회의 점증하는 복잡성과 사회변화의 속도로 인해 개인이 사회가 요구하는 태도를 가족이나 지역공동체로부터 배울 수 없다는 사실을 반영한다. 개인은 지역적 맥락으로부터 분리되어 사회적 또는 '보편적' 수준의 제도로 통합되는 것이 필요하다. 파슨스에 의하면, 학교는 부모와 다른 성인과의 관계, 친구와 이성친구와의 관계를 진보적으로 재정비함으로써 아동의 애착체계를 재조정한다. 아동은 그의 지위가 생물학적 기준으로 귀속된 상황, 즉 특정 부모의 자녀에서 학교 평가 기준에 따라 성취된 지위로 이동된다. 아동들은 단순히 학급의 많은 학생들 중의 한 명이다. 그렇지만 그들은 동시에 권리를 지닌 개인으로 다루어진다.

> 가족은 지위-구조가 세대, 성, 나이처럼 생물학적 위치로 귀속되는 집합체다. 가족과 관련하여 불가피하게 성취의 차이가 존재하고 그들은 차별적인 성격 형성에 기여하는 방식으로 보상받고 처벌받는다. 그러나 이러한 차이가 제도화된 사회적 지위의 제재는 아니다. 학교는 생물학적으로 근거하지 않은 지위의 차이를 제도화하는데, 이는 아동의 경험에서 최초의 사회화 기관이다. 게다가 이것은 귀속적 지위가 아니라 성취적 지위다. 이것은 지역사회의 학교제도의 대행자로서 활동하는 교사에 의해 부과된 과제의 차별적인 성취에 따라 '얻게 된' 지위다 (Parsons, 1965: 437).

비록 기능주의적 모델이 평판이 나쁜 것이 일반적이지만, 오늘날에도 지속적으로 논쟁거리가 되는 주제들이 있다. 특히 가족과 지역적 맥락으로부터 개인의 분리 그리고 '개인화(individuation)'가 그러하다(Scott, 1996: 100-110 참고). 당면한 문제로 그것은 '귀속적' 지위와 '성취적' 지위와의 차이에 관한 파슨스의 해석이다. 일반적으로 이 차이는 종종 현대사회를 전통사회와 구별하는 주요 표시 중의 하나로 제시된다. 전자가 무언가를 점점 성취하는 데 반하여, 후자에서는 개인의 지위가 일반적으로 전통적 규범에 귀속된다. 교육제도는 인간이 한 개인이 되는—즉, 귀속적 지위의 위치로부터의 분리, 가족과 지역의 정체성으로부터 분리의 추상적 기준의 보편주의적 체제 안에서 자신의 노력을 통해 대안적 가능성을 성취하는 것 등—놀라운 영역이다.

자본주의 논리

교육사회학에서의 마르크스주의 입장 또한 문제가 있다. 그 이유는 마르크스가 뒤르켐(Durkheim)이나 베버(Weber)와 달리 교육에 대해 거의 언급하지 않았기 때문이다. 정설로 인정된 '마르크스주의 교육사회학' 이란 없다. 또한 하나의 마르크스주의만 있지 않다(Sarup, 1977). 사실 무엇을 '마르크스주의 교육사회학' 으로 간주할 것이냐는 통상 그 분야에 해당되는 것으로 인정되었던 것이 무엇이었는가를 실제적으로 물음으로써 가려질 수 있을 것이다. 이에 관한 대답은 두 명의 미국 경제학자 보울즈와 긴티스가 쓴 『자본주의 미국의 학교교육(*Schooling in Capitalist America*)』(1976; Cole, 1988 참고)이다. 저자들은 자신들의 책을 '실질적인 경제학으로의 여행(substantive excursion onto economics)' 으로 묘사한다(p.53). 보울즈와 긴티스는 자본주의적 민주주의에서 삶의 공식적 재현과 실재 사이의 간극을 밝히고자 했다. 이러한 간극은—'선진 산업사회' 이론가들이 가정한 바와 같이—과거로부터 물려받았고 시간이 지남에 따라 사라질 기술적인 문제가 아니라 자본가들에 의해 형성되는 자본주의 체제에 내재된 문제였다. 그들은 정치제도의 형식적 민주주의와 경제제도의 전체주의적 성격 사이의 주요 모순을 분석하기 시작했다.

> 자본주의 경제에 관한 우리의 비판은 매우 간단하다. 일터나 학교에서 사람의 생산과정은 인간의 필요보다는 이윤과 지배동기에 의해 지배된다. 우리는 미국에서 성장하고 직업을 가질 수밖에 없었기 때문에 우

> 리가 할 수 있었던 것보다 필연적으로 삶이 더 부족해졌다. 소위 덜 자유롭고 덜 안정적이며 덜 행복하도록 만들었다. 미국 경제는 대다수 노동자의 행동이 아주 소수인 소유주와 관리자에 의해 통제된다는 점에서 형식적으로 전체주의 체제다. 그럼에도 이러한 전체주의 체제는—실제로는 그렇지 않지만—형식적으로는 평등, 정의, 호혜성과 같은 규범을 증진하는 민주적인 정치제도를 내포하고 있다(Bowles and Gintis, 1976: 53-54).

따라서 그들의 출발점은 정치제도의 민주적 성격이 경제제도에는 부재하다는 인식이다. 18, 19세기의 부르주아 혁명은 정치적 민주주의는 확립하였지만 경제적 민주주의는 확립하지 못했다. 이런 점에서 사회주의는 경제적 제 관계에 민주적 원리를 확대함으로써 현대사회의 혁명적 변형을 완성한다. 이러한 두 제도 사이의 모순은 정당성의 문제를 낳는다. 사회의 공식적 이데올로기가 민주적이고 평등주의적일 때 이것과 경제적 권력과 부의 엄청난 불평등이 어떻게 조화를 이룰 것인가? 바로 이것이 학교제도의 과제다. 경제적으로 요구되는 기술공학의 발달은 재능의 선천적 차이를 반영함으로써 교육적 차이를 정당화하는 특수한 이데올로기적 양식 안에서 획득된다. 본질적인 문제는 열망, 기대, 이동과 사회 불평등에 대한 사회적 관리다.

보울즈와 긴티스는 기능주의적인 '선진 산업사회' 모델을 자본주의적 불평등에 대한 이데올로기적 방어로 이해했다. 그들은 경제적 영역을 자본주의의 계급관계로 조직된 것으로 바라보았고, 바로 그러한 성격 때문에 불평등과 특정 이해관계를 표방하고 있다고 보았다. 생산은 우선적으로 계급 원리에 따라 조직되었고, 생산의 기술적 측면은 계급관계와 이해관계를 지원하도록 동원되었다. 그러므로 사회적 생산관계는 본래적으로 정치적이며 이데올로기적인 방어물이다. 그런데 경제와 관련하여 교육을 바라보는 방식인 두 모델 사이에는 강한 유사성이 있다는 것을 아는 것이 중요하다. 사실 보울즈와 긴티스의 모델은 '마르크스주의적 기능주의' 로도 묘사된다. 교육은 산업사회보다는 오히려 자본주의 사회를 위해 기능한다. 두 접근은 '사회적 생산관계' 가 기술적으로 중립적인지, 아니면 자본가계급의 이익을 위해 작용하는 정치적 원리를 내재하고 있는지의 물음에 대해 근본적으로 견해가 다르다. 후자의 주장은 교육이 사회주의 체제 아래에서 모두에게 이익이 되도록 보다 잘 조직될 수 있다고 주장한다. 보울즈와 긴티스는 이런 주장을 사회적, 경제적, 교육적 대안을 다룬 그들의 책 마지막 장에서 발전시켰다. 그들은 고전적 마르크스주의 방식인 '생산력' ―생산을 위한 사회의 잠재력―과 '사회적 생산관계' ―자본가 계급 관계에 의한 실질적 제한―사이의 모순으로 자본주의 생산의 문제를 정의한다(Bowles and Gintis, 1976: 277 참고).

자본주의의 교육제도는 기술적으로나 이데올로기적으로 사회적으로 분화된 노동력을 준비시키기 위한 기능을 한다. 이데올로기적 차원은 두 측면을 가진다. 첫째, 개인은 그들에게 예정된 직업의 특수 환경―규율, 관례, 권위구조 등―에 준비되고 조화되어야 한다. 둘째, 사회 불평등을 일반적인 것으로 받아들이도록 준비시켜야 한다―이 점에서 앞서 언급한 파슨스의 기능주의 설명과 분명한 유사성이 있다. 즉, 노동력의 기술적 준비는 특정 이데올로기적 양식에서 이루어져야 한다—이와 비슷한 주장은 알튀세(Althusser)의 영향력 있는 논문인 「이데올로기와 이데올로기적 국가기구(*Ideology and the ideological state apparatus*)」(1972)에서도 발견할 수 있다.

교육제도는 사회적, 경제적 불평등이 '자연적'이고, 따라서 합리적이고 공정한 것으로 보이게 하며, 성공과 실패를 개인의 책임으로 돌림으로써 이데올로기적 효과를 낳는다. 교육의 과정은 교육제도가 모든 이에게 열려 있고 기회의 평등을 제공하고 있다는 점에서 공정한 것으로서 공식적으로 표현된다. 이것은 공식적이고 정치적이고 전문적인 이데올로기일 뿐 아니라, 모든 교육적 기구가 중립적이고 객관적인 것으로 제시된 기법—예를 들면, I.Q.—에 의해 지지된다. 교육에서의 능력주의 이데올로기는—다루는 것이 무엇이든지—과학적으로 객관적인 검사 기법에 의해 지지된다. 교육심리학은 공식적으로 능력주의 이데올로기를 뒷받침한다. 따라서 만일 개인이 '실패'한다면 그것은 그들 자신의 과실이다. 즉, 그들이 충분히 노력하지 않았거나 능력이 부족한 것이다(능력은 '재능+노력'으로 정의될 수 있다; Goldthorpe, 1997). 제도는 사회 불평등을 자연화하고 개별화하며 '희생자 비난'을 합리적이고 공정하게 보이도록 한다.

대응원리

비록 보울즈와 긴티스의 이론이 교육과 경제제도와의 관계에 관심을 두었지만, 학교와 교실의 분석에도 직접적인 함의를 가진다. 이는 그들이 교육을 자본주의적 생산을 위해 필요한 기능을 수행하는 것으로 보았기 때문이다. 그것은 생산의 사회적 관계와 학교교육의 사회적 관계 사이의 '대응(correspondence)'을 바탕으로 한다.

> 교육제도는 젊은이들을 경제제도로 통합하는 데 도움을 준다. 이러한 과정이 교육제도의 사회적 관계와 생산의 사회적 관계 사이의 구조적 대응을 통해 일어난다고 우리는 믿는다. 교육적으로 사회적 관계의 구조는 일터의 규율로 학생을 단련시킬 뿐만 아니라, 직업이 자신에게 적합하다는 것을 드러내는 중요한 구성요소인 개인적 품행, 자기표현 양식, 자아상 그리고 사회계급의 정체성을 발달시킨다. 특히 교육의 사회적 관계—행정가와 교사, 교사와 학생, 학생과 학생 그리고 학생과 그들의 일 사이의 관계—는 노동의 위계적 분업을 반복한다(Bowles and Gintis, 1976: 131).

결론적으로 이 접근은 종종 '대응이론'으로 불린다. 학교제도는 자본주의적 생산 내의 사회적 관계의 조직을 재생산한다(Bowles, 1979). 이것은 "서로 다른 사회계급의 학생이 다니는 학교의 차별적 사회화 유형"으로 표현되었다.

> 그래서 흑인과 다른 소수 인종들은 열등한 직업 상태의 특성을 반영하는 억압적이고 자의적이며 일반적으로 무질서한 내적 질서, 강압적 권위구조 그리고 최소한의 진학 가능성만 있는 학교에 집중되었다. 마찬가지로 노동계급의 학교에서는 행동통제와 규칙준수를 강조하는 경향이 있고 교외의 부유한 학교는 상대적으로 개방된 체제를 채택했다. 예를 들면, 학생들의 참여에 우호적이고, 직접적인 지도를 덜 하고, 보다

> 많은 학생들이 선발되며, 일반적으로 통제의 내면화된 표준을 강조하는 가치 체계를 지지한다(Bowles and Gintis, 1976: 132).

게다가 대응관계는 교육과 경제와의 구조적 관계를 묘사하는 것처럼 교육의 과정을 분석하는 방식도 제공한다. 이 접근은 교육적 지식의 내용—이데올로기 분석의 경우처럼—이 아니라 학교교육의 사회적 관계를 구조화하는 데 초점을 둔다. 이것이 의미하는 바는 사회적 관계가 똑같은 채로 남아 있다면, 학교지식의 변화만으로는 교육 성격의 근본적 변화가 가능하지 않다는 점이다. 따라서 중요한 것은 교육과정이 아니라 오히려 교수법(pedagogy)과 교육제도의 계층화다. 왜냐하면 교육의 '내용(what)' 보다 교육의 '방법(how)'이 더 중요하기 때문이다. 1970년대 진보주의 교육은 평등주의적이고, 아동 중심의 교육학을 중심으로 '전통적' 교육의 위계적인 사회적 관계에 도전하여 전복시켰으며, 특히 영국에서 교육변화의 '급진적' 관점으로 지지받았다. 급진적인 교육변화와 사회변화의 효과적 기제는 '급진적 교육학(radical pedagogy)'의 발달이다(Apple, 1997; Giroux, 1997).

어떤 점에서는 보울즈와 긴티스의 연구는 토대/상부구조 모델로 설명하는 '전통적' 마르크스주의 분석으로 간주될 수 있다. 그러나 달리 보면 일부 혁신적 변화를 찾을 수 있다. 첫째, 자본주의 사회의 분배에서 사회적 관계—부와 권력의 불평등—로부터 생산의 사회적 관계로 관심을 전환했다. 이런 점에서 페이비언주의 '정치적 산술'과 같은 초기의 교육에 대한 좌파 분석들 보다 더 급진적이었다. 그것은 부의 분배 방법뿐만 아니라 생산 방법에서의 변화도 요구했다. 보울즈와 긴티스는 사회적 생산관계의 재생산을 통해 분배의 불평등이 재생산된다고 주장했다. 둘째, 그들의 연구가 비록 거시적 수준이라고 하더라도 '대응원리'를 통해 학교와 교실 연구를 위한 직접적인 시사점을 갖는다. 카라벨과 할제이(Karabel and Halsey, 1977)가 지적한 것처럼 '선진 산업사회' 패러다임으로 불렸던 이 이론은 학교 그 자체에는 거의 또는 전혀 관심을 기울이지 않은 채 '블랙박스'로 남겨 두었다. 보울즈와 긴티스의 접근은 거시와 미시 수준의 분석을 함께 하는 것을 가능하게 한다. 학교에서 일어난 일은 교육과 생산의 대응관계로 이해될 수 있다. 아마도 이 점이 보울즈와 긴티스 연구가 성공적으로 영향력을 미친 주된 이유였을 것이다. 뿐만 아니라 특히 신교육사회학의 관심과도 함께 했다.

비 판

불가피하게 그들의 책과 대응원리는 비판적 논쟁의 대상이었다. 여기에는 그들 자신에 의한 흥미로운 회고적 재검토도 포함된다(Hickox, 1982; Arnot and Whitty, 1982; Cole, 1988; Rikowski, 1996). 그들의 책 『자본주의 미국의 학교교육』은 중요한 쟁점들이 정의되고 개발될 수 있는 관점의 제공을 통하여 교육사회학에 풍부한 공헌을 했다. 그 비판적 유산이 책 자체에 표현된 것보다 복잡하고 진전된 이해의 발달을 촉진하는 방식에 있다는 것을 굳이 말할 필요는 없을 것이다.

핵심적인 문제들이 '자본의 논리' 못지않게 '산업주의의 논리'와도 관련성을 갖는 세 가지 표제 아래 묶일 수 있다. 첫 번째 문제는 경제제도와 교육제도의 발달 사이에 강한 역사적 동시성이 부족하다는 문제인데, 이는 다음 장에서 언급할 것이다. 그린(Green, 1990: 47)은 국가별 사례를 통해 경제 발달에 대한 교육의 반응이 "산업사회의 연대기적 발전 단계와 밀접한 상관관계를 보이지 않는다."는 결론을 내렸다.

두 번째 문제는 원래 논의의 공식화가 안고 있는 한계와 관련이 있다. 이는 『자본주의 미국의 학교교육』이 촉발하였던 논쟁 때문에 풍성하게 되었다(앞에서 지적한 것처럼 보울즈와 긴티스가 이 발달에 공헌했다.). 이들 문제는 보다 자세하게 제시될 수 있는데, 그것들이 나름대로의 중요성을 갖기 때문이다.

- 무시된 문제들: 계급에 집중된 편협한 관점은 사회적으로 다양한 사회 불평등의 중요한 형태들, 특히 성, 가족, 인종과 관련된 것들을 무시했다. 저자들도 이 문제를 후속 논의(1988)에서 언급했다. 더구나 그들은 국가의 역할에 관해서는 거의 관심을 기울이지 않았다. 그들은 후속 모델에서 대응원리의 핵심을 유지하면서 그들이 다루지 않았던 차원을 체계적으로 포함하여 다루고자 했다.
- 상대적 자율성의 문제: 저자들이 토대/상부구조 접근법을 채택한 결과, 사회적 상부구조의 일부로서 교육이란 경제적 토대를 단지 '반영하며' 자율성이 부족한 것으로 다루어지는 경향이 있었다. 특별히 교육제도의 '상대적 자율성'은 다음과 같이 표현될 수 있다. ① 교육 그 자체의 제도적 구조와 구성원의 관심, 열망, 갈등, ② 경제제도의 요구로 단순히 환원될 수 없는 지식의 생산과 분배에 대한 교육적 관심, 즉 교육제도는 그 자체가 지식

생산의 장이라는 것을 기억해야 한다(제6장 참고), ③ 경험, 지식, 관심과 열망은 공식적인 교육적 지식과 목적을 둘러싸고 갈등할 수 있는 학생들에 의해 교육제도에서 일어날 수 있다.

- **모순과 쟁점의 문제:** 앞서 두 가지 문제의 누락으로 인한 모델의 단순화는 교육제도와 생산 사이의 관계를 지나치게 직접적이고 비중재적인 것으로 만들었다. 따라서 다른 요인들을 고려한다는 것은 교육의 장과 생산 사이 그리고 정치와 가족 사이에서 모순이 발생할 수 있으며, 이러한 모순은 공식적 교육과 자본주의적 생산관계가 도전받을 수 있는 여지를 제공하는 식으로 작동하는 대응원리 모델을 '확장하는' 효과를 갖는다. 이러한 가능성은 책에서 주장하고 있는 정치적 열망을 달성하기 위해 본질적이다. 토대/상부구조 모델의 결정론은 정치적 변화나 대안적 '급진교육학' 의 발달이 어떻게 발생할 수 있는지 모색하는 것을 어렵게 했다.

이런 식으로 모델을 확장하는 것은 필요하고 가치 있는 복잡성을 낳지만 결정적인 쟁점 하나—즉, '모델은 어떻게 작동되는가?'—를 미해결 상태로 남겨 둔다. 만약에 보울즈와 긴티스가 주장한 것처럼 교육제도가 자본주의의 요구와 이익에 봉사한다면, 자본의 요구를 구체화하고 교육제도 속으로 전달하고 나아가 교육적으로 효과적인 모습으로 변환하는 기제는 무엇인가? 이 중요한 문제는 모든 일들이 이데올로기의 안개 속에서 일어난다는 사실 때문에 더욱 심해진다.

세 번째 문제는 이론적인 것이다. 이 문제는 마르크스주의의 논의 방식과 관련이 있다. 그러나 여기에서의 지적은 다르다. 마르크스주의가 사용하는 '사회적 생산관계' 라는 이론적 개념과 관련이 있다. 마르크스 이론의 중심 개념은 보울즈와 긴티스의 논의에서도 핵심이다. 그들 이론의 핵심은 교육의 사회적 관계와 생산의 사회적 관계가 정확하게 대응한다는 점이다. 이러한 아이디어와 이론은 교육이 자본주의의 이익에 봉사할 것이라는 방식에 보다 면밀한 초점을 맞추도록 한다. 그런데 바로 여기에 중요한 문제가 있다. 보울즈와 긴티스는 '사회적 생산관계' 를 마르크스가 의도했던 식으로 생각하는가? 보울즈와 긴티스는 생산에서의 사회적 생산관계(social relations in production)를 직업 체계 안에서 일 자체로 분절된 서로 다른 계급 구성원들 사이의 즉각적인 사회적 관계성(social relationship)으로 언급하고 있다. 그러나 이것은 마르크스가 의도한 '사회적 생산관계' 개념이 아니다.

마르크스에게 자본주의적 사회적 관계는—노동력의 상품화를 포함하여—상품교환관계를 확립하는 특수한 역사적 조건의 결과다(Marx, 1976: 제6장; Moore, 1988). 이러한 관계는 계급과 그 관계성에 우선하는 구성적 원리다. 마르크스에게 '자본주의적 사회적 생산관계' 는 '자본의 이익' 이 '자본가들의 이익' 과 동일한 것이 아닌 것과 마찬가지로 자본주의 사회에서 계급들 간의 관계와 동등하지 않다. 이것은 두 가지 점 때문에 중요하다. 그 하나는 보울즈와 긴티스 분석의 설명력에 대한 의문이 제기되기 때문— '사회적 생산관계' 라는 용어에 내재된 이론적 권위는 아마도 정당화되지 않는다—이고, 다른 하나는 마르크스 이론이 교육사회학에 공헌할 수 있는 다른 방법들이 주목받고 있기 때문이다(Rikowski, 1996; Cole, 2003).

보울즈와 긴티스의 『자본주의 미국의 학교교육』은 복잡성의 인식과 개념화를 상당히 확장함으로써 이론 발달에 중요한 프로그램을 주도했다. 그러나 이렇게 '확장된' 대응이론이 여전히 기본 명제의 중심 교의(敎義)로서 유지되었다는 점에 주목해야 한다. 프로그램은 더 복잡해졌지만 대응원리는 변함없이 그대로였기 때문에 질적으로 진전된 이론을 생산하지 못했다고 할 수 있다(Moore, 1988). 이것은 '마르크스주의 교육사회학' 을 구성하는 방법과 관련하여 시사점을 가진다. 소련이 몰락하고 신자유주의 자본주의가 가시적으로 승리를 거둔 오늘날 세계화와 포스트포디즘의 새로운 조건 아래에서 마르크스주의 접근법을 무엇으로 구성해야 하는지를 정확하게 하는 일이 중요한 문제다.

교육제도와 사회적 기회

사회적 기회와 이동은 선진 산업사회의 교육의 역할에 관한 자유주의 관점의 주제다. 교육개혁은 사회의 진보적 발달을 촉진할 것이라는 토대에서 시작되었다. 영국 에서는 전통적이든 진보적이든, 교육이 도구적 · 직업적 · 기술적 접근법을 채택하지 않고, '전인적 아동(whole child)' 의 도덕적, 정신적 발달을 강조하는 자유주의적 인간주의 교육에 헌신하는 것을 퇴영적인 것으로 간주하는 견해가 있다(Hickox, 1995). 이러한 입장은 '쇠퇴론(declinism)' 으로 불리는데, 영국의 장기간에 걸친 경제적 쇠퇴가 이와 같은 교육제도의 특이성 때문이라고 생각한다(Barnett, 1987; Mathieson and Bernbaum, 1991; Edgerton, 1996은 이러한 주장에 대하여 비판하고 있다.).

1980년대 신 우익의 경우 경제적 쇠퇴론은 도덕적 · 사회적 쇠퇴를 진보적 교육이나 성차별과 인종차별 반대교육 등이 발달한 탓으로 돌리는 경향이 있었다(Beck, 1998).

아이어(Ahier)는 미국의 역사학자 위너(Wiener)*가 쇠퇴론에 미친 영향을 논의하면서 다음과 같이 지적했다.

> 위너의 논문이 근거로 하는 사회사에만 일부 결함이 있는 것이 아니라, 논문에서 사용된 사회적, 역사적 설명 모델도 매우 의심스럽다. 특히 사회변화와 관련하여 교육기관의 위치를 이해하는 방식에서 그러하다. 영국의 경제적 쇠퇴에 관한 다른 설명과 마찬가지로 …… 위너의 접근은 산업사회가 경제성장의 확고한 경로를 따라 진행될 것이라는 점을 가정하는 경향이 있다. '반산업적 문화(anti-industrial culture)'의 구성을 위한 공간은 영국의 실질적인 산업 발달과 국가경제발달의 정상(normal) 단계라는 검증되지 않은 주장을 비교함으로써 알 수 있다. 이처럼 '지체(lag)'와 '잔여(residue)' 같은 기능주의적 개념은 왜 특정 국가 경제가 다른 나라와 다른 속도로 진행되었는가를 설명하는 데 사용된다(Ahier, 1991: 126-127).

---

* 역자 주: 마틴 위너(Martin J. Wiener)는 영국 경제의 쇠퇴 원인을 단순히 기업가 실패의 차원을 넘어 신사(紳士, gentry)문화의 영향에서 찾는다. 그는 1981년 『영국 문화와 산업정신의 쇠퇴(*English Culture and the Decline of the Industrial Spirit*)』를 출판했다. 이 책은 영국 경제의 쇠퇴가 기업가의 실패 때문만이 아니라 영국의 신사문화가 기업정신에 미친 부정적인 영향 때문이라는 관점을 밝히고 있다. 신사문화는 반산업적 특징을 지녔는데, 이러한 반산업적 문화가 사립학교를 통하여 전수됨으로써 영국 경제의 전반적인 쇠퇴를 초래했다는 주장이다.

아이어의 지적처럼 영국의 쇠퇴 사례는 '정상' 발달 모델을 일탈된 것으로 가정하였을 경우에만 문제가 된다. 그렇지 않으면 영국은 발달했어야 했고, 발달할 수 있었다. 영국 교육에 대한 '병리적' 모델은 '정상' 발달의 논리로부터 구성될 수 있고 진보적 개혁을 위한 본보기를 제공하는 '건강한' 대안을 전제한다. 따라서 쟁점은 어떤 형태의 교육제도를 영국에 적합한 것으로 채택할 것인가 하는 점이다.

후원 이동과 경쟁 이동

사회학에서 사회이동과 관련하여 중요한 견해는 터너(R. Turner)의 논문 「교육을 통한 사회적 상승의 유형: 후원 이동과 경쟁 이동(*Modes of social ascent through education: Sponsored and contest mobility*)」—1961년에 처음 발표되었고 지금도 여전히 상당한 관심을 끌고 있다—에 의해 제공되었다. 이 논문에서 그의 관심은 사회에 따라 교육제도들 사이의 차이를 기술하는 것이다. 터너는 사회이동 정도(extent)와 양식(mode)을 구별하였으며 전자에 주목하는 것이 후자로의 관심을 이끈다고 주장한다. '사회이동의 정도'는 교육에 의해 증진된 사회이동의 양을 측정하는 것과 관련이 있다. '사회이동의 양식'은 교육제도의 구조 및 조직과 관련이 있으며 '상향 이동으로 인정된 양식을 정의하는 조직화된 민속규범'과 가장 중요하게 관련이 있다(R. Turner, 1961: 121). 그는 미국과 영국의 교육제도에 근거해 '경쟁' 이동과 '후원' 이동이라는 대비되는 두 개의 '이념형'을 제시했다. 그는 이동의 원리를 다음과 같이 요약한다.

> 경쟁적 사회이동은 엘리트의 지위가 개방된 경쟁으로 획득되고 지망자의 노력에 의해 얻게 되는 체제다. '경쟁'은 공정한 활동규칙에 의해 지배되는 한편, 경쟁자들은 그들이 사용할 수 있는 다양한 전략을 사용하게 된다. 성공적인 상향 이동의 '전리품'은 기성 엘리트들에게 나누어 주는 것이 아니기 때문에 전리품을 획득해야 하는 사람과 그래서는 안 되는 사람을 결정할 위치에 있는 사람은 없다. 후원적 사회이동에서 엘리트의 충원은 기성 엘리트들이나 그들의 대행자에 의해 이루어진다. 엘리트의 지위는 가정된 능력 기준에 따라 주어지며 노력이나 전략에 의해 얻어질 수 없다. 상향 이동은 각 지원자가 한 명 이상의 구성원에 의해 '후원되어야' 하는 사적 클럽의 가입과 같다(R. Turner, 1961: 122).

영국식 후원적 사회이동의 신사 클럽 이미지와는 대조적으로 미국식 경쟁적 사회이동은 모든 경쟁자들이 동등한 발판에서 시작하고 그들이 할 수 있는 만큼 빨리 달리는 경주와 비슷하다. 공식적으로 이들 차이는 선발 방법과 관련된다. 경쟁적 사회이동은 가능한 한 선발을 늦추고 다시 도전할 수 있는 기회를 제공하는, 상대적으로 '개방'된 체제다. 후원적 사회이동은 조기에 엄격하게 선발을 실시하고—예를 들어, 영국의 11+시험처럼—지원자들을 학업성취에 따라 가차 없이 가림으로써 계속해서 그 수를 줄이며, 이어 매우 선발적인 소규모 대학 집단을 낳는 단계를 거치는 체제다. 결정적으로 후원적 체제는 사회 엘리트 문화의 가치와 규범에의 동화를 수반한다. 적어도 영국의 경우 교육은 확실히 옥스브리지(Oxbridge) 모델에 기반을 두는 자유주의적 인간주의 교육에 의해 재현된 특수한 '삶의 형식' 을 동일시한다. 반대로 경쟁적 모델은 보다 직업적이고 기술적이며 교육제도나 지배 엘리트 모두 구별되거나 배타적인 공통 문화를 드러내지 않는다—예를 들어, 표준 억양이나 공통되는 삶의 방식을 보인다.

터너는 이러한 차이가 두 나라 사이의 사회구조와 계급제도의 역사와 관련이 있다고 주장한다.

> 영국은 도시 산업계급과 오래된 귀족계급, 즉 두 계층화 체제가 병존하는 사회로 기술되어 왔다. 후원적 사회이동은 후자의 논리를 반영하는데, 우리는 그것이 산업 계층화 논리와 단순히 공존하기보다는 오히려 대중적 사고에 확산되어 있다고 생각한다. 문화변화 연구자들은 기성 문화로부터 가져온 패턴은 자신들이 동화된 기성 문화와 일치하는 모습으로 새롭게 모양을 바꾸는 경향이 있음을 지적한다. 따라서 산업화에 수반된 계층화 체제의 변화는 이동률, 이동의 특수한 수단, 규칙에서 많은 변화를 가져왔지만 이러한 변화들은 후원적 사회이동의 조직화된 규범은 그대로 둔 채 발생했다(R. Turner, 1961: 125).

이들 각 이론은 교육제도의 조직과 문화를 광의의 계층화와 계급형성의 역사적 쟁점과 연결하는 대비 모델을 제공한다. 모든 사회는 '사회제도에 대한 충성을 유지해야 하는' 일반적인 문제를 안고 있는데, 이러한 차이는 이 문제에 대한 대안적 해결책으로 보인다. 두 이론의 차이는 본질적으로 사회 엘리트가 아닌 다수 대중들의 충성을 유지할 수 있게 하는 방법의 차이다. 상식적으로 '경쟁적' 체제가 보다 개방적 · 민주적 · 진보적으로 보이고 '후원적' 체제는 더욱 폐쇄적이고 보수적으로 보인다. 그러나 터너에 따르면, 영국에서의 연구는 "선발이 측정된 지능과 관련이 있을 때 문법학교 선발에서 놀랍게도 육체노동 가정 출신의 아이에게 별다른 편견이 드러나지 않았음을 지적했다. 또한 미국보다 영국에서 측정된 지능과 학교에서의 성공 간에 상관관계가 보다 밀접했고 학교 성공과 가족 배경 간에 상관관계가 낮았음을 보여 주는 적절한 비교 연구들이 있다." (Turner, R., 1961: 129) 이것은 중요한 관찰인데, 왜냐하면 그것은 교육제도와 그 특징의 효과 사이에 보이는 차이의 사회적 결과에 관해 너무 성급하게 판단하는 것을 경고하기 때문이다. 영국의 교육제도는 비록 엘리트주의적이지만 비교 관점에서 볼 때 기회구조의 계급적 분포가 두드러지게 많이 편향되어 있지 않다. 사실 최근의 연구에서는 영국이 비교대상 중에서 가장 능력주의 사회로 밝혀졌다 (Müller and Karle, 1996).

터너는 사회이동을 '정도' 와 '양식' 으로 구분하였는데, 이 구분에서는 후자가 전자에 어떠한 영향을 미치느냐 하는 것이 중요한 문제로 제기되었다. 플루와 할제이(Floud and Halsey, 1961)는 1956년에 발표한 영국의 중등교육과 노동 공급에 관한 논문에서 영국 교육제도와 경제와의 관계에 대해 다음과 같은 결론을 내리고 있다.

> 가장 급진적 추론은 영국의 중등교육이 종합학교 체제로 재조직되어야 한다는 것이다. 실제로 보통중등학교(the common secondary school)가 기술공학사회의 요구에 가장 적합하다고 주장되는 무엇이 있다. 그것은 이 제도가 최소한 자유로운 직업 선택과 이동의 방법으로 자리할 수 있으며, 가장 크게는 직업구조에서 특히 중간 정도에 해당되

> 는 숙련되고 책임 있는 개인을 최대한 공급할 수 있다는 것이다. 그러나 이러한 장점은 영국의 중등교육이 형태뿐만 아니라 정신도 바꾸어야만 이와 같은 재조직화로부터 얻어질 수 있다(Floud and Halsey, 1961: 89, 강조는 인용자).

그들은 터너의 용어를 사용하여 기존의 후원적 상향 이동 양식으로부터 경쟁 이동에 보다 가까워지려는 어떤 움직임을 기술하고 있다(Halsey, 1971: 27 참고). 플루와 할제이는 영국 교육의 조기선발제도를 해체하고 후기중등학교 단계로 선발을 연기하는 것이 필요한 이유를 강조했다. 그들이 주장한 정당화의 일부는 ① 11+ 선발의 중간 집단에서 문법학교와 중등현대학교 사이에 부정확하고 잘못된 배치가 상당수 존재하고, ② 조기선발이 낮은 계급 학생의 포부를 너무 일찍 꺾어 놓는다는 것이다. 종합학교제도로 대표되는 경쟁 체제로의 이동은 외관상으로는 능력주의를 조장하는 것은 물론이고 경제적 요구에 따른 기술적 효율성을 촉진하는 보다 '개방된' 체제로 향하는 것이었다. 번스타인(Bernstein)은 다음을 지적하고 있다.

> 그들의 기본 관점은 교육이 그 조직 형태에 깊숙이 침투해 있는 구식 계급구조의 경직성 때문에 통제되고 있다는 것이었다. 플루와 할제이가 선발 절차와 학교 조직구조의 변화를 가져올 이중 수단(a double-barrelled weapon)으로 사용한 인력 양성과 평등 주장을 실현하는 것이 중요하다(Bernstein, 1977: 165).

그들은 사회정의 목표에 인간자본 양성 목표를—편의적으로 그리고 원칙적으로—결합했다. 영국의 교육개혁은 보다 일반적으로 영국사회를 개혁하는 수단으로 이해되었다. 특히 교육개혁은 터너가 후원적 이동 모델에서 기술한 '기성' 엘리트 문화의 헤게모니를 부수는 방식으로 이해되었다. 이러한 아이디어와 관심은 당시 중요한 교육정책 관련 문건에 반영되어 있다. 그러나 당시의 모든 중요한 교육 보고서들은—1959년 크라우더(Crowther)에서 1968년의 데인튼(Dainton)까지—서로 갈등하는 사회경제적 도구주의와 자유교육의 인본주의적 가치 사이에 붙잡혀 있는 것처럼 보인다. 예를 들어, 크라우더는 교육에서 경제적 역할의 중요성을 인정했고 즉시 표준 자격이 될 수 있는 것을 추가했다. "그러나 아무리 긴박할지라도 아동은 '수요' 를 만족시키는 '공급' 이 아니다. 그들은 개별적인 인간 존재이고 학교의 주요 관심은 생계비를 버는 것이 아니라 좋은 삶을 영위하도록 하는 것과 관련이 있다."(Hough, 1987: 9-10 인용) 좋은 생활(good living)을 위해 필요한 것을 버는 교육과 좋은 삶(good life)을 위한 생활교육의 구별은 반복되는 주문과 같은 것이었다. 이때 이 주문은 앞의 목표가 필연적으로 뒤의 것 또는 그 이상의 목표를 훼손하는 것을 당연하게 받아들이는 가정을 반영하고 있다(Moore, 1987). 많은 경우 이는 영국에서 교육제도의 적절한 개혁을 상습적으로 방해하는 태생적인 교육적 보수주의를 반영한다(Mathieson and Bernbaum, 1991).

비록 '경쟁' 체제가 진보적이고 현대적인 것으로, '후원' 체제는 퇴보적이고 보수적인 것으로 받아들여지는 경향이 있지만 터너 자신은 이 점을 지적하지 않았다. 사실 그는 많은 부분 후원에 따른 이동의 효율성을 강조하였으며 영국이—우리가 이해한 바와 같이—

미국에 비하여 능력주의에 더 가깝다고 주장했다. 터너는 다양한 형태의 교육제도가 사회이동을 어떻게 어느 정도 촉진하는가 하는 점보다 오히려 교육제도를 통하여 사회가 사회이동—또는 비이동—을 관리하는 방식에 기본적으로 관심을 가졌다. 호퍼(Hopper)는 터너의 초기 두 유형으로부터 '확장된 유형학(expanded typology)'을 도출했으며 이것을 '가열(warming-up)'/'냉각(cooling-out)' 딜레마로 불렀다(Hopper, 1971: 부록; Hopper, 1977). 즉, 상향 이동은 누구를 위해 어떻게 촉진되고 고정된 사람들은 그들의 위치에 어떻게 만족하게 되는지에 관한 것이다. 호퍼의 확장된 유형학은 교육제도가 이러한 측면에서 개념화되고 경험적으로 구체화될 수 있는 수많은 방식이 있을 수 있음을 증명했다(Hopper, 1971: 101). 다른 것들 중에서 교육제도가 이 목적을 위해 기능한다고 가정하면, 교육제도는 매우 다양한 방식으로 똑같은 일을 할 수 있다. 그러나 터너가 암시했듯이 이동의 관리에서의 차이가 이동의 촉진에서의 차이와 반드시 연관되지 않는다는 점이 중요하다. 실제로 영국의 제도는 터너의 논문이 발표된 후—터너는 이러한 과정의 초기를 다루었다—에 '개방된' 형식의 경쟁 모델로 주목할 만하게 움직였음에도 불구하고 골소프가 지난 30년 이상 강조한 것처럼 기대했던 후속 변화들은 일어나지 않았다(Moore, 1996). '어떤 종류의 차이가 서로 다른 차이를 만들어 내는가?'라는 핵심 쟁점으로 다시 돌아가 보자. 터너의 논문에서 정말 흥미로운 시사점은 증거에 의해 확증된 것처럼 교육개혁의 모더니스트 기획에 의해 촉진된 변화가 그들이 가장 중요하게 생각한 영역에서 실제로 많은 차이를 가져오지 않았다는 점이다. 영국 교육제도에 대한 플루와 할제이 식의 비판이 기대한 것과 달리, 이동이 '개방'되고 경쟁적인 모습을 보일수록 '닫힌' 후원 이동에 비하여 더 많은 실질적인 이동을 가져오지 못했다. 이 때문에 사회적 인과성과 설명의 문제가 제기되었으며 아울러 교육 개혁을 요청하였던 주장들에 대해서도 문제가 제기되었다. 터너의 주장은 영국의 고등교육이 대중교육 체제로 움직이고 있는 오늘날에도 여전히 적절하다.

풍부한 상상력으로 가득 찬 터너의 논문이 발표된 지 40년이 지났다. 그동안 사회이동과 기회구조와 관련된 증거가 축적되었다. 그러나 골소프의 지적처럼 교육과 경제 그리고 기회와 계층화 사이에 강한 고리가 있음을 주장한 자유주의와 마르크스주의 논리는 모두 검토의 대상이다. 제4장에서는 이 문제를 다시 다루게 될 것인데, 특히 부동(Boudon)이 주장한 모델을 참고할 것이다.

도취된 행복감에서 냉철한 현실 자각으로

자유주의 접근의 진보적 낙관론은 사회를 더욱 평등하고 능력주의적인 모습으로 이끄는 변화의 내적 역동성이 있음을 가정하는데, 그 중심에 교육과 함께 성장하는 번영이 있다고 생각했다. 그러나 1960년대에서 1970년대에 낙관론에서 비관론으로의 주목할 만한 방향 전환이 있었다. 후센(Husén)은 이것을 '도취된 행복감(euphoria)'이 '냉철한 현실 자각(disenchantment)'으로 대체되었다고 묘사했다.

그러나 눈부신 성공의 최고 정점에서 개인의 자아실현, 사회진보, 경

> 제번영을 위한 최상의 도구로서 교육이 이해된 도취의 순간에 학교가 성취했던 것들을 둘러싸고 의심이 제기되고 심각한 비판이 가해졌다. 학교제도는 신랄한 공격을 받았고 지난 25년 동안 '위기' 로, 심지어 세계적 위기로 회자되었다(Husén, 1979: 9).

위기는 교육개혁을 주도하는 사람들의 신념이 잘못되었다는 수많은 주장들이 수렴된 것이었다. 선진 산업사회의 형태를 보이는 현대사회는 계획대로 진행되지 않았다. 대신에 사회의 재이론화를 필요로 하였고, 때문에 정도를 달리하는 다양한 급진주의가 발생했다. 후센은 이런 상황을 다음과 같이 요약했다.

> 교육에 대한 태도가 변화된 가장 분명한 징후는 1960년대 후반 많은 나라를 휩쓴 좌파와 우파로부터의 비판의 물결이다. 전통적 학교교육의 이점 그리고 교육은 본질적으로 선하다는 믿음에 대한 합의가 사라졌다. 교육은 보다 좋은 사회를 가져오기 위한 주요 도구라는 것이 하나의 믿음이었다. 보수주의자들은 낮은 학업성취, 규율의 부재, 재능 있는 학생의 방치 등을 구실로 학교를 비난했다. 급진적 좌파는 학교가 즐거움이 없고, 억압적이며, 전제적이라고 비판했다. 새롭게 출현한 마르크스주의 교육자들은 학교를 자본주의 사회의 도구로 인식했다. 그들에게 학교는 자본주의 사회의 위계적이고 억압적인 노동에 적합한 노동력을 생산하는 곳이었다(Husén, 1979: 11).

후센의 책 제목은 『의문투성이 학교(*The School in Question*)』였다. 현실을 냉철하게 바라볼 때 가장 비관적인 모습은 교육이 모든 차이를 낳기보다는 오히려 아무것도 하지 못하고 있다는 것이었다!

일반적으로 자각의 시기에 교육 비판은 사회 안의 교육 기능에 의문을 가진 사람들—개혁주의자—과 교육이 기능하는 사회에 의문을 가진 사람들—급진주의자—로 크게 구분된다. 급진주의자들이 보기에 교육의 실패는 특정 사회에서만 예상되는 것이었다. 두 입장에는 모두 좌우 변형이 있(었)다. 좌파적 급진주의자들은 선진 산업사회를 자본주의 사회로 동일시하는 점을 문제로 본 반면에, 신 우익은 사회가 충분히 자본주의적이지 않다는 점을 문제로 거론한다. 이들의 입장 차이는 1960년대 후반 학생운동을 통해서도 잘 알 수 있듯이 처음에는 그다지 크지 않았다. 현대교육을 형성하였던 경제적이고 문화적인 중요한 변화들이 일어나게 된 계기는 1970년대 초반 오일 쇼크였다. 브라운과 로더(Brown and Lauder, 1997)는 다음과 같이 말했다.

> 1970년대 초반 오일 쇼크 이후 서구사회는 아직도 그 끝을 보지 못한 사회적, 정치적 그리고 경제적 변형을 경험했다. 이러한 변형의 핵심은 기업, 지역, 민족국가 간의 경제적 경쟁을 강화하였던 전 지구적 경제의 출현이었다. 경제활동의 지구화는 민족국가의 미래 역할과 국가가 경제적 성장을 어떻게 담보하고 번영을 함께할 수 있는가에 의문을 제기했다(Brown and Lauder, 1997: 172).

이러한 일련의 사건에 비추어 볼 때 같은 시기에 중첩되어 발생한 경제적, 정치적, 군사적 그리고 문화적 영역에서 상당한 정도로 '조직화' 되었던—할제이 등(Halsey et al., 1997)이 '경제적 민족주의(economic nationalism)'라고 불렀던 조건—산업사회 모델은 서구의 특수한 역사적 맥락에서 출현한 것으로 이해될 수 있다(Brown and Lauder, 2001: 제1부 참고). 세계화는 기업이 비용을 절감하기 위하여 고임금에서 저임금 경제로 생산을 전환했던 오일 쇼크의 영향에 대한 반응의 일종이었다. 그러나 다른 면에서 세계화는 보다 넓은 수준에서 새롭게 출현하는 조건과 가능성의 산물이었으며 이는 자본의 동시적이고 지구적 흐름을 촉진했던 신기술, 무역 체제와 관련되었다. 기업은 경제를 효과적으로 조종하는 민족국가의 역량을 상당히 축소하였고 국경을 무력화했다. 이러한 상황은 국가와 시장 그리고 국가와 경제와의 관계를 새롭게 설정할 필요가 있음을 알림으로써 신 우익(New Right) 정치의 근거를 제공했다(Jessop, 1993). 교육에서 이 변화의 가장 중요한 영향력은 학교교육의 '시장화' 였다. 영국의 경우 1988년 교육개혁법(Floud and Hammer, 1990)은 대처식(Thatcherite)으로 교육제도를 근본적으로 재구조화했던 신 우익 교육개혁 프로그램의 절정이었다.

이와 같은 관계의 재구조화는 명백히 모순되는 경향을 수반했다. 예를 들어 한편으로는 국가교육과정 도입과 같이 중앙정부의 통제를 크게 강화한 반면, 학교를 시장에서의 기업과 비슷하게 작동시키려고 의사(擬似)시장 메커니즘의 발달을 추진했다(Whitty, 1991, 1997; Apple, 2000). 학교는 학생들을 위해서 서로 경쟁해야 하는 상황에 처하게 되었다. 이러한 메커니즘은 적어도 이론상으로는 부모들이 자녀를 그들이 선택한 학교에 보낼 수 있게 되었다는 점에서 개방등록제를 포함한다. 아울러 교육재정이 지역교육청(LEAs)으로부터 단위학교의 손으로 이양되었고, 학교운영위원회의 구성원들도 변화되었으며, 그 결과 학교는 '소비자' —아이들이 아닌 부모—의 생각과 관심을 보다 직접적으로 반영하게 되었다.

새로운 질서에서 교사와 지역교육청은 주된 상실자였다. 지역교육청은 이전의 권력과 책임의 대부분을 잃었으며 교사들은 오랫동안 가지고 있었던 교육과정에 대한 통제권을 상실했다. 교사들의 지위가 고도의 전문적 자율성의 지위에서 낮은 수준의 자율성 지위로 추락한 것이다. 교사의 업무는 국가교육과정과 정기적인 표준국가시험(SATs)과 같은 메커니즘에 의해 훨씬 더 고도로 통제되었다. 보다 근본적으로 이러한 개혁 프로그램은 영국 교육의 자유주의적이고 인간주의적인 모델을 기업의 가치로 대체하고자 하는 일종의 문화적 변화였다(Grace, 1997). 교사 역할의 재구조화는 진보적 가치를 중시하고 직업세계에 적대적인 교육의 내재적 가치가 문제라는 신우익의 입장을 반영했다.

다양한 신 우익 교육개혁 프로그램이 공유하는 기본 원리는 애플(Apple)이 지적한 바와 같이 "세계는 필연적으로 거대한 시장이 될 것"이라는 상품화(commodification)의 원리다(Apple, 1997: 597). 애플과 같은 비판론자들은 교육에서 상품화 논리는 민주주의, 형평 그리고 사회정의와 같은 가치와는 반대로 작용하며 지배적인 사회집단의 이익에 봉사한다고 주장한다(Apple, 2000). 학교들이 서로 경쟁관계에 있고 어떤 부모들이 선택하기 더 좋은 자리에 있을 경우 사회적 분리와 결과의 불평등은 증가하게 될 것이다(Ranson, 1990; Whitty, 1991, 1997; Ball et al., 1997). 반면에 이러한 교육개혁의 지지자들—예컨대, 첩과 모어(Chubb and Moe, 1997)—은 교육의 시장화가 자율성, 효율성 그리고 반응성을 증진할 것이고 교사들도 부모들의 요구와 기대를 만족시켜야 한다고 주장한다.

교육과 세계화

전 지구화되고 포스트포디즘적 세계의 '비조직화된' 조건에서 교육의 위치와 그 역할을 정의하는 것은 '선진 산업사회'에 비해 더욱 어렵다. 새로운 조건의 '논리'는 무엇인가? 그것에 관한 합의는 단순하지 않으며 일부 포스트모더니스트들은 '논리' 또는 '거대 담론'이라는 아이디어 자체를 거부한다. 기본 쟁점은 시장 논리 중심의 신 우익 개혁 프로그램과 광범위한 사회경제적 변화 동향과의 관련성에 관한 것이다. 전자는 후자의 '자연적' 표현인가? 이런 조건 아래에서 전략적 행동의 자유는 무엇인가? 정치적 선택의 범위는 무엇인가?

많은 것들이 20세기의 마지막 10여 년 동안 변화했다는 점에 대해서는 대체로 합의를 하지만 그 변화의 깊이에 대해서는 그렇지 않다. 기본 질문은 다음과 같다. 우리는 '선진 산업사회'의 모더니즘과 연속성을 유지한 채—'후기(late)' 근대성 혹은 '신(neo)' 근대성의 조건에 있다(Giddens, 1990; Alexander, 1995; Hartley, 1997)—근대성(modernity)의 변형 속에 살고 있는가? 아니면 지금 과거와 근본적인 단절을 경험하면서 '탈(post)' 모더니즘 시대에 살고 있는가? 철학적 포스트모더니즘에 의해 제기된 쟁점은 제6장에서 논의될 것이다. 우선은 변화의 윤곽과 그 복잡성을 이해할 필요가 있다(Brown and Lauder, 2001: 제2부). 그것은 다음 요인들로 요약될 수 있다.

• 경제적 요인: ① 포스트포디즘은 크고, 위계적이며, 관료적인 대

량생산 방식을 수평적이고 작은 네트워크형 조직으로 변화시켰다. 새로운 조직에서 개인은 '다기능' 이어야 하고 '유연한' 노동방식과 업무의 개방성 그리고 정시제 또는 기간제 고용 등과 같이 신분의 불안정성을 가정한다. ② '구식의' 중공업이 쇠퇴하고 대신에 새로운 첨단기술산업과 금융, 컴퓨터, 엔터테인먼트 등의 서비스 산업으로 대체되고 있다. ③ 세계화는 초국가적 기업의 지배, 자본의 전 지구적 이동, 국제적 규제 철폐를 통한 '자유무역' 의 촉진을 포함한다. ④ 경제적 민족주의의 쇠퇴.

• 사회적 · 문화적 요인: ① 위의 경제적 영향은 생산보다는 소비의 강조와 관련된다. 이것은 상품을 대량으로 생산하는 표준화된 대량생산으로부터 특정한 소비자집단의 구미에 맞추어 특화된 '틈새시장전략' 이라는 차별화된 형태로의 변화를 반영한다. ② 이러한 상황은 차이와 다양성을 촉진하고 고무하는 '포스트모더니즘' 문화를 생산한다. ③ 이러한 개인화(individuation) 과정은 개인의 일부로 '성찰성(reflexivity)' 을 심화하는 것과 관련되며 일정하게 주어진 것보다는 오히려 탈중심화되고 파편화된 자아의식과 관련이 있다. 이는 월드와이드웹(www)을 통한 공간과 시간의 압축 경험을 통해 강화된다. ④ 정치적으로는 계급과 경제의 구식 정치학으로부터 성, 인종, 섹슈얼리티 쟁점에 근거한 새로운 인정의 '정체성' 정치학으로 변화를 장려한다.

'후기(late)' 혹은 '탈(post)' 모더니즘 논의와 초기 '선진 산업사회' 논의의 주요 차이는 '수렴(convergence)' 개념이 포기되었다는 점이다. 이제는 미국의 경우처럼 근대성에 이르는 길이 하나만 있는 것이 아니라 오히려 많다는 점이 자주 주장된다. 특히 환태평양 국가의 경제적 성장과 성공(아시아의 네 마리 용)은 다른 지역이나 문명에서도 유교적 가치와 같이 고유한 문화적 전통을 이용하여 근대성을 향한 나름의 길로 진행할 수 있다는 것으로 이해될 수 있다. 이러한 발달은 중요한데, 왜냐하면 그것이 근대화를 서구화(westernization)로 관련짓던 것에 의문을 제기하기 때문이다.

이러한 변화들은 교육과 관련된 문제와 도전을 드러낸다(Hartley, 1997). 특히 가르치는 것은 더욱 다루기 어려워진다. 우선 이것은 개인화, 다양성 그리고 다문화주의 과정을 반영하고 있으며 무엇이 확실히 핵심 가치이고 특수한 '국가적' 삶의 방식인가에 대한 이해 부족을 반영한다. 이것은 다문화주의, 민족성과 관련이 있을 뿐만 아니라 가족구조에서의 복잡한 변화와 급격하게 변화한 성, 섹슈얼리티에 대한 태도와도 관련이 있다. 이제 학교로부터 일로의 이행 그리고 아동으로부터 성인으로의 이행은 옛날에 비해 예측하기도 어렵고 확실하지도 않다(Ahier and Moore, 1999). 사회적 및 문화적 수준을 넘어 인식론적으로 무엇을 가르칠 것이냐 하는 물음은 합리적이고 객관적인 지식관에 대한 포스트모더니즘의 상대화와 회의적 도전 때문에 근본적으로 문제시되고 있다. 변화하는 일의 특성과 급속한 기술공학의 발달은 기술과 지식을 빠른 속도로 폐기시킨다. 지식이 '학습사회'의 핵심임에도 불구하고 현재의 상황에서는 지식의 기반이 취약하기 때문에 개인들은 특별한 학습능력을 개발하도록 요구받는다. 즉, 개인은 특수한 지식과 기술을 가지기보다는 '평생학습자'가 되어야 한다(Ahier et al., 2003: 제3장).

전형적으로 정부의 교육개혁에 대한 수사는 사회변화에 대응하기 위해서는 교육개혁이 필수적이며 다른 대안이 없다는 것이다. 그러나 반드시 그렇지 않을 수도 있음을 데일(Dale)은 '국가와 교육 거버넌스' 라는 글에서 잘 지적하고 있다. '정부(government)' 와 '거버넌스(governance)' 는 전자가 정부와 국가의 기관이나 제도를 지칭한다면, 후자는 바라는 결과를 얻을 수 있도록 하는 일련의 수단—예컨대 민영화, 공/사 조합, 외주 계약 등—을 말한다.

> 최근 복지국가의 경제학과 정치학에 관한 많은 연구에서는 '국가 개입' 의 유형을 세 가지로 구분한다. 이들은 각각 복지정책을 위한 재정을 어떻게 마련하고, 어떻게 제공하며(또는 전달하며), 어떻게 규제하느냐(또는 통제하느냐) 하는 복지정책 활동과 관련하여 특징적이고 구별되는 활동을 주장한다. 교육이 국가의 전반적인 통제 아래 있지만 모든 활동을 위해 반드시 국가가 필요하지는 않다는 주장이 있다. 국가 활동은 조정되어야 하고 공동화(空洞化, hollowing-out) 이론에 따라 구분되는 사회적 조정의 세 가지 주요 제도들이 협력해야 한다. 제도를 구분하는 방식이 있지만 대체로 사회적 조정과 관련된 세 가지 핵심 제도들 중에서도 국가와 시장에 주목하고 있다는 점에서 공통적이다. 마지막 남은 제도인 공동체는 늘 국가와 시장에 비해 남겨진 범주로 다루어졌으며 국가와 시장의 개념에 따라 다르게 – 통상 함축적으로 – 개념화되었다. 다시 한 번 조정을 포함한 모든 교육활동이 국가에 의해 행해졌다는 것이 '전통적인' 가정이었음에 주목할 필요가 있다. 그러나 국가가 이 모든 활동을 혼자서 할 수 없음은 금방 알 수 있다. 시장, 특히 공동체는 교육제도의 작동과 분리될 수 없었다. 예전과 다른 점은 국가가 직접 개입하는 영역이 축소되면서 시장과 공동체가 개입하는 영역이 확대되고 형식

화되었다는 것이다. 두 가지 변수, 즉 교육 거버넌스와 관련된 활동(거버넌스 활동, governance activities)과 이들 활동을 수행하는 방법과 주체(조정하는 제도, coordination institutions)를 3×3표*로 작성하면 교육 거버넌스를 새롭게 이해할 수 있다(Dale, 1997: 274-275).

데일은 이런 식으로 '거버넌스' 개념을 사용함으로써 '교육재정' '교육규제' '교육제공'의 핵심 활동을 국가, 시장, 공동체라는 범주에 따라 분배할 수 있는 다양한 방법을 제시할 수 있었다. 동일한 목적이 다양한 대행자들에 의해 다양한 방식으로 달성될 수 있게 되었다.

이것은 단순히 교육 제공을 국가 혹은 시장 체제 중에서 선택하는 문제가 아니다. 오히려 범주들 사이의 관계가 복잡하게 다시 그려지며 그것이 다양해질 가능성이 있다. 더구나 데일은 이것이 초국가적 조직과 국가적 기구 사이의 역할 재분배를 포함하고 있으며—예를 들어, 영국의 경우 유럽연합과 스코틀랜드 의회 사이—지구적으로 이러한 복잡성으로 인하여 다양한 형태의 국지적 해결책과 모델이 가능하다고 주장한다(Dale and Robertson, 2002).

브라운과 로더(Brown and Lauder, 1997)는 세계화에 대한 '이상적 형태'의 두 반응을 설명하고 있다. 그것은 경제 발달에 대한 네오포디즘(neo-Fordism)과 포스트포디즘(post-Fordism) 경로를 말하는데, 둘은 확연히 다른 교육적 시사점을 갖는다(173쪽과 175쪽의 〈표 10-1〉 참고).

---

* 역자 주: 교육 거버넌스 활동은 교육재정, 교육규제, 교육제공의 세 가지이며 이러한 활동은 국가, 시장, 공동체의 3주체에 의해 수행된다.

> 네오포디즘은 사회간접비와 노동조합의 영향력을 축소함으로써 시장 유연성을 더욱 크게 하려는 것으로 이해될 수 있다. 또한 공공사업과 복지국가의 민영화를 촉진하고 경쟁적 개인주의를 고무하는 것을 특징으로 한다. 반면에 포스트포디즘은 핵심 경제 분야와 인간자본의 발달에 대한 투자를 통해 국가경제의 방향을 수립하는 '전략적 실업가'로서 국가의 발달이라는 관점에서 정의될 수 있다. 따라서 포스트포디즘은 다기능 숙련 노동자를 활용한 '고부가가치' 주문 생산과 서비스 경제로의 이동을 근거로 한다(Brown and Lauder, 1997: 176).

그들은 네오포디즘을 미국 및 영국과 관련짓고 포스트포디즘을 독일, 일본, 싱가포르 같은 나라들과 연결한다. 본질적으로 둘의 차이는 네오포디즘이 다국적 기업에 우호적인 탈규제와 낮은 조세 체계를 통해 노동시장 유연화를 장려하고 내부투자를 이끌어 노동자와 노동조합의 단체 교섭력을 약화시킴으로써 지구적 시장에서 경쟁하도록 한다. 반대로 포스트포디즘은 재화와 서비스의 질을 기초로 경쟁한다. 노동력을 위한 기본적인 최소한의 방어적 권리와 소유권리—예를 들어, 최저임금과 고용보장—를 보호하고자 한다. 브라운과 로더에 따르면, 교육과 관련하여 고용주의 단기 계약과 결합된 네오포디즘적 시장 모델은 사회 양극화 그리고 양질의 훈련과 교육에 대한 부적절한 장기 투자라는 이미 정해진 길을 향하고 있다. 포스트포디즘적 접근은 교육적으로 사회정의를 촉진하고 양질의 인간자본의 지속 가능한 발달을 지원하기 위하여 훨씬 더 강력한 국가개입이 필요하다고 본다.

브라운과 로더가 보기에 "모든 개별 국가들로 하여금 세계경제에 똑같은 방식으로 대응하도록 하는 보이지 않는 손이나 후기 산업사회의 논리 같은 것은 존재하지 않는다." (Brown and Lauder, 1997: 175) 그들은 세계화에 대한 다양한 반응을 조사하면서 데일과 마찬가지로 복잡성을 인식하는 것은 다양한 가능성을 인정하는 것이며 그리고 많은 대안들이 존재하며 뒤따를 경로에 이르도록 집합적 판단이 이루어질 수 있다는 사실을 지적했다.

정 리

지난 50년에 걸쳐 생산된 교육과 경제의 관계 모델에 대한 재검토를 통하여 다음 두 가지 주요 특징이 밝혀졌다. ① 각 모델 모두 상당 정도 불완전했다. ② 이러한 불완전함은 주도적인 '논리'의 가정에 내재된 반직관적 상황과 관련되어 있다. 골소프는 쟁점을 다음과 같이 핵심적으로 설명하고 있다. 첫째, 산업주의와 자본주의에 관한 자유주의적 그리고 마르크스주의적 논리가 모두 어느 정도 실패했다. 둘째, 20세기 교육성취에서 보인 계급적 차이의 안정성에 관한 이해하기 어려운 사례가 존재한다. 이에 더하여 산업 발달이 비슷한 수준에 있는 국가들 사이에서도 사회이동과 같이 이론적으로 예상되는 차이와 무관한 교육제도에서의 중요한 차이—참여 수준, 교육조직 형태와 문화—가 있을 수 있다.

이처럼 설명이 어렵고 예외적인 경우 때문에 의문의 대상이 되는 것은 교육과 경제의 관련성 그리고 사회집단들 간 사회적 기회의 분배에 일정한 변화를 촉진하는 교육의 사회적 효과다. 계급 차이의 안정성은 교육적으로 성별관계에서 일어났던 변화 때문에 더욱 부각되었다. 대체로 전후 시기 교육개혁의 공세는 현재의 교육적 배치가 일을 그르치고 있다는 견해 때문에 촉발되었다. 문제는 교육 내에 있다. 그러나 대안은 교육의 프로그램을 지지하고 맥락화하는 다양한 정상 발달의 다양한 논리가 근거하고 있는 가정을 문제시하는 것이다. 사회학적 관점에서 문제의 핵심은 교육과 경제와의 관계와 교육의 효과다.

최근의 교육 분석에 따르면, 후기산업사회와 세계화 논리는 선진산업사회의 초기 논리와 달리 복잡성과 다양한 가능성을 강조한다. 하나의 정상 발달 모델에 따라 수렴된다는 주장과 달리 근대성에 이르는 많은 길들이 있다는 인식은 '거대 담론' 에서 회의론까지 기존 주장을 문제시했고, 뒤따르는 후발 국가들을 위해 미국이라는 선진 모범사회의 본보기를 제공할 수 있다는 견해는 확실히 문제시되었다. 이러한 생각은 신자유주의적 '역사의 종말' 이라는 승리주의에 대한 중요한 평형추다. 경우에 따라서 연관성에 대한 비판적 탐구와 교육의 효과성에 대한 탐구가 보다 절박해진다. 경제는 단지 절반의 이야기만 한다. 다음 장에서는 국가 형성과 지위를 다루게 되는데, 그것은 경제와 계급에 관한 대안으로서가 아니라 그것을 보완하는 의미다.

제3장

교육과 사회

교육, 국가, 지위

제3장

교육, 국가, 지위

제2장에서는 사회에서 일상적 논의거리로 다루어지는 교육과 경제와의 관계, 그 논의의 유형 그리고 교육제도와 '발달 논리'(logic of development)와의 관계를 살펴보았다. 그러나 경제를 우선하여 논의할 경우 우리가 알고자 하는 것을 충분히 설명하지 못한다는 문제가 있다. 이번 장에서는 국가(state) 형성을 다루는 것에서 시작한다. 교육과 경제와의 관계는 계급(class) 그리고 생산의 기술적, 이데올로기적 특성에 관심을 둔다. 교육과 국가 형성과의 관계는 지위(status)에 관심을 두며 새로운 연구 영역을 제시한다. 그것은 특정한 형태의 교육이 개인에게 명예를 부여하는 방식 그리고 이러한 명예가 '자산'이 되거나 '문화적 자본'으로 가치를 부여받는 방법과 스스로 가치를 갖게 되는 방법에 관심을 기울이도록 한다. 이 두 관점, 즉 (교육과) 경제 또는 국가와의 관계는 서로 배타적이지 않으며 복잡하게

뒤엉켜 있다. 이번 장에서는 교육과 관련된 다음의 관계를 살펴볼 것이다.

- 국가 형성과 관료제
- 학력의 역할과 '교육의 중간계급' 형성
- '문화적 자본' 과 문명화, 구별, 지위와의 관계
- 지위집단과 사회적 폐쇄
- 아비투스

이 글에서는 하나의 모델로 계급과 지위를 동시에 다루고 있는 부르디외(Bourdieu) 사상과 그 노력의 결과를 살펴본다. 또한 이 글에서는 두 개의 큰 주제를 다룬다. 그 하나는 근대민족국가의 형성과 교육제도의 발달이다. 어떤 요인들이 국가 형성에서의 '차이' 와 관련이 있는가를 주목하게 될 것이다. 아울러 민족국가가 국가교육제도의 출현과 형태에 있어서의 차이와 어떤 관련이 있는가도 살펴볼 것이다. 다른 하나는 국가가 교육에 요구하는 것이 무엇인지를 심층적으로 분석한다. 이 분석은 두 측면이 있는데, 첫째는 관료제 그리고 합리화와 베버가 지칭한 '문명화' (혹은 독일 전통에서의 교양[陶冶, Bildung]) 교육과의 관계이고 둘째는 이것이 집단 형성, 계층화, '지위' 와 어떠한 관련이 있는가를 밝히는 것이다.

계급이 집단들 사이의 수직적 분화에 관심을 두는 반면, '지위' 는 중간계급 내의 수평적 분화의 의미에 관심을 집중한다. 중간계급 중에서 교육을 통하여 '문명화' 를 습득한 전문직 집단과 그렇지 못한 공장 및 상업집단 사이의 수평적 분화에 관심을 둔다(Power et al.,

2003). 따라서 우리는 단순히 집단 간에서 습득한 교육의 '양'(amount)의 차이에 관심을 두는 것이 아니라, 서로 다른 집단별 교육 유형의 배분에도 관심을 기울일 것이다.

국가 형성

국가로부터 논의를 시작하는 것의 강점은 국가교육제도의 역사적 출현이 산업경제의 발달보다 국가 형성에 보다 적합하다는 것이다. 예를 들어, 강력한 중앙집권국가였던 프로이센과 오랜 지방분권의 전통을 지닌 영국을 비교할 때 프로이센에서 근대교육제도의 발달이 앞서 일어났다. 이와 관련하여 앤디 그린(Andy Green)은 자신의 입장을 다음과 같이 기술하고 있다.

> 국가가 재정을 지원하고 학교를 규제하며 정교한 행정관료제를 갖춘 고전적 공교육제도는 유럽 대륙, 즉 독일, 프랑스, 네덜란드, 스위스에서 먼저 발생했다. 프랑스의 경우 그 후 약 50년까지도 보편적 출석을 달성하지는 못했지만 이들 나라는 1830년대까지 기본적인 공교육제도의 형태를 갖추었다. 뒤이어 미국의 북부 주들에서는 1830년과 남북전쟁 기간 동안 나름의 분권화된 계획에 따라 공교육제도를 발달시켰다. 영국, 남유럽 국가들 그리고 미국 남부 주들에서 공교육제도는 상당히 뒤처졌으며 잉글랜드의 경우 다음 세기까지 통합된 공교육제도의 완전한 설립을 이루지 못했다(Green, 1990: 3).

그린은 역사가들이 경제와 함께 도시화, 가족구조와 사회계층의 변화와 같은 요인들을 교육제도의 발달과 관련하여 논의하기는 했지만(Green, 1990: 26-27) 이 현상들 사이의 관계를 무시했다고 주장한다. 반면에 사회학자들은 그러한 관계를 발견하기는 했으나 적절한 역사적 근거가 부족한 경향이 있었다. 그린은 역사적으로 충실하고 이론적으로도 굳건한 논의를 위하여 사회학과 역사학 모두를 동원했다.

그린은 근대교육제도의 발달에 관한 적합한 논의가 비환원적이어야 한다고 주장한다. 우리는 앞서 언급한 다양한 요인들의 복잡한 상호작용관계를 파악해야만 한다. 첫째, 국가는 역사적으로 위치해야 하며 보다 넓은 사회적 맥락 내에서 다루어져야 한다. 둘째, 그 맥락 내의 상호관련성이 충분히 검토되어야 한다. 복잡한 요인들은 교육제도의 출현, 발달, 분화의 조건을 제공하는 지형 안에 관련지어 위치한다. 국가 간 비교 분석(그린은 잉글랜드, 프랑스, 미국을 선택했다)을 통하여 교육제도들 간에 공통점과 차이점이 있음이 밝혀졌다.

만약 국가가 다르듯 교육제도가 서로 다르다면, 국가에 따라 교육제도를 다르게 만드는 중요한 요인은 무엇인가? 그린은 그 주된 요인을 중앙집권화(centralization)의 정도라고 주장한다. 일반적으로 지방분권국가보다 중앙집권국가에서 교육제도가 일찍 발달했다. 만약 우리가 이러한 교육제도의 역사적 진행에 대한 관점을 수용한다면, 교육제도가 발달하는 국가의 순서를 중앙집권 정도가 높은 나라에서 낮은 나라 순서에 따라 대충 맞출 수 있을 것이다. 바꾸어 말하면 중앙집권은 국가 건설의 속도 및 집중도와도 관련이 있다(Green,

1990: 310–311). 그린은 이것을 세 가지 역사적 요인과 관련지어 설명하고 있다.

- '국가를 희생'으로 내모는 외부의 군사적 위협이나 영토분쟁과 이에 따른 군대와 국가기제의 강화
- 프랑스 혁명과 같이 새로운 사회질서와 정체성의 확립을 필요로 하는 내부 변혁
- 국가로 하여금 성장과 경쟁력을 개발하도록 유도하는 경제의 상대적 저발전

중앙집권화의 정도는 교육제도의 출현 시기와 채택한 교육제도의 유형 모두에 영향을 미쳤다. 영국 교육제도의 경우 20세기 말인 1988년 국가교육과정을 도입한 후에도 확고하게 그 위치를 유지하고 있는 엘리트 중심 '귀족형 사립학교(public school)'를 포함하여 국가로부터 자율성의 정도가 각기 다른 다양한 사립학교가 여전히 혼재되어 있다.

국가와 관료제

묵시적인 중앙집권/지방분권의 영역은 여러 사회가 중앙과 지역 권력 사이의 문제를 해결하는 방식이다. 이러한 문제는 서구의 근대 민족국가 형성 시기에는 두드러지지 않았다. 베버는 중국의 문인계층(literati), 즉 고전적으로 교육된 관리계급에 관한 논의에서 이 문제를 다루고 있다.

'관직' 의 개념, 특히 '공무상의 본분' 이나 '공공복리' 의 정신이라는 개념이 생겨났다. 아날학파(Annals)에 따르면, 강제적 제도로서 국가의 관료적 조직의 부속물인 문인계층은 그 출발부터 봉건주의에 적대적이다. 이는 문인계층의 이해(利害)라는 관점에서만 이해될 수 있다. 왜냐하면 이들 행정가들은 오직 문인교육을 통해 개인적으로 자격을 획득해야 하기 때문이다. 다른 한편으로 그들은 자율적 행정이나 관제(官製)의 전투부대와 방어시설의 건설, 제후가 '자신의 땅을 지배' 하는 방법과 수단 등을 제후들에게 제시함으로써 그들의 가치를 정당화했다(Weber, 1967: 111).

베버는 국가 관료제에서 관리의 중요성, 관료제적 원리와 봉건제도 원리 사이의 긴장 그리고 정치적으로 중앙정부와 지방 권력 사이의 긴장이라는 세 가지를 지적하고 있다. 결정적으로 관료제는 제후들로 하여금 '자신의 땅을 지배' 하도록 하였으며 집중된 권력을 행사하는 것을 가능하게 했다.

바이스와 홉슨(Weiss and Hobson, 1995)은 국가의 이 같은 측면을 '하부구조적/통치 권력(infrastructural/penetrative power)' 이라 불렀다. 이들 권력은 국가가 자신을 위해 일하는 지방 권력에 의존하기보다는 오히려 세금 징수와 같은 목적을 확실히 담보할 수 있도록 충분한 경계와 효율성의 사회구조를 확립할 수 있는 능력의 정도를 의미한다. 그들은 다음과 같이 말한다.

관료제는 하부구조적/통치 권력의 수단이다. 국가는 관료제를 통하여 귀족의 영향이 강한 지방자치정부와 관계없이 사회와 상호작용할 수 있게 된다. 때로 관료제는 국가와 귀족 간에 정면충돌을 가져왔다. …… 그러나 왕립 법정과 같이 중앙집권적 관료제의 발생은 국가로 하여금 귀족을 중앙으로 흡수하도록 하였고 따라서 종전에 국가권력을 제한하였던 공간적 거리(spatial distanciation)를 극복하게 했다. 무엇보다도 관료제화는 본질적으로 귀족 동맹의 원칙적 방법이었던 구심적인 중앙권력을 축적할 목적으로 통치자에 의해 채택된 전략이었다(Weiss and Hobson, 1995: 35).

예를 들어 프로이센의 경우, 관료제는 '재정-군대(fiscal-military)'의 특징이 있었다. 프로이센 정부는 독자적인 징세권을 행사함으로써 중앙정부를 지방 귀족의 의존에서 벗어나도록 한 관료제 구조를 발달시켜 토지를 소유한 귀족인 융커(Junker)들의 권력을 약화시킨 브란덴부르크의 대선제후 프리드리히 빌헬름(Frederik William, 1640~1688)의 방식을 사용했다(Weiss and Hobson, 1995: 35-38). 역사학자 블래닝(Blanning, 2002)에 따르면, 빌헬름은 지방 융커의 지배 아래에서 후퇴하지 않고 … 사회적으로 중립적인 기술관료(technocrats)들로부터 도움을 구하는 방법을 채택했다(Blanning, 2002: 198-199). 그는 '관료적 신분(estate of bureaucrats)'이라는 베버식 용어로 상황을 설명하고 있다.

베버의 고전적 분석에서 관료는 다섯 가지의 본질적 특성을 가진다. 관료는 개인에 대한 사적 충성이 아니라 의무라는 추상적 개념에 따른다. 관료는 매관(賣官) 혹은 정실주의(情實主義)가 아니라 자신의 기술적 자격에 의해 임명되었다. 관료는 종신지위를 가지며 오직 타당한 이유로만 해임될 수 있다. 관료는 정기적 급여를 받고 사례금에 의존하지 않는다. 관료는 능력 또는 연공서열에 따라 승진되는 경력구조를 갖는다. 프로이센의 관료제는 30년 전쟁 후 대선제후 프리드리히 빌헬름이 귀족들의 신분을 중앙정부에서 배제한 데에서 그 기원을 발견할 수 있다 (Blanning, 2002: 198).

18세기 관료제의 발달에 뒤이어 상위 행정직으로의 입직을 위한 시험이 도입되었다. 블래닝은 이 상황과 관련하여 중요한 두 측면에 관심을 기울였다. 먼저 관리를 양성하는 대학은 "계몽운동이 공적인 생활로 나아가는 방법을 발견하는 주된 공급처"(Blanning, 2002: 199)가 되었으며 진보적 사상을 확산시켰다(Israel, 2001 참고). 두 번째는 '지식계급(intelligentsia, 인텔리겐치아)의 형성'을 가져왔다 (Blanning, 2001: 201). 그는 예술가의 아들로 태어나 자기 재능 덕에 쉽게 출세한 저명한 철학자 크리스찬 볼프(Christian Wolff)*를 예로 들고 있다. "이것은 볼프가 옥스퍼드나 케임브리지에 다니지 못했어도 영국 사람으로 태어났다는 것만으로 일정한 신임을 받을 수 있었음을 가정할 수 있다."(Blanning, 2002: 201−202). 이런 점에서 교육제도와 관료제는 새로운 계급, 교육받은 중간계급의 출현을 가능하게 했다. 이는 중간계급이 교육받게 되었다는 것이 아니라, 오히려 중간계급이 교육을 통해 형성되었으며 다양한 배경의 사람들로 구

---

* 역자 주: 볼프(Christian Wolff, 1679~1754)는 독일 철학자로 평범한 가정에서 태어나 20세에 예나대학교에 진학하였으며 빌헬름 대제에 의해 관리로 선발되었다.

성되었음을 의미한다.

따라서 중앙집권화는 중앙 권력이 지방 귀족의 권력을 능가할 수 있도록 하는 수단이며 관료제의 발달과 관련이 있다. 그리고 관료제는 국가로 하여금 "귀족이 지방 권력과 관계없이 사회와 상호작용하는 것"을 가능하게 했다(Weiss and Hobson, 1995: 35). 이러한 발달은 다음의 현상을 수반했다.

- 지역으로부터 사회 전체를 담당하는 중앙기구로 핵심 권력이 이동했다(민족국가).
- 토지의 상속을 통해 지위를 누리는 귀족들이 급여를 받는 관리로 대체되었다. 이들은 관직을 '자신의' 것이 아니며 그것을 통해 직접적으로 이득을 보거나 또는 후손들에게 그것에 대한 권리를 물려주는 것이 아니라고 생각했다. 물론 이와 같은 이상적인 조건들은 근대관료제도에서 완전히 달성되었다.
- 전통적 · 지역적 · 왕조적 권위와 사회조직이 법률적-합리적(legal-rational)인 것으로 대체되었다.

뿐만 아니라 이러한 변화는 중앙 권력과 관료기구를 움직이는 행정가 및 기능인계급(문인계층, 지식계급 혹은 교육받은 중간계급) 사이 공통의 이해를 구성하였으며 이는 교육을 통해 규정되었다. 이들 계급에게 전문성과 계급 특유의 에토스, 즉 '문명화 이데올로기(ideology of cultivation, 교양)'를 제공하는 것은 교육이었다. 이들 계급의 권한과 형태는 '귀족 간 강화(nobility pacification)'의 한 형태인 국가 발달의 정도 및 방식과 관련이 있었다. 중앙 권력은 지방의 토호세력을 우회하고자 한 반면, 경제변화의 촉진을 포함하여 사회와 상호작용하는 자신만의 수단을 발전시켰다.

바이스와 홉슨은 국가 형성의 결정 요인이 강제와 허용의 균형이라고 보았다. 그들이 보기에 18세기 영국 정부는 성공적이었다. 왜냐하면 정부가 "저항받지 않으면서도 핵심적인 사회행위자들을 통하여 권력을 행사하였기 때문이었다. …… 18세기 전제정치는 소위 자원 이용의 허가를 둘러싼 협상전략보다도 정부에게 그렇게 큰 권한을 부여하지 않은 것으로 나타났다. 전제적 강제는 강함이 아니라 오히려 약함의 표시였다."(Weiss and Hobson, 1995: 48) 따라서 지방분권국가라고 해서 반드시 약하지 않았으며 중앙집권국가가 반드시 강한 것도 아니었다. 대신에 국가의 특별한 하부구조적 측면과 국가의 '통치' 능력과 '추출' 능력 등과 같은 '상대적 정치능력(relative political capacity: RPC)'을 고려하는 것이 중요했다. 이런 점에서 바이스와 홉슨은 영국 정부가 매우 성공적이었다고 보았다.

> 사회를 통치하고 세금을 징수하는 능력, 합의를 이루는 능력, 영국은행과 런던 시 같은 주요 재정기관의 존재뿐만 아니라 경제의 상업적 성격. 원래 영국 정부는 지주와 자본가계급의 협력 그리고 강력한 중앙집권적 재정관료제의 발달에 힘입어 유럽의 여러 경쟁 국가들에 비해 상당한 이익을 누렸다. 자본주의 경제의 성장과 함께 하부구조적으로 강력한 국가는 유럽의 국가 형성과 경제 형성의 경험을 이끌었다(Weiss and Hobson, 1995: 47).

한 가지 중요한 측면은 영국 정부가 세금을 부과할 수 있고 효과적으로 거둘 수 있는 능력에 있어서 중앙집권적이었다는 점이었다. 따라서 의회와 왕, 중앙 권력과 지방 권력, 남북전쟁과 명예혁명, 신사계급과 18세기 후반 및 19세기 초반의 신흥 부르주아 계급 사이의 갈등을 해소하였으며 이들 사이의 정치적 조정을 반영했다. 중앙 권력이 효율적이기는 하였지만 제한되었기 때문에 영국 정부는 '귀족계급의 동맹'의 일부인 광범위한 중앙집중적 관료제를 요구할 수 없었다. 지역의 귀족들이 중요한 재정권력(다른 경우에는 군사력)을 지속하고 있을 경우에도 국가의 관료제적 권력을 다른 영역으로 확장할 필요가 없었다. 그 결과 영국 정부는 교육과 같은 영역에서는 상대적으로 취약성(또는 제한된 범위와 통치권)을 드러냈지만 다른 핵심적인 영역에서는 확실하게 성공적이었다. 상대적으로 후에 출현한 영국의 국가교육제도는 그 때문에 장기적으로 중앙집중적 권한이 부재하거나 취약했으나 역설적으로 오히려 재정의 중앙집권화는 성공한 독특한 모습을 보였다.

교양과 독일의 고급관료

근대 유럽에서 교육제도의 발달은 자신의 사회적 지위의 기반을 교육에 둔 일부 중간계급을 출현시킨 계급 형성 혹은 지위집단 형성의 연장이었다. 프로이센의 경우 이것은 나중에 다루게 될 아비투스 개념과 관련된 독특한 교육의 효과를 강조하는 구체적 형식으로 발생했다. 브라이언 터너(Bryan Turner)는 독일에서 이 집단을 '특별한 지위집단(special status group, Bildungsbürgertum)'으로 기술했다. 국가 그리고 교회와 연합하여 새로운 인성 유형, 즉 '교육'이라는 훈육에 의해 규제된 감정을 지닌 인간을 개발하고자 했다(B. Turner, 1993: 10, 강조는 인용자).

> 관료적 국가구조는 교양(教養, bildung)적 이상(ideals)의 발달에 적합한 사회적 상황을 발생시켰다. 교양의 이상은 교육받고 문명화된 국가공무원으로 중간계급의 이상이었다. 이들 교양인(Bildungsbürger-tum)의 도덕적 세계관은 스포츠, 과도한 음주, 성적 방종 등의 문화적 취향을 지닌 귀족주의를 비판했으며 어느 경우든 사회적으로뿐만 아니라 정치적으로도 위험하게 될 수 있다고 생각한 하층 계급에 적대적이었다(B. Turner, 1993: 10).

터너는 국가 형성과 다양한 시민의식 모델의 출현, 즉 개인과 국가 사이의 차별적인 관계를 관련지어 설명한다. 이는 결국 시민의식 개념의 근본적 모호성과 관련이 있다. '사회적 시민의식(social citizen-ship)'은 법률적으로 그리고 여타 권리자격을 갖춘 사회구성원들에게 규범적이고 제도적인 수단 등을 제공함으로써 사회통합을 위한 조건이 되기도 하지만, 다른 한편으로 그러한 사회적 권리 자격이 충족되지 않았을 경우에는 사회적 갈등과 투쟁을 촉진하는 조건이 되기도 한다(B. Turner, 1993: 11-12).

교육적 지위집단은 공인되거나 위임된 권위와 구별되는 것으로(Freidson, 1994), 국가관료제와의 직접적 연결을 그 보편적 특징으로 요구하지 않는다. 미국과 영국의 경우 자유 전문직은 국가에 비해 상당히 자율적이다. 실제로—비록 상대적이기는 하지만—자율성은 확실히 전문직을 '구별짓는' 징표 중 하나다. 이처럼 '중간계급의 교육'은 근대사회 도처에서 발견될 수 있지만, 그것과 국가와의 관계는 상대적 자율성이라는 점에서 다양할 수 있다. 이것을 이해하기 위해서는 국가 형성을 보다 깊이 살펴볼 필요가 있다. 즉, 중간계급의 교육을 초래한 요인이 무엇이고 그것과 국가와의 관계에서 차이를 만드는 것이 무엇인가를 규명할 필요가 있다.

독일의 중간계급 교육도 프랑스와 마찬가지로 국가에 강하게 통합되었다. 그러나 프랑스는 독일과는 다르게 국가교육을 기념비적 사건인 프랑스 대혁명에 비추어 또는 적어도 지식인계층의 중요한 영역으로 정의했다. 중간계급은 공무원이라는 점에서 국가에 통합되었음에도 불구하고 여전히 비판적 지식계층으로 남아 있었다. 그리고 볼테르(Voltaire)에서 뒤르켐을 거쳐 사르트르(Sartre)에 이르기까지 국가가 제공하는 시민의식의 '자격부여'를 감시하는 전통적인 지식인의 모습을 유지했다. 터너에 의하면, 독일에서 중간계급의 교육이 국가교육으로의 편입됨으로써 "이의(異義)와 외부 반대에 대항하여 질서와 안정"에 기여했다(B. Turner, 1993: 10). 미국과 영국의 경우처럼 중앙집권화의 정도가 낮아 국가로의 편입이 덜한 경우에 지식인계층의 응집도 느슨하였으며—사실 이들 국가에 대륙적 의미에서의 지식인계층이 있었다고 말할 수 있는지는 논쟁거리다(Hickox, 1986)—제한된 범위 내에서 '하부구조/통치력'을 유지하는 데 특별히 관심을 두고 있었다. 여기에서는 영국과 미국의 의료 전문직의 서로 다른 상황을 고려할 수 있다.

교육계층화

교육제도의 발달이 근대국가와 연결될 수밖에 없었던 보다 중요한 이유가 있다. 근대 관료제 국가는 엘리트의 범위 안에서뿐 아니라 사회 전 영역에서 교육받은 공무원을 필요로 한다. 링거(Ringer)는 다음과 같이 말했다.

> 정부는 훈련받은 법률가뿐만 아니라 의료 공무원, 우체국 직원, 철도 기사, 화이트칼라 전문가들을 필요로 한다. 게다가 당국은 자연스럽게 제약과 건설 등의 영역에서 표준을 유지하는 것에 관심을 두었다. 그 결과 시험이 고안되지 않은 영역이나 학문 분야가 거의 없어졌다. 형식적 훈련 없이 자수성가할 기회가 상대적으로 희소한 경제적 환경에서 졸업장은 확실한 보증이었다. 게다가 자유롭고 학식 있는 전문직은 상당수의 재능 있는 중간계급들로 채워졌고 사기업 직원들 또한 정식 공무원의 증가와 함께 성장했다. 행정직과 고위 전문직 계급은 서로 가까운 '사회적 연합체(social fusion)'로 불릴 정도였다. 공무원은 귀족적이며 관료적인 가치에 기여했다. 그러나 이것은 동맹의 다양한 요소들을 결합하는 가장 중요한 '문명화'의 학문적 이데올로기였다(Ringer, 1977: 540).

교육은 국가가 필요로 하는 특수한 기술의 유형들, 예를 들어 읽고 쓰는 것을 비롯하여 전문적인 기술까지 제공했다. 교육자격은 링거가 기술한 독일 사회에서는 하나의 자산이었다. 왜냐하면 ① 사람들로 하여금 직업을 갖게 해 주고, ② 어떤 이에게는 지위를 가져다주었기 때문이다. 지위는 그 자체로 '명예' 라는 본래적 이점을 갖는다. 링거에 따르면, 19세기 중반에 "어느 정도 배웠음을 인정받는다는 것은 …… 상당한 정도의 형식적 존경과 일치되는 것이었다. …… 궁핍한 대학교수의 자랑스러운 아내는 여전히 박사부인(Frau Doktor)이었고 이것은 대단한 의미였다." (Ringer, 1977: 537)

링거는 교육제도 내의 엄격한 구분에 따라 형성된 독일 사회계층화의 주요 원인들을 기술하고 있다. 이러한 '엄격한 구분' 은 초등학교 교사를 고등학교 교사와 대학교수로 분리시켰다. 교육제도는 "두 개의 거의 관련이 없는 부분으로 구분되었다." (Ringer, 1977: 537) 독일에서 교육제도가 일찍 발달했음에도 대다수의 아이들은 단지 8년의 초등교육만 받은 상태에 있었으며 그들이 인가받은 중등학교나 대학에 충분히 진학한다는 것은 실제로 불가능했다. 이들 학교의 교사들도 '정규 고등교육기관' 보다는 '예비학교' 출신이었다. 이렇듯 문명화를 위한 "대중교육과 실제 교육의 분리는 꽤 완벽했다." (Ringer, 1977: 538) 링거는 "독일식 지적 유산에서 개인의 '문명화' (교양)에 대한 일관된 강조는 그 자체로 사회계층화의 대행자였다고 지적한다. 특히 고전 공부는 문명화를 생산적으로 만들며 사심 없는 학습은 지식인뿐만 아니라 학습자 모두에게 영향을 미치는 것으로 간주되었다." (Ringer, 1977: 537)

독일 교육제도에서 '문명화 이데올로기' 는 사회분화의 주요 원인으로 작용했다. 게다가 링거에게 수직적 분화는 "중간계급과 하위계급에서와 마찬가지로 상위계급에서도 전문적이고 관료제적 요소로부터 산업적이고 상업적인 요소를 구분하는 것보다 어떤 점에서는 덜 중요했다." (Ringer, 1977: 541) 심지어 학문 엘리트의 사회적 구성이 시간에 따라 변화되었음에도 새로운 구성원들은 독일 사회의 '비경제' 또는 '비산업' 영역으로부터 나오는 경향이 있었다. "19세기 후반 독일에서 고등교육을 받은 이들은 하나의 독특한 사회집단으로 간주되었고, 다르게 행동하였으며, 그들 자신의 가치 특성을 발전시켰다." (Ringer, 1977: 543) 베버 자신이 바로 이 집단의 소산이었으며 독일 교육제도의 분화에 관한 그의 경험이 교육제도의 유형학을 형성했다.

> 역사적으로 보면 극단적으로 대립하는 두 가지 교육 목적이 있다. 하나는 카리스마, 즉 영웅적 자질이나 불가사의한 재능을 일깨우는 것이고 다른 하나는 특수한 전문적 훈련을 전수하는 것이다. 앞의 유형은 카리스마적 지배구조에 해당되며 후자는 합리적 그리고 관료적(근대적) 지배구조에 해당된다. …… 두 목적은 학생들에게 생활방식(conduct of life)—그것이 세속적 혹은 종교적 성격을 보이든—을 길러 주는 것을 목적으로 하는 모든 교육 유형에서 발견된다. 어떤 경우에 이 생활방식은 특정 지위집단의 방식이다. 마법사와 영웅적 전사들이 소년들에게 행하였던 고대 주술적 금욕주의와 영웅적 시련의 카리스마적 절차들은 초보자들로 하여금 애니미즘의 의미에서 '새로운 영혼'을 얻도록 도와주고, 나아가 다시 태어날 수 있도록 도우려는 것이었다. 달리 말하면, 이는 그러한 절차들이 순수하게 개인의 타고난 재능으로 간주되는 자질을 일깨우고 시험하기만을 원했음을 의미한다. 왜냐하면 카리스마는 가르칠 수도 훈련될 수도 없기 때문이다. 카리스마는 싹(in nuce)이나 주술적 재생의 기적을 통해 스며드는 것이며 이 외의 다른 방법으로는 얻을 수 없다.
>
> 특수화되고 전문화된 학교교육은 학생들을 공공기관, 사업체, 일터,

과학 또는 산업 실험실, 훈련된 군대 등과 같이 행정적 목적을 위해 실제적으로 유용성을 갖추도록 훈련시키려는 것이다. 원칙적으로 이러한 훈련은 정도의 차이는 있겠지만 누구에게나 실시될 수 있다. 마지막으로 문명화를 위한 교육은 교양 있는 인간을 교육시키는 것이다. 그런데 교양 있는 인간의 성격은 주도적인 계층이 상정하고 있는 문명화의 이상에 따라 결정된다. 그리고 이는 사람에게 특정한 삶의 내적 그리고 외적 태도를 교육한다는 의미다. 원칙적으로 이것은 단지 목적만 다를 뿐이지 누구에게나 행해질 수 있다. …… 현실적으로 이러한 유형 중의 어떤 것도 늘 순수한 형태로 나타나지 않는다(Weber, 1967: 119-121).

"문명화를 위한 교육은 교양 있는 인간을 교육하려는 것이며 …… 사람들에게 특정한 삶의 내적 그리고 외적 태도를 교육하려는 노력"이라는 베버의 진술은 아비투스의 개념에 더욱 깊은 관심을 기울이게 한다.

아비투스와 '정신의 교육학'

베버는 특별히 '문명화'의 특성에 민감했고 그것을 문화적 전통이 반영된 것으로 다루었다. 터너는 다음과 같이 지적한다.

베버가 자신을 교양교육 전통의 문화적 소산이라고 한 점에 주목하는 것이 중요하다. 교양교육의 전통에서 교양을 갖춘 인간이란 내면의 고독함, 개인적 교양, 책임감, 충성심과 같이 개인적 실존의 문명화된 기준을 갖추고 있음을 가정한다. 이것은 오랫동안 독일 교육 엘리트들의 가치였으나 도시 자본주의와 관련된 새로운 사회세력과 조건들로부터 공격을 받았다. 특히 베버는 사회의 합리화와 함께 전문화의 과정들이 성취하기 극히 어려운 개인적 완전함과 총체성을 가능하게 할 것이라고 지나치게 의식하고 있었다. 이러한 불안은 베버가 『프로테스탄트 윤리와 자본주의 정신(*The Protestant Ethic and the Spirit of Capitalism*)』의 결론에서 마음이 없는 쾌락주의자와 영혼이 없는 직업인이라 비관적으로 표현한 근거이기도 하다. 전문화는 문명화된 인성이 폭넓은 관심 및 일반 교육과 관련이 있다는 모든 전통, 즉 괴테(Goethe) 시절의 계몽주의 가치를 부정했다(B. Turner, 1999: 64).

이러한 주장은 베버의 사상에 영향을 미쳤던 특수한 문화적 배경에 대한 이해를 제공하며 아울러 보다 일반적인 쟁점도 지적한다. 첫째는 도덕과 문명화를 목적으로 하는 자유주의적 인본주의 교육의 이상과 기술적으로 숙련된 노동자 양성을 위한 전문적이고 공리주의적인 교육에 대한 경제계의 점증하는 요구 사이의 긴장이다. 둘째는 사회이론에서 독일 전통의 유산과 관련된 계몽주의를 해방의 기획이 아닌 억압의 기획으로 바라보는 (그리고 현대 포스트모더니즘에 영향을 미치는 [제6장 참고]) 비관적인 경향(예, 20세기에 출현한 Horkheimer and Adorno, 1979년 작업)이다.

비록 독일 전통에서 두드러지고 독특한 모습을 보였지만(Ringer, 1969) 교육적 '문명화 이데올로기'의 효과는 서구에서 일반적이었으며 베버가 중국 유교 '문인계층' 연구에서 지적한 바와 같이 광범위했다. 그것이 부여하는 구별되는 특질, 지위 또는 부르디외의 용어로 '구별짓기'는 일부에게는 부(富)보다 중요한 것인 반면, 다른 이에게는 천박함을 추구하는 것이다.

중국의 문인계층

중국의 문인계층에 대한 베버(Weber, 1967)의 연구는 대단히 독창적이다. 문인계층 권력의 핵심은 그들의 고전적 문자교육이었다. 고전교육은 경제적으로도 대단히 중요했다. 왜냐하면 중국에서 그것은 역법지식은 물론이고 별자리에 따라 정확히 반복되는 일, 수로와 관개 체계의 조절을 통해 수확량을 유지해야 했기 때문이다(베버는 문인계층이 조정의 점성가로부터 발전되었을 것이라고 주장한다.). 본질적으로 문인계층은 신성과 세속의 현세적 관계—세속적 사건과 상징적으로 나타나는 징조와 성스러운 사건들 사이의 관계—를 매개하는 것으로 간주될 수 있다. "경서와 전통에 통달한 사람만이 의례적이고 정치적으로 내부의 행정 질서를 올바르게 하고 왕의 일상적 품행을 카리스마적으로 지적할 수 있는 자격이 있는 것으로 간주되었다."(Weber, 1967: 110) 문인계층은 자신들이 교육받은 기술 때문이 아니라 심오하고 전문적인 자질 때문에도 필요했다. 정치적으로 문인계층들이 관리로 봉직한 관료제는 왕들이 권력을 확장하는 수단이었으며 지역의 통제는 지방에 기반을 둔 봉건 귀족들의 권력에 내맡겼다. 따라서 문인계층이 소유한 특수한 전문적 식견은 제국의 관료제를 통해 행사되었으며 그 자체가 봉건 군주의 권력을 견제하는 전략의 일환으로 확장되었다.

여기에는 성격상 서로 배치되는 다른 두 원리가 작용하고 있다. 관료제 원리는 합리적이다. 관료제는 의례적으로든 행정적으로든 올바른 절차를 강조한다. 이와 달리 봉건 군주의 원리는 카리스마적이고 세습적이다. 베버는 초기 저작에서 "관리의 합리적 지도 아래 있는 매우 체계적인 국가조직"을 묘사했다. "이 국가조직은 관료적으로 통제되는 관개, 특수작물 재배(비단), 군대를 위한 징병 명부, 통계자료, 탄약고(무기고)들을 갖추고 있다."(Weber, 1967: 37) 개인적 수준에서 문인의 자질은 공자처럼 "절제된 느긋함과 올바른 평정 …… 품위"(Weber, 1967: 156)가 있는 '성인(군자, the Master)'이 좋은 예다. 베버는 종교와 자아의 종교적 변형 속에서 역사적으로 자신의 교육 유형을 구분했다.

성화(聖化), 문명화, 아비투스

베버에게 있어서 종교는 중요한 영역인데, 그는 뒤르켐도 중요하게 다루었던 주제—자아의 사회적 형성과 변형—를 다루고 있다(다음 내용과 제5장 참고). 베버는 『종교사회학(*Sociology of Religion*)』(1966)에서 '성화 방법론(methodologies of sanctification)'(특히 제10장 참고)을 논의하면서 아비투스라는 용어를 사용한다. 본질적으로 성화는 구원과 자아의 종교적 변형—부활이나 새로운 영혼의 획득—과 관련된다. 베버는 '조직적인 성무 집행 금지 명령'(Weber, 1966: 157)을 파괴하는 무아지경(無我之境)의 방법—예를 들면, 마약, 열광, 음악, 춤을 통해(Durkheim, 1995 참고)—에 의해서 야기되는 변형의 유형과 '체계적인 절차'에 따라 나타난 결과나 '수련' 과정에서 얻게 되는 변형의 유형을 대비했다. 결정적인 차이는 전자의 경우 그 효과가 종종 극단적일지라도 오래 지속되지 못한다. "이 격렬한 무아의 경지는 성격상 순간적이고 일상 행동에서 긍정적 영향을 거의 미치지 못한 채 이내 사라진다."(Weber, 1966: 158). 반대로 체계적인 성화 방법론에 따라 발생하는 자아의 변형은 오래 지속된다.

> 합리화 과정이 진행되면서 질서정연하게 계획된 종교적 성화의 목적은 열광에 의해 야기된 격렬한 도취로부터 온화하지만 보다 지속적인 아비투스와 의식적으로 소유되는 것으로 점점 변형된다. …… 계획된 성화 절차를 통해 의도하는 궁극적 목적은 열정적인 방식을 통해 얻게 되는 것과 동일한 목적, 즉 초자연적 존재가 자신 안에 육화(incarnation)되는 것 그래서 신성이 도처에 존재하는 것이다. 달리 말하면, 자신을 신격화하는 것이 목적이었다. 가능한 한 지금 이 육화(肉化)만이 지속적인 성격 유형이 되어야 했다(Weber, 1966: 158).

여기에서 중요한 점은 특별히 종교적이고 역사적인 사건이 아니라 아비투스의 일반적 특성이다. 베버는 이를 '삶의 내·외적 태도(deportment)' 사이의 관계로 묘사한다. 이처럼 발달된 "성화의 방법론"은 "'좋은 일'의 윤리(ethic of good works)"와 관련되는 "일상적 생활 윤리의 체계적 규정"이라는 형식을 취하게 된다. 이러한 체계화는 개인의 행동을 "내재하는 윤리적 전체 인격(total personality)의 징표이자 표현으로 다룬다."(Weber, 1966: 154–155, 강조는 인용자)

> 처음에 겁쟁이로 보인 것을 속죄하고자 정화의 한 방법으로 전쟁에서 전사한 전우를 대하는 엄격한 스파르타 사람들의 태도를 회상하는 것

> 은 의미가 있다. 스파르타 사람들은 그의 윤리적 지위가 회복된 것으로 그를 간주하지 않았다. 왜냐하면 그는 특별한 이유 때문에 용감하게 행동했으며 그의 용감함은 우리가 지칭한 것처럼 '그 인격의 총체성에서 나오지' 않았기 때문이다. 종교적 영역 역시 외적 행동으로 나타나는 좋은 일에 의한 형식적 성화는 완전한 인성 유형의 가치에 의해 대체된다. 스파르타 사람들에게 완전한 인성 유형이란 영웅주의의 습관적 기질이다. 비슷한 원리가 모든 종류의 사회적 행위에도 적용된다. 만약 '동료를 사랑한다'는 것을 증명하려면, 이런 종류의 윤리적 체계화는 행위자가 '선성(goodness)'의 카리스마를 소유할 것을 요구한다. **특정한 행위가 실제로 전체 성격의 징후**여야 하며 그러한 행위가 우연한 사고의 결과일 경우에 아무런 의미가 없다는 점이 궁극적으로 중요하다(Weber, 1966: 155-156, 강조는 인용자).

이처럼 종교가 전형적인 사례를 제공하지만, 베버가 언급한 현상이 종교에만 배타적으로 적용되는 것은 아니다. 전사의 훈련은 동지애를 더욱 강화할 것이다. 그러나 베버는 우리에게 "유사한 원리가 모든 종류의 사회적 행위에 적용된다"고 말하며 곧바로 근대의 세속적인 예를 제시한다. 행동은 내재하는 인성(아비투스)의 패턴화가 실존함을 드러내는 징후이자 '사례'다. '문명화 교육'의 목적은 지속되는 성향의 형성이다. 내가 아는 한 베버와 뒤르켐은 비슷한 시기에 서로 아무런 관계도 없었지만 종교적 의례, 즉 아비투스와 교육의 관계에 관하여 세세한 부분을 제외하고 사실상 같은 이론을 제안했다!

뒤르켐은 기독교의 출현과 관련하여 급진적 역사변동을 살펴보기 위한 준거틀로 아비투스라는 용어를 사용했다(Bernstein, 2000: 제5장;

Beck, 1999 참고). 그가 보기에 기독교의 두드러진 특징은 "일반 개인으로 하여금 특정한 빛으로 사물을 보도록 할 정신과 의지의 일반 성향"을 개인 안에 창조하도록 요구한다는 점이었다.

> 기독교는 본질적으로 정신에 대한 특정한 태도와 우리 도덕적 존재에 대한 특정한 아비투스로 구성된다. 어린이들에게 이러한 태도를 길러 주는 것이 곧 교육의 본질적 목적이었다. 이것이 고대 세계에서는 전혀 알려지지 않았으나 기독교에서는 실질적 역할을 담당하였던 이념 – 회개의 이념(the idea of conversion) – 의 출현을 설명하는 것이다. 기독교가 이해하는 회개란 특수한 믿음이나 특별한 교리와 분리될 수 없는 문제가 아니다. 참된 회개는 정신이 온전히 아주 다른 방향으로 전환함으로써 그 위치와 자세가 변화한 결과이며 세상에 대한 전체적 조망을 수정한 결과와 같은 심오한 운동을 수반한다(Durkheim, 1977: 29).

램프(Ramp, 1999: 85)는 뒤르켐과 푸코(Foucault)에 대한 논평에서 학교교육을 주체의 형성, 정신의 완성 그리고 '정신들을 총체화하는 교육(totalizing pedagogy of souls)'으로 묘사한다. 중요한 것은 전체로서 정신에 관심을 갖게 되면 통합되고 총체화하는 교육을 필요로 한다는 점이다. 뒤르켐이 생각하기에 고대인들에게 지식은 교사들 나름의 독특한 방식으로 습득되었으며 당시 교사들은 모든 것을 아우르는 분석틀을 가지고 있지 못했다. 기독교의 관심은 "우리의 지능과 감성은 특수한 조건에 기초한다. 우리들 각자는 다른 사람을 결정하고 그들을 통합하는 보다 근본적 조건에 있다. 우리가 진정으로 교육자로서의 직분을 다하고자 한다면 그리고 효과를 지속할 수 있으려면 우리는 보다 근본적인 조건을 알아야만 한다”(Durkheim, 1977: 28)는 자각이었다. 이러한 자각이 일어나기 위해서 지식은 고유한 내적 구조를 가져야 하고 모든 아동을 통일된 방향으로 형성한다는 것을 보여 주어야 한다. 이와 같이 지식의 구조화는 “아동을 가까이서 감싸고 전인으로서 아동의 본성을 발현시키는 도덕적으로 응집된 환경”을 제공해야 하는 학교에 반영되었다. 이처럼 ‘위대하고 중요한 혁신’(Durkheim, 1977: 30-31)이 발생한 것은 중세 유럽에서였다. 그런데 “아동기뿐만 아니라 인생 전반에 걸쳐 특정 방향을 지시할 심오하고 내적인 마음 상태와 영혼의 방향을 아동에게 스며들도록 하는 기능”을 근대학교에서도 세속적인 방식으로 그대로 유지하고 있다. 제5장에서 뒤르켐의 아비투스 개념은 칸트 철학을 사회학화하고자 하는 그의 계획에서 교육이 담당하는 역할과 관련해 다루어질 것이다.

베버에게서 문명화 교육을 통하여 형성된 지속적인 성향이 고위 관리에게 어울리는 사회적 자산인 신뢰와 연계되어 있는 이유를 발견하는 것은 어렵지 않다. 베버는 ‘특정한 행위가 전체 성격(total character)의 징후’라고 말한다. 개인은 베버가 ‘계획된 성화 방법론’으로 묘사한 일련의 교육에 의해 변형된 다시 태어난 자아를 동반한—부르디외의 표현에 따르면—‘2차적 본성’, 즉 자아의 본성 내에 자리하는 통합성(integrity)을 갖는다(Weber, 1966: 157). 근대사회에서 수공업 전통이나 군대—‘전사의 규칙(the warrior's code)’—에서 이들 원칙이 작동하는 것을 발견할 수도 있지만, 교육이 널리 보급된 전문직에서 주로 발견된다(Ignatieff, 1998). 유사하게 문명화 교육은 ‘지위집단’과 연계되는데, 지위집단의 구성원들이 공유하는

'생활방식' 과 '취향' 은 아비투스의 집합적 표현이자 교육을 통하여 형성된 '내적 품행' 이 일상생활에서 그대로 드러난 것이다.

베버 이론에서 '성격(character)' 혹은 '인성(personality)' 개념은 특히 중요하다. 터너는 다음과 같이 지적한다.

> 베버는 '인성' 을 다루면서 심리학적인 개념을 고려하지 않았다. 오히려 '인성' 은 인생 계획이나 살아가면서 경험하게 되는 이러저러한 일들이 자리할 수 있는 구조를 말한다. '인성' 은 개인이 성숙하고 발달하는 것을 가능하게 하는 생애 사건들의 조직화다. 이런 점에서 베버의 '인성' 은 독일의 교육받은 중간계급의 교양 있고 문명화된 인간과 매우 비슷하다. 또한 괴테 교양소설의 사회학적 유산으로 보일 수도 있다. 베버의 관점에서 진정성이란 '현실에 직면할 때' 그리고 합리적으로 정당화될 수 있는 삶의 방식에 관해 의식적 선택을 할 때 존재한다. 참된 인성은 개인적, 사회적 세계의 성찰적 질서를 기르기 위해 어느 정도 고립과 격리를 포함한다(B. Turner, 1999: 63).

터너는 근대사회와 관련하여 베버가 주장한 조건에서 문제가 되는 두 측면을 지적했다. 그 하나는 이미 언급했듯이 이러한 인격의 형성과 관련된 일반적이고 자유주의적인 인본주의 교육이 기술적 합리성과 도구적 전문화에 의해 위협받는다는 점이다(Ringer, 1969). 다른 하나는 실존적 헌신(existential commitment)을 내포한 '합리적으로 정당화될 수 있는 삶의 방식을 의식적으로 선택하는' 방법과 관련이 있다. '사회행위' 이론가로서 베버는 뒤르켐에 비해 아비투스의 생성적 속성이 사회적 실천으로 실현될 수 있도록 하기 위해서는 개인으로 하여금 반성적(reflexive) 행동을 요구한다는 것을 보다 잘 (또는 적어도 보다 명료하게) 인식하고 있었다. 이처럼 아비투스는 사회화된 규범이 단순히 기계적으로 나타나는 것이 아니라 오히려 창조된 것이다. 종교적 성화 방법론에 의해 길러진 아비투스와 근대사회에서 발견되는 세속화된 아비투스 사이의 근본적인 차이는 전자가 절대적 가치에 근거하는 반면, 후자는 그렇지 않다는 점이다.

기술적이고 효율적인 수단의 '굴레에서 벗어난' 그러나 모든 것을 포괄하는 가치 있는 목적이 없는 세계에서 성찰이란 헌신을 지속적이고 실존적으로 재생하는 행위다. 베버는 '소명' 이나 '성소' 로 표현되는 실존적 '책임 윤리' 를 통해서만 신은 죽었다는 니체(Nietzsche)에 기인하는 허무주의를 피할 수 있다고 믿었다. 그러나 터너는 베버가 이 문제로부터 자신을 어떻게 성공적으로 구했는가에 대해서는 확신하지 못했다.

지위집단과 사회적 폐쇄

아비투스의 형성이 인정된 지식, 신념, 가치, 규범을 받아들이는 사회화와 동일하지 않다는 점을 이해하는 것이 중요하다. 이들은 각각 의식의 내용으로 구분되어야 한다. 앞서 언급한 바와 동일하게 뒤르켐은 "특별한 믿음과 교리를 신봉하는 것" 과 "정신이 온전히 다른 방향으로 전환함으로써 위치나 입장이 변화한 결과 그리고 세상에 대한 조망을 수정한 결과로서 심도 있는 운동" 사이의 차이를 구분했다(Durkheim, 1977: 29). 부르디외는 아비투스를 "영구적으로 즉흥 행동을 규제하는 생성 원리" 로 정의한다(Bourdieu, 1977:

78, 강조는 인용자; Nash, 1999). 이런 점에서 아비투스는 '생성 원리'에 따라 의식을 구축하고 '규제된 즉흥 행동'인 사회적 행위와 관련된 물적 · 문화적 자원을 범주화하고, 조직하며, 선택하고, 배치하는 방식을 규제하는 내적 규칙이나 '문법'으로 이해될 수 있다. 뒤르켐식으로 말하면, 아비투스는 "타자를 결정하며 그들을 통합하는 보다 심오한 조건"이다(Durkheim, 1977: 28). 부르디외가 그의 주저 『구별짓기(*Distinction*)』(1986)에서 다룬 것처럼, 생성 원리가 일상적인 사회행위의 즉흥성을 규제하는 방식은 다른 집단들의 독특한 취향들—그들이 좋아하는 음식과 술, 독서 내용, 상위문화와 대중문화에 대한 접근, 옷 입는 방식, 읽는 신문, 선호하는 휴가지—을 통해 드러난다. "취향은 분류되고 분류하는 사람을 분류한다. 분류 체계에 의해 분류된 사회적 주체는 아름다운 것과 추한 것, 두드러진 것과 천박한 것을 구별함으로써 스스로를 구별한다. 그리고 객관적 분류체계에서 자신들의 위치가 표현되고 드러나게 된다." (Bourdieu, 1986: 6)

취향은 사회집단 사이의 차이를 만들고 표시하는 일을 한다. '눈에 띄는(distinguished)' 취향을 가진 사람들로부터 배제된 정도에 따라 서로 다른 존재로 분류된다. 그리고 그 정도는 계급구조와 그 분파—예를 들어, 중간계급의 전문직 분파와 산업노동자 분파 사이—와 체계적으로 관계된다. '문화적 자본'에 대한 부르디외의 개념은 다음 절에서 다루게 될 것이다. 베버의 지위집단은 그 구성원들을 공통된 문화와 공통의 정체성—마르크스 관점에서 노동계급이라고 해서 이러한 것들을 반드시 필요로 하지는 않는다. 대신에 계급은 생산수단과의 관계에 근거하여 정의된다. 이는 각 계급의 성원들이 그들의 소속감을 어떻게 느끼느냐 그리고 그들이 어떤 생활방식을 채택하느냐와 관계없다ㅡ으로 정의한다는 점에서 계급과 다르다. 콜린스(R. Collins)는 베버의 개념을 바탕으로 지위집단을 다음과 같이 정의한다.

> 사회의 기본 단위는 공통문화(또는 하위문화)를 공유하는 결사집단이다. 이 집단의 핵심은 가족과 친구다. 그러나 그들은 종교적, 교육적 · 윤리적 공동체로 확장될 수 있다. 일반적으로 그 집단들은 언어방식, 옷과 장식의 취향, 예절과 의식의 관습, 대화 주제와 방식, 의견과 가치, 선호하는 스포츠, 예술, 미디어 등과 같은 공통문화에 참여함으로써 지위 평등을 공유하는 모든 사람들로 구성된다. 이러한 문화집단에의 참여는 개인들에게 근본적인 일체감을 부여하는데, 이는 특히 자신들이 편하게 참여할 수 없는 일상문화를 가지고 있는 다른 결사집단의 구성원들과 대비하여 그렇다. 주관적으로 지위집단은 '명예' '취향' '양육' '체면' '예절' '문명화' '좋은 동료' '소박한 민중' 등과 같은 도덕적 평가의 범주를 통하여 자신들과 다른 사람들을 구별한다. 게다가 내집단(ingroup)의 문화가 결핍된 사람에 대한 추방을 도덕적으로 정당하다고 여긴다(R. Collins, 1977: 125).

콜린스는 다른 집단에 의해 사용되는 도덕적 평가의 원리가 중요한 교육 결과를 갖는다는 점을 지적했다. 도덕적 원리는 구성원들에게 고유한 가치를 제공하기 때문이다. 비록 '문명화된' 사람들이 스스로를 그렇지 않은 사람들보다 우월하다고 생각하더라도 '소박한 민중' 들에게 '소박함' 은 문명화 이상으로 그들을 고양하는 미덕이다. 그들은 퇴폐적이고 지나치게 사변적이며 위선적으로 보이는 문명화된 사람들과 대비하여 기본적으로 성실하고, 정직하며, 진실성을 갖는다고 생각한다. 각 원리는 그 자신의 이야기를 하고 다른 원리에 대해 그것을 신봉하도록 하는 특별한 미덕을 제공한다. 이렇게 사람들은 구성원 의식과 미덕을 확인하고 지금 그대로 있기를 열망할 것이다. 대신에 문명화의 차이를 익힘으로써 그들을 '개선' 시키려는 교육의 요청에 저항한다. 이것은 제1장에서 다룬 학생의 교육적 결정이 그의 실존적 지위에 대한 판단과 관련이 있다는 점을 떠올리게 한다. 즉, 그다지 원하지 않는 것을 선택한 학생들의 불합리성을 명백하게 상기시킨다. 이 문제는 다음 장에서 특히 중요하게 다룰 것이다.

콜린스는 이러한 주장에 근거하여 제2장에서 논의한 기술적 기능주의에 반대되는 베버주의적 교육의 갈등이론을 제시했다. 보울즈와 긴티스처럼 콜린스도 교육이 경제에서 요구하는 중립적인 과학기술을 제공한다는 주장을 부정한다. 그러나 그들과 달리 콜린스는 교육이 계급관계보다는 오히려 지위와 관련 있다고 생각했다. 이런 점에서 (제1장에서 논의된 옥부와 함께) 그의 관심사는 교육계층화와 그것이 미국 경제와 사회의 계급 및 인종 관계에 어떻게 스며들어 있는가 하는 점이었다. 콜린스의 기본 가정은 다음과 같다. "고용주는 지배적 지위문화로 사회화된 사람을 선발하기 위하여 교육을 활용한다. 관리직으로 입사하는 사람은 엘리트 문화로 사회화되어야 하며 낮은 직위의 직원으로 입사하는 사람은 지배문화와 지배문화를 지닌 엘리트를 존경하는 태도를 갖추어야 한다." (R. Collins, 1977: 127) 콜린스는 엘리트와 비엘리트 교육기관의 산물이 미국 직업구조에서 체계적으로 다른 식으로 배분되고 있음을 밝혔다. "백인 앵글로색슨 기독교(WASP)의 상위계급에 의해 가장 확실히 지배되는 조직은 대체로 전국 단위로 조직된 기업과 규모가 가장 큰 로펌이다." (R. Collins, 1977: 129) 반대로 소수인종집단 출신은 소규모의 지역 소재 제조업이나 개인 법률 사무소에 집중되는 경향이 있다. 유사한 구분은 지방과 중앙정부에서도 발견된다. 따라서 자격으로 고려되는 것은 특정 기술보다는 오히려 문화적, 사회적 배경 요소다. 엘리트 집단은 그들 생활방식의 문화에 대한 지배를 유지함으로써 엘리트 지위에 접근하는 것을 제한할 수 있다. 또는 적어도 터너의 '후원적 사회이동' 처럼, 그러한 특성을 지닐 것으로 가정되는 사람들에게만 접근을 제한한다. 물론 인종적으로 계층화된 사회에서 피부색이 하나의 기준으로 존재한다면 접근은 불가능해진다.

콜린스는 지위집단들 사이의 경쟁으로부터 발생하는 중요한 역동성을 다음과 같이 구체화한다. ① 교육이 사회이동의 기회를 제공할 수 있는 방법이기 때문에 모든 집단은 더 나은 교육에 접근하기 위해 애쓴다. 그리고 ② 지위집단도 마찬가지로 그들의 특수한 '장점', 그것과 관련된 지위문화 그리고 구성원들의 상황을 향상시키기 위해 경쟁하고 있다. 미국 교육의 지방분권화된 특성과 정교분리는 모든 인종, 민족, 종교집단들로 하여금 독자적인 학교와 대학을 설립하는 것을 상대적으로 용이하게 했다. 그 결과 교육의 수준과 형태로 정의되는 교육제도 내의 위치와 관계가 계속해서 바뀌고 있다.

> 이 과정에서 미국 교육의 지위가치는 희석되었다. 존경의 표준은 언제나 현존하는 문화적 차이의 범위와 비례한다. 예전에는 높은 수준의

교육이 엘리트 지위의 객관적인 표시로 인식되었고 중간 정도의 교육은 명망 있는 중간계급의 지위의 표시로서 인식되었다. 일정한 수준의 교육을 받은 사람의 공급 증가로 인하여 우월한 것으로 인정되는 교육 수준은 더 높아졌으며 이전의 우수한 수준이 일반적인 것이 되었다(R. Collins, 1977: 131).

이러한 학력 인플레이션 과정은 다음 장의 주된 내용이 될 것이다. 이를 위해서는 먼저 지위문화, 특히 문명화의 아비투스가 부르디외와 그의 '문화적 자본' 개념을 통해서 교육적으로 작용하는 방식에 관해 보다 자세하게 살펴볼 필요가 있다.

부르디외와 문화적 자본

이번 장에서는 지금까지 근대사회의 교육제도 발달과 국가 형성과의 관련성을 살펴보았으며 아울러 다양한 종류의 교육제도의 분배가 다양한 '지위'와 관계가 있다는 것을 다루었다. 이 과정에서 계급과 지위의 관계에 관한 문제가 제기되었는데, 이들 두 가지를 함께 다루는 것이 가능하게 되었던 것은 프랑스의 저명한 사회학자 부르디외(Bourdieu) 때문이었다. 칼훈(Calhoun) 등은 "베버에 의해 단호하게 구분된 계급과 지위가 부르디외에 의해서 서로 연결되었다"(Calhoun et al., 1993: 5)고 지적한다. 부르디외는 이 작업을 '경제적' 자본과 '문화적' 자본의 관계를 드러내는 방식으로 수행했다. 즉, 그는 '사심 없음' —문명화를 위한 교육 그리고 지위와 연관된 자질—과 경제적 자본에 속한 분명한 이해 사이의 관계를 분석하고자 했다. 그에 따르면, 문화적 자본은 경제적 자본의 '변형' 이며 경제적 자본과 독립적인 사회현상으로 이해될 수 없다. 따라서 '자본' 의 모든 유형은 보다 일반적인 교환이론 안에서 다루어질 필요가 있다.

> 경제적 자본이 다른 모든 자본의 뿌리라는 점과 경제적 자본이 변형되고 위장된 형태의 자본—정의로만 결코 환원될 수 없는—의 근원과 (최종적인) 효과가 경제적 자본이라는 사실을 은폐—특히 자본의 소유주로부터—하는 정도에 한해 가장 특별한 효과를 생산한다는 점을 동시에 지적해야 한다.

부르디외의 작업은 복잡하고 광범위하다. 그는 근본적인 이론적 문제들에 관심이 있었다. 그는 구조와 행위 사이의 관계를 아비투스 이론을 중심으로 해결하고자 했다. 그리고 다양한 문제와 영역을 다루었다. 그는 원래 인류학자로서 훈련되었으며 초기 연구들은 구조주의적 관점에 근거했다. 그러나 그는 구조주의적 접근—예를 들어, 레비-스트로스(Lévi-Strauss)와 알튀세의 연구—이 인간 행위의 개념을 무력하게 했다는 점 때문에 만족스럽지 않았다. 그는 당시 사회의 문화, 취향 그리고 교육으로 자신의 관심을 옮겼으며 이는 이론적 문제와 관련되었다. 그는 핵심 개념을 객관주의(예, 구조주의)와 주관주의(예, 현상학), 거시와 미시, 구조와 행위의 이분법에 의해 전통적으로 구분된 연구 영역과 수준을 단일의 분석틀과 방법—관계적 모델—으로 함께 다루고자 노력했다.

경제이론에서 인정하는 오직 한 형태의 자본이 아니라 다른 모든 형태의 자본을 다시 소개하지 않는다면, 사회세계의 구조와 기능을 설명하기란 사실상 불가능하다. 경제이론은 자본주의의 역사적 발명품인 실천경제에 대한 정의에 그것들을 살짝 포함시켜 왔다. (경제이론은) 교환의 영역을 객관적으로나 주관적으로 이윤의 극대화, 즉 (경제적으로) 자기 이익을 목표로 하는 상업적 교환으로 축소함으로써 다른 형태의 교환들은 비경제적이고 따라서 사심 없는 것으로 암묵적으로 정의했다. 특히 가장 물질적 형태의 자본—물질적 의미로 경제적 자본—이 비물질적인 문화적 자본과 사회적 자본의 형태로 스스로를 드러내도록 하는 (그리고 그 역으로) 실체변화(transubstantiation)를 가능하게 하는 이러한 교환 형태를 이해관계와 무관한 것으로 정의한다. 경제이론에서 부여한 제한된 의미에서의 이해란 그것의 부정적 반대 개념인 무사심(無私心, disinterested)을 다루지 않고서 논의될 수 없다. 금전적 이윤을 극대화하는 것을 구체적 목적으로 하는 경제적 실천은 아무런 목적 없는 문화적 또는 예술적 실천 그리고 그러한 실천의 산물을 다루지 않고서는 정의될 수 없다. 이중 정리된 장부를 지닌 부르주아의 세계는 순수하고 완벽한 예술과 지적 활동 그리고 예술 그 자체를 위한 예술이나 순수이론과 같이 보수를 바라지 않는 활동 없이는 생겨날 수 없다. 다시 말해, 상업적 관계에 대한 과학은 사유재산, 이윤, 임노동 등에 대한 분석을 요청하는 기본 명령을 당연한 것으로 생각하기 때문에 경제적 생산의 장에 관한 과학이라 볼 수 없다. 뿐만 아니라 상업적 교환을 모든 교환 형태 중에서 하나의 특별한 교환으로 다루는 실천 경제의 일반 과학 성립을 가로막았다(Bourdieu, 1997: 46-47).

부르디외의 출발점은 경제학이 '교환들(exchanges)'을 '상업적(mercantile)'인 의미, 즉 이윤을 위한 금전적 교환으로 협소하게 제한하여 관례적으로 이해하고 있다는 점이다. 그는 상업적 교환은 금전적 형태뿐만 아니라 사회적 그리고 상징적 형태를 포함한 다양한 '교환들'의 단지 한 측면으로 간주되어야 한다는 것을 주장했다. 예컨대 교환에는 친척에 대한 의무, 선물 교환, 낯선 이들 사이 일상적 예절과 같은 사회적 호혜성 등의 교환이 포함될 것이다. 모든 교환은 순서의 원칙과 위계구조 그리고 권력관계를 수반한다. 교환은 전유(專有)와 등가(等價)에 관한 기대와 관계된다. 우리는 매우 값비싼 선물에 대해 아주 별 볼일 없는 선물을 받게 되면 마음이 상하거나 당황할 수 있다. 이들 서로 다른 교환의 종류는 비록 다른 체제에서 작동해도 각각에 알맞은 '변형'으로 다루어져야 한다. 부르디외가 제안한 보다 확장된 경제 '과학'의 중심 과제는 다른 형태의 '자본'이 한 유형에서 다른 유형의 자본으로 '실체변화(transubstantiation)'를 경험하는 과정을 분석하는 일이다.

경제학을 상업적 교환으로 제한한 결과 그 영역에 적용되는 원칙은 다른 유형의 교환을 다루지 않는다는 그릇된 인상을 낳았다. 이것의 가장 중대한 효과는 예술, 문화 그리고 학습을 순수하게 금전적 거래를 의미하는 알선이나 사심 있는 것과는 관계가 없는 것으로 생각하게 만들었다는 점이다. 따라서 그들은 자신 이외의 다른 이해에 봉사하지 않으며 오직 '진리'나 '미' 등과 같이 자신에 내재적 원리에만 봉사하는 것으로 간주된다. 또한 이러한 제도들은 이기적인 물질주의의 해악으로부터 자유롭고 순수하고 신성한 영역으로 간주된다. 예술가는 예술 그 자체를 위해 예술을 하고 학자는 오직 진리 그 자체를 위하여 지식을 탐구한다. 이들 영역들은 천하고 비열한 목적을 추구하기보다는 가치와 관련이 있으며 본래 가치 있는 것을 추구하는 것으로 인식된다. 예술과 지식은 그 자체가 목적이다. 따라서 목적을 위해 단지 수단인 것과 본래적 가치를 지닌 것 사이의 구분이 일어난다. 교육적으로 이러한 구별은 직업교육/훈련과 '문명화를 위한 교육' 으로 나타난다. 무사심은 '신성한' 영역의 표시다. 부르디외에 따르면, 문화적 생산의 장은 "변환된 경제적 세계" 다(Bourdieu, 1993: 29). 그러나 문화적 자본과 경제적 자본이 근본적으로 단절된 것이 아니라 내적으로 관련된 것으로 이들 자본의 관계를 재구성할 때 진정으로 문화적 장과 교육적 장의 작동을 이해할 수 있다. 이러한 작업에서의 관건은 다양한 자본 유형의 축적과 동원 그리고 자본을 연결하는 실체변화 과정에서 담당하는 자본의 역할을 이해하는 것이다. 부르디외는 부를 의미하는 경제적 자본에 더하여 '사회적' 자본과 '문화적' 자본도 정의한다.

사회적 자본은 본래 사회적 연결망(networks)이나 결합(connections)과 관련이 있다(Bourdieu, 1997: 51–53). 사회적 자본은 "끊임없이 확인하고 재확인함으로써 인정받는 안정적인 일련의 교환, 즉 사교성(sociability)의 쉼 없는 노력" 을 요구한다. 인정은 사회적 자본에서 중심이다. 왜냐하면 사회적 자본은 본래 구성원, 즉 집단과 관계되기 때문이다. 이런 점에서 사회적 자본은 제도적(institutional) 형태를 가정한다. 이것은 시간을 넘어 유지되며(확대된 친족 연결망처럼) 공간적으로는 극단적으로 확장될 수 있다. 구성원 그리고 호혜적 기대와 관련된 의무적 만남은 개인이 동원할 수 있는 '신용' 의 일종이다. 사회적 자본이 집합적 특성을 갖는다는 점을 아는 것은 중요하다. 집단이 자본의 저장소이고 구성원은 사회적 자본을 유지하고 축적하기 위하여 공동의 이해와 의무를 갖는다. 교육과 관련하여 특별히 중요한 자본은 '문화적' 자본이다.

부르디외는 문화적 자본을 "체화된 자본" "객관화된 자본" "제도화된 자본"의 세 종류로 구분했다(Bourdieu, 1997: 47). 객관화된 형태의 문화적 자본은 책, 그림, 문서 그리고 악기 등과 같이 물질적 대상이나 미디어의 형태를 띤다. 그러나 이와 같이 순수하게 물질적인 형태에는 결정적으로 중요한 요소가 결여되어 있다. 개인들로 하여금 적절한 방식으로 그림이나 영화를 '이해'할 수 있도록 하고, 책을 '읽도록' 하며, 음악을 '듣도록' 하는 요소가 빠져 있는 것이다. 문화적 자본은 개인들로 하여금 객관화된 형태의 문화적 자본이 문화적 장을 통제하는 지배 원리에 따라 분류되는 '코드를 해석'하도록 하는 가치를 지닌다. 이같이 계급에 근거한 성향은 문화적 자본의 '체화된' 형태에 근거한다. 본질적으로 아비투스는 가정에서 결정되며 문화적 자본의 주요 형태인 '제도화된' 교육의 장에서 표현되고 승인된다.

부르디외는 체화된 문화적 자본을 "외적인 부(富)가 개인의 구성요소, 즉 아비투스로 변환된 것"이라고 설명한다. 결정적으로 이 자본의 획득, 즉 아비투스의 형성은 오랜 시간에 걸쳐 일어난다. 이는 베버와 뒤르켐이 자아의 변형이라 기술한 것과 같이 자아에서 일어난 '일'의 일종이다. 뿐만 아니라 장기적 투자로 간주될 수 있다. 부르디외가 이 자본이 가정의 일차적 아비투스(조기 가정교육)로 다루어져야 하며 '학문 시장의 요구와는 거리가 있다'는 점을 강조하였음에도 불구하고 기본적으로 교육 이수 연한으로 측정된다. 그리고 이것이 교육의 과정을 통한 형식적 수업과 관련이 있지만 체화된 문화적 자본의 가장 중요한 특징은 그것이 암묵적으로 획득되며 그 모습이 너무 '자연스럽다' 는 점이다. 형식적 수업은 그 자체로 획득이 일어나는 매개체다. 그것은 가르쳐지는 내용이 아니라 분류하고 선정하는 내재된 암묵적 원리다. '학문 시장의 요구' 로부터 가장 멀리 떨어져 있기 때문에 아무리 많은 형식적 수업도 교육의 과정 내면의 암묵적 코드를 동화시키는 데 필요한 성향의 기본적 부족을 보상할 수 없을 것이다.

경제적 자본은 문화적 자본으로 변환된다. 경제적 자본을 많이 가지고 있을수록 차별적 아비투스가 획득되는 장기적인 교육과정을 통하여 자녀들을 지원할 수 있기 때문이다. 이미 가정의 일차적 아비투스로 저장된 문화적 자본은 상층계급의 자녀들에게 그들의 능력을 먼저 개발할 수 있도록 제공한다. 이것은 그들의 '재능' 이 전적으로 자연스럽게 드러나기 때문이다. 그들의 학습능력은 가정이나 주변 문화의 산물이기보다는 선천적인 자질로 간주된다. 경제적 자본이 아비투스를 거쳐 문화적 자본으로 변형됨으로써 사실은 경제적 이점을 '자연스러운 것' 처럼 생각하게 하여 문화적 자본의 기초로서 경제적 장의 우선성을 속일 뿐만 아니라 경제의 천박한 유물론에 반대하는 원리를 주장하게 함으로써 그러한 변형이 일어나는 것을 속인다. 이런 식으로 교육은 사회의 경제적 관계를 정확하게 재생산한다. 교육은 이러한 관계와는 가장 거리가 먼 것처럼 그리고 그 자체를 문명화된 형태로 보이게 한다. 부르디외와 파세롱에 따르면, "교육학적 보수주의는 정치학적 보수주의와 최선의 동맹관계에 있다." (Bourdieu and Passeron, 1977: 198)

문화적 자본의 실제

웰즈와 세르나(Wells and Serna, 1997)는 다양한 인종이 섞여 있는 미국 학교에서 능력별 학급편성에 대한 저항을 분석했는데, 이때 부르디외의 개념을 사용했다. 특히 이들은 지방 엘리트들이 자기의 관점을 일반적으로 수용 가능한 단순한 '상식' 으로 만들 때 자신들의 이점을 효과적으로 숨기는 "권리자격의 이데올로기"가 작동하는 방식에 관심을 두었다. 그들은 지방 엘리트들의 방식을 다음과 같이 정리한다.

> 엘리트들은 권력 유지를 위해 자신들의 문화적 자본을 사용해야 하고 이를 위해서는 취향의 치밀함 – 예를 들어, 기능에 관련한 형태 또는 문제에 대한 매너 – 을 강조해야 한다. 부르디외는 교육제도에서 학생들이 종종 자신들의 취향과 그러한 취향을 형성하는 문화적 지식에 가치를 부여한다고 주장한다. 예컨대 가족 휴가철에 다른 도시, 나라, 지역을 여행할 기회를 갖는 엘리트 가정 출신 학생들은 종종 다른 학생들에 비해 더욱 '지적' 으로 인식된다. 왜냐하면 그들이 여행을 통해 얻은 지식은 학교에서 가치 있는 것으로 반영되기 때문이다. 높은 지위 엘리트 학생의 취향은 교육제도에서 가치 있는 지식으로 간주되는 반면, 다른 학생들의 취향과 지식은 가치 절하된다. 이런 방식으로 높은 지위문화가 사회적으로 '지적' 인 것으로 구성된다. 엘리트들은 특권 지위가 자신들의 능력에 근거한다는 주장을 정당화하기 위하여 이러한 사실을 은폐해야 하는 애매한 관계에 있다(Wells and Serna, 1997: 720).

미국에서 능력별 학급편성의 폐지가 쟁점이 되는 이유는 그것이 인종과 관련되기 때문이다. 웰즈와 세르나는 거의 예외 없이 백인과 아시아계 학생은 상위 트랙에, 흑인과 라틴계 학생은 하위 트랙에 배치된다고 주장한다. 능력별 학급편성은 인종에 따라 학교교육을 재분리하는 데 효과적이다. 엘리트 부모들은 자신들의 경제적 이익을 문화적 자본으로 변형하는 방식으로 자녀들의 교육적 이익을 유지하고자 할 것이다. 교육에서 경제적 자본과 문화적 자본의 관계는 "특권을 드러내고 은폐한다."(Wells and Serna, 1997: 723) 엘리트 출신 학생들은 자신들의 문화적 자본 때문에 교육적 이점을 갖는다. 그러나 공식적인 교육 이데올로기는 그러한 이점을 '자연적'인 것으로 간주하고 그러한 이점이 궁극적으로는 경제적 자본 때문이 아니라 타고난 능력의 결과라고 주장한다. 따라서 능력별 학급편성의 옹호와 '뛰어난 재능을 가진 학생'을 위한 별도 과정의 유지는 학교에서 암암리에 인정받는 취향을 지닌 특권 학생들을 위한 것이기보다는 모든 배경의 아동을 위한 준비의 옹호로 보일 수 있다.

레이(Reay)는 런던의 도심 지역에 있는 사회적으로 대비되는 두 곳의 초등학교를 대상으로 연구를 실시했다. 이 연구에서 그녀의 관심은 중간계급 가족이 자신들의 사회적 이점을 지속적으로 담보하기 위해 일련의 자원을 동원하여 학교에 압력을 행사하기 위해 문화적 자본을 활용하는 방식이었다. 영국에서 능력별 학급편성은 쟁점이 되지 않는데, 대부분의 초등학교가 이질적인 학급편성을 하고 있기 때문이다. 따라서 중간계급의 관심은 학교가 지역의 종합중등학교(또는 보통학교)보다 선발형 학문 중심 중등학교에 진학할 수 있도록 충분한 노력을 자녀들에게 제공하느냐에 있다. 더불어 그녀는 또 다른 중요 쟁점을 강조하고 있다. 점증하는 경쟁적 교육시장에서 '카리스마적' 자질이 순수하게 학문적 자질과 함께 더욱 중시되고 있다는 점이다. 이러한 자질은 아동의 인성을 개발하는 음악, 연극, 무용 수업과 같은 교과 이외의 특별활동이나 '차별화된 내용(refinements)'과 관련이 있다. 부모들의 관심은 고용주들이 점차 형식적 자격증에 더하여 이력서와 자기표현에서 점점 강조되는 '연성 기술(soft skill)'에 관심을 갖고 있다. 이것은 콜린스가 언급한 교육팽창 상황에서 학위가 평가 절하되는 경향의 결과다. 학위를 취득하고자 하는 사람이 많으면 많을수록 부수적인 요인들이 바람직한 사회적 특성을 갖춘 사람을 구별하기 위한 방법으로 작용하게 된다. 레이의 예에서 중간계급 가정은 자녀를 위하여 부수적인 활동과 함께 추가적인 개인 과외를 위해 더 많은 시간과 돈을 지불한다. 레이는 이러한 활동의 성별화된 특징에 관심이 있었다. 이 활동은 주로 어머니의 일이었다. "일부 중간계급은 [그런 활동에] 주당 100파운드를 지출했다. 이 액수는 같은 시간에 노동계급의 홀어머니가 자신과 아이들을 부양하기 위해 벌어들인 것보다 많았다." (Reay, 1998: 201) 레이는 이것을 성별화되고 집합적인 계급행동의 한 형태로 기술했다.

> 역사적으로 집합적 계급행동은 거의 언제나 노동계급과 관련이 있다. 그러나 교육적 장에서의 효과적 계급행동은 언제나 중간계급의 몫이라는 점이 아이러니다. 나는 사회적으로 특권계급의 개인주의적이고 이기적인 활동이 특별한 계급행동의 유형이며 강력하게 성별화되었다는 점을 덧붙여야 함을 주장할 것이다. 동일한 방식으로 행동하는 아주 개인화된 중간계급 여성집단의 활동은 보다 좋은 노동조건을 목적으로

하는 노동계급 남성의 집합적 행동과 다름없이 계급행동을 구성한다 (Reay, 1998: 207).

레이가 묘사한 전략은 경제적, 문화적 자원의 광범위한 동원의 일부로 간주될 수 있다. 중간계급 가정은 기본적인 교육기회를 제공하기 위하여 정부가 운영하는 지역의 공립초등학교에 자녀를 보내고자 한다. 이때 그들은 가정의 일차적 문화적 자본의 도움을 받는 추가적 과외와 교과 이외의 특별활동을 통해 보강한다. 확실히 학업성취도검사(Scholastic Aptitude Test: SAT) 결과와 학교 순위표에 의해 지배되는 교육시장에서 교육의 결과와 이들 학교 밖 특별활동의 공헌을 분리하는 것은 불가능하다. 이러한 사실은 자신들이 중시하는 학교 순위표와 교육방식을 가진 일부 사람들을 조롱거리로 만들었다. 우리는 특정 학교의 성공이 학교 때문인지 아니면 대다수 학생들이 받은 개인 과외 때문인지를 결코 알 수 없다. 그런 가정을 위해 중요한 질문은 단순히 자녀를 사립학교로 전학시키는 것이 돈과 시간이 덜 드는가 하는 점이다. 두 연구 모두 자본의 형태와 계급, 성, 민족성이 복잡하게 얽혀 있음을 밝히고 있다.

문화적 자본, 계급, 지위

부르디외 이론과 그 개념들의 배치는 사물이 그들의 실제 기원과 목적 그리고 형태를 체계적으로 은폐하는 양식으로 계속적으로 변환하는 실체변화의 복잡한 순환과정의 윤곽을 그릴 수 있게 한다. 교육과 문화의 장에서 지배집단의 취향은 독립적인 '진리' 와 '미'

의 가치로 변환된다. 그리고 이들 각 장에서 확연하게 중립적이고 자율적인 대행자들에 의해 신성시된다. 실제로 단지 문화적으로 자의적인 것이 내적 진리이거나 필연성이기 때문에 보편적인 것으로 재현되고 사회적으로 획득된 것이 인간의 내적 자질로 다루어진다. 아비투스의 전수가 문화적 자본을 통하여 효과적으로 이루어짐으로써 문명화의 교육 이데올로기는 경제적 계급관계를 재생산한다.

이런 식으로 부르디외는 계급과 지위가 직접적인 관계를 맺도록 한다. 그러나 환원론적 접근처럼 단순하게 어느 한쪽의 반영이 아니다. 대신에 계급과 지위는 서로 번갈아 제도적, 문화적 그리고 이데올로기적 거리를 두면서 그 관계를 유지한다. 교육과 문화의 장은 이익보다는 '진리'와 '미'처럼 내적 원리에 기초한 상대적 자율성을 이룰 수 있다. 그리고 각 장 안에 내재하는 가능성의 현실화를 통해 복잡한 모습으로 진화한다. 교육과 문화의 장은 확실히 계급관계를 재생산하는 역할에서 효과적인데, 각 장들이 계급관계의 재생산 역할과 아무런 관계가 없는 것으로 보일 정도다. 이들 장의 핵심적 대행자—부르디외는 이들을 지배집단에 종속된 집단들의 분파로 정의한다—는 스스로를 어떤 식으로든 계급 재생산에 연루된 것으로 보지 않는다. 대신에 계급관계와 이익에 온전히 독립적인—학자적 객관성을 주장하는 것처럼—진리의 생산자로 스스로를 바라본다.

요약하면 다음과 같다. 자본 형태의 실체 변화과정은 물질적, 경제적 생산의 장으로부터 교육이나 문화와 같은 상징적 생산의 장을 제도적·문화적·이데올로기적으로 거리두기를 가능하게 한다. 그렇게 함으로써 각 장은 나름의 원리와 이해에 따라 자율적으로 움직이는 것이 가능하게 되는데, 이는 모든 장이 장과 관련된 고유한 위치 구조 그리고 전략과 궤적 등에 있어서 객관적 가능성으로 내재하는 위치의 전개를 통해 현실화된다. 부르디외는 『문화적 생산의 장(*The Field of Cultural Production*)』에서 다음과 같이 말하고 있다.

> 문학이나 예술적 위치잡음의 공간, 즉 장과 연관된 사회적 행위자들 표현(manifestation)의 구조화된 형태—문학 작품과 예술 작품, 정치적 행동 또는 견해, 선언과 논쟁 등—는 문학이나 예술적 위치의 공간으로부터 분리될 수 없다. 그런데 이러한 위치는 특정 자본(승인)의 제한된 양을 소유함으로써, 동시에 특정 자본의 분배구조에서 제한된 위치를 점유함으로써 정의된다. 문학과 예술의 장은 힘의 장이지만 이러한 힘의 장을 변형하고 유지하고자 하는 투쟁의 장이기도 하다. 각 위치들 사이의 객관적 관계의 연결망은 각 위치의 점유자들이 자신들의 위치(즉, 위치잡음)를 지키고 개선하기 위해 투쟁에 사용하는 전략과 행위자들이 자신들의 힘과 형태를 위해 권력관계 내 점유하는 위치에 의존하는 전략을 갈음하고 방향을 정한다(Bourdieu, 1993: 30).

쉽지 않다! 보다 명쾌한 이해는 부르디외가 주요 문제를 다룬 기본 원리, 즉 그의 이론 유형을 살펴봄으로써 가능할 것이다. 앞서 논의한 것을 살펴보면 그것은 문화적 생산의 장(교육적 장의 모델에서와 같이)의 관계적 모델이다. 장에서의 어떤 위치—예를 들어, 소설이나 회화 유형, 학교나 코스의 유형 또는 요리나 실내장식 유형—는 장의 다른 위치들과의 관계성에 의해서만 의미를 갖는다. 예를 들어, 부르디외에 따르면, "금전적 이익을 극대화하려는 확실한 목적을 가진 계급의 실천은 별다른 목적이 없는 문화적 또는 예술적 실천과 그 산물이 생산되지 않으면 정의될 수 없다. 즉, 이중 회계장부와 같은 부르주아 남성의 세계는 순수하고 완벽한 예술명인이나 지식인, 그리고 예술 그 자체 또는 순수이론과 같이 금전적인 것과 무관한 활동 없이는 가능하지 않다." (Bourdieu, 1997: 46-47) 하나가 오직 다른 것을 전제하며 그것과의 관계를 통해서만 이해될 수 있다. 이렇게 다른 것들이 주변에 둘러 있기 위해서는 어떤 위치도 그 내재된 어떤 속성—예를 들어, 이것이 참되거나 아름답다처럼—때문에 의미를 갖지 않는다. 이러한 주장의 문제를 부르디외의 『문화적 생산의 장』을 편집한 존슨(Johnson)은 편집자 서문에서 다음과 같이 말하고 있다.

> 문학의 장, 특별히 비평의 장에서 중요한 것은 여러 가지 중에서 문학 작품에 대한 정당한 정의를 결정할 권위다. 그리고 이를 확대하여 문학적 정전(正典)의 형태를 보장받는 작업을 정의할 권위다. 그러한 정의는 긍정적 혹은 부정적이기도 하다. 왜냐하면 그것은 특정한 문학적 가치를 선택하기도 혹은 다른 것은 배제하기도 하기 때문이다. 보편적인 가치를 지니고 있는 문화적 유산이나 전통인 것처럼 정전으로 선택되면 그것은 '상징적 폭력(symbolic violence)'을 행사하게 한다. 부르디외가 정의한 것처럼 정전은 그것을 생산하고 방어하는 이들의 정당성이 계속해서 재생산되도록 하는 데 부분적으로 기여하는 기층 권력관계를 오인(誤認)함으로써 그 정당성을 획득하게 된다(Johnson in Bourdieu, 1993: 20).

이러한 부르디외의 접근방법은 만하임(Mannheim)이 진리 주장의 '폭로하기'(제6장 참고)라고 지칭한 것이 확장된 것으로 이해할 수 있다. 다양한 종류의 진리 주장은 사실 특정 집단의 관점을 표현한 것이고 나아가 다른 사람들의 이해에 반대하고 자기집단의 이해에 봉사한다는 것을 예증함으로써 '해체되게' 된다. 일단의 마르크스주의자들은 이러한 분석을 통해 학교지식이 '부르주아적'이고 자본주의의 이해에 봉사한다는 것을 밝혔고, 페미니스트들은 남성 중심적이며 남성의 이해에 봉사한다는 것을 밝혔다. 교육 또는 문화적 장에서의 관계는 참된 것으로 고차원적 가치를 지닌—겉모습으로—것으로 공식적으로 나타나지만 그러한 주장이 권력관계를 모호하게—잘못 인식하게—한다.

부르디외는 계급과 지위를 재통합하는 과제를 달성한 것으로 보인다. 그는 지위가 교육적 문명화의 구별짓기와 관련하여 어느 정도의 자율성을 유지할 수 있다고 보았다. 지위는 단순히 계급으로 환원되지 않는다. 그러나 상징적 장의 관계를 지배하는 궁극적 원리는 여전히 경제적 장의 것 그대로다. 비록 거리가 있으며 그 반대의 논리도 있지만, 상징적 장의 논리는 경제적 생산 장의 논리와 상동적(homologic)이다(Alexander, 1995). 우리는 앞서 교육적 장의 관계적 위치구조와 교육적 장에 객관적으로 내재한 가능성을 기술하였으며 이것은 경제적 장과 계급관계의 실체변화에 지나지 않는 것으로 이해했다. 이제 그것에 대해 더 이상 말할 것이 없다—지식 자체의 관점에서 아무것도 아니다.

알렉산더의 지적처럼 '상동' 원리는 각 장을 '사회제도의 소우주'로 나타낸다(Alexander, 1995: 160). 지식은 지배집단 취향의 변환이자 학문적 정화다. 상징적 장은 자율화되는 정도에 따라 자체의 내재적 원리를 갖는다. 그러나 상징적 장은 스스로 고유한 원리를 갖지 않는다. 왜냐하면 상징적 생산(예, 지식이나 심미적인 것)의 장소로서 그들 자신의 특수성에 따라 그 자체가 본래 상징적 장에 속한다는 점에서 그러하다. 우리는 지식 자체만을 참고해서는 교육적 장의 지식관계를 이해할 수 없다. 오직 경제적 장에 근거한 권력관계를 통해서만 이해할 수 있다. 이러한 권력관계는 교육의 장에서 구체화되는데, 그것은 계급에 따라 분배되는 문화적 자본의 차별적 효과와 학교를 통해 보다 정교화된 이차적 아비투스를 통해서 일어난다. 이와 같이 권력관계를 형성하고 아동의 능력에 영향을 미치는 것은 인식론이 아니라 문화다.

그러나 문화적 장과 그 특징적 원리와 자본주의와의 관계는 상동적이 아니라 비대칭인 것이라 할 수 있다. 이들 장은 철학적 정전의 장처럼 천 년 이상 이어 온 그 자신의 역사를 갖는다. 그리고 역동적인 다양한 사회에서의 급진적 변화에도 불구하고 계속성을 유지하는 가치, 절차, 위치 그리고 문제를 포함한다. 관계적 이론의 문제는 제도가 변화하면 모든 것이 변화한다는 점이다—모든 위치와 그들의 관계는 가치를 바꾼다. 새로운 제도의 상태와 그 제도 안의 지위의 상대적 가치는 이전과 근본적으로 단절되지만, 모든 것이 변화하는 것은 아니다. 우리는 자본주의 시대에 생산된 문학이 이전 시대의 것, 예를 들어 서구 정전에서 셰익스피어의 변함없는 위치와 고전에 미치는 영향에 대해 계속해서 기본적으로 존경을 표하는 것을 알 수 있다. 동시에 장은 반응하는 변형이 어떤 것이든 독립하여 내적으로 변형할 수 있다. 장은 그 자신의 논리를 가지고 있으며 이러한 논리는 부르디외가 설명한 사회적 개연성이나 위치지움(positioning)과 독립된 궤적을 그린다. 예를 들면, 수학이라는 학문의 장의 발전은 문제 장으로서 장 그 자체의 결정적 조건에 대한 반응이지, 단순히 경제적 장에서의 변화로 인한 실체 변화를 전략적으로 매개하지 않는다. 따라서 장들 사이의 관계가 상동적이기보다는 오히려 비대칭적이라는 점이 중요하다. 즉, 제도의 변화에도 불구하고 장은 지속되며 반대로 제도가 지속되는 동안에도 장이 변화한다.

여기에서 중요한 근본 문제는 성격상 인식론적이며 이는 제6장의 주된 내용이 될 것이다. 지식을 포함한 상징적 재화의 생산은 물적 재화의 생산과 마찬가지로 특수한 생산관계에 기초한다. 이러한 사실은 교육과 관련하여 재생산을 다루는 데 중요한 의미를 갖는다. 왜냐하면 ① 이것은 단지 확장된 내적 속성이 아니라 본질적인 자율성의 원리를 제공하기 때문이며 ② 학생들과 교사들이 단순히 자본의 변형된 형태가 아니라 지식 그 자체와 상호작용하기 때문이다. 아비투스의 개념은 제5장에서 뒤르켐과 그의 생성적 지식이론에서 다시 다루게 될 것이다. 아울러 부르디외의 관계적 모델과 다양한 환원론적 관점을 대비함으로써 그 의미를 살피게 될 것이다.

정 리

이 장에서는 국가 형성과 대중교육제도 발달과의 관계를 다루었다. 앞에서 이러한 논의가 경제제도와 관련짓는 접근의 대안이라기보다는 보완적인 것으로 받아들여져야 한다고 기술했다. 따라서 민족국가와 경제 발달과의 관련성이 논의의 핵심이었다. 본질적으로 양자가 얼마나 결정적으로 연결되어 있는가, 예를 들어 경제 발달은 국가 발전을 추동하는가 그리고 이들의 관계에는 어느 정도 불확정성과 비대칭성이 있는가? 국가 발전의 상태는 매우 독특한 교육 유형(문명화 또는 교양)을 도입하고 촉진하는 것으로 받아들여질 수 있다. 그리고 이것은 중간계급 내 주요한 사회분화와 관련이 있었으며 여전히 그렇다. 중간계급은 자신의 지위에 따라 특정한 유형의 교육을 소유할 수 있는 중요한 계급 분파를 구성하고 있다. 특별히 이러한 집단은 그것의 특정한 지위(status)로 정의할 수 있다. 지위는 기본적으로 문화적 속성을 통하여 표현되는 특정한 생활양식과 관련이 있다. 부르디외는 이러한 문화의 '차이'를 경제적 관계의 상징적 변형으로 설명한다. 이렇게 부르디외는 궁극적으로 경제적 장을 지적인 장과 문화적 장과 연결하고자 했다. 그러나 이러한 논의는 경제적 장과의 관계에서 중요한 비대칭성을 설명하는 데 실패했으며 이것이 부르디외 모델을 '관계적' 성격으로 되돌아가게 한 문제였다. 이러한 비대칭성은 지적인 장이나 사회적 행위자들을 위한 자율성의 가능한 원천으로 지적되기도 한다. 왜냐하면 더욱 적절한 이론화의 요구가 있기는 하지만, 비대칭성이 지적인 장이나 문화적 장과 경제적 장 사이의 독립성을 더욱 잘 유지할 것이라는 주장 때문이다.

보다 실질적으로 우리들의 관심을 경제제도로부터 국가 형성으로 돌리는 것은 다음 두 가지 사항을 논의하는 데 유익하다. ① 교육제도의 출현 시기, ② 교육제도가 국가제도로 통합되면서 어떠한 '변이' 가 얼마나 발생했는가 등과 같이 국가교육제도 사이의 주요 차이가 그것이다. 산업주의와 자본주의의 '논리' 와 반대로 국가 형성과 관련하여 근대국가제도의 출현은 경제변화의 '새로운' 문제에만 관련되지 않았다. 중국 문인계층의 예가 시사한 것처럼 일부는 매우 오래된—또는 특정 국가에는 고유한—것이었다. 서구에서 근대교육제도의 발달과 경제변화 그리고 국가 형성과의 관계를 다룸에 있어서 우리가 주목한 것은 중앙과 지방 권력들 사이의 관계를 규정하였던 '오래된' 문제가 산업화와 근대성이라는 '새로운' 문제를 통하여 어떻게 굴절되었느냐는 점이다. 게다가 국가는 시대에 따라 변화한다. 19세기는 명백히 민족국가의 시대였다. 이는 민족, 경제, 국가가 지리적으로 경계지어졌으며 상대적으로 문화 면에서 동질적인 영토 안에서 함께 했음을 의미한다. 19세기와 20세기의 국가는 큰 차이가 있었으며 21세기 전 지구적 경제에서 서구국가와 산업화되고 있는 국가, 산업화된 국가들 사이에도 현저한 차이가 존재한다.

제4장

교육변화

제4장

교육변화

앞의 세 장에서는 교육과 관련된 사회적 차이의 주요 패턴들, 예를 들어 경제 발전 논리와 계급구조, 국가 형성, 지위와 교육계층화를 교육제도의 내적인 교육의 과정에 비추어 다루었다. 이번 장에서는 교육변화의 역동성을 살펴본다. 특히 진화하는 지위 체계에서 사회적 차이의 유형이 구조화되는 방식과 사회적 차이에 따라 참여율과 성취 수준에서의 차이가 어떻게 나타나는가를 살펴본다. 아울러 이론적 관점들을 종합하고 통합된 연구 프로그램을 발전시킬 수 있는 방법을 모색한다. 예를 들어, 수많은 학교와 학급을 대상으로 실시된 소규모 질적 연구들은 진화하는 지위 체계의 한 '요소'로 어떻게 재구성될 수 있는가 그리고 그러한 교육변화의 역동성이 질적 연구 결과를 명료하게 하는 데 배경원리를 어떻게 제공할 수 있는가 하는 점을 살펴본다. 그러나 제1장에서 지적한 것처럼, 그렇게 하는 데에는 보다 중요한 인식론적 문제가 있는데, 그것은 제6장에서 다루게 될 것이다.

이 장에서는 다음의 세 가지 큰 주제들을 논의할 것이다.

- 첫째, 교육변화의 구조-역동성(structural-dynamic) 모델과 관련된 주제다. 특히 부동(Boudon)의 연구를 중심으로 다루어질 것이다. 부동의 분석 중에서 흥미로운 점은 제1장에서 다룬 중요한 문제—계급에 따른 교육성취 차이의 장기적 안정성—와 관련하여 설득력 있는 설명을 제공했다는 것이다. 따라서 다음 단계에서는 이러한 설명이 성 혁명의 반대 현상에도 적용될 수 있는지를 살펴보고자 한다. 구조-역동성 모델이 교육 및 사회적 차이 그리고 그 변화와의 관계를 이해하는 데 어떤 시사점과 가능성을 갖는가?
- 둘째, 학생 위치결정(positioning) 및 전략과 관련된 주제다. 특히 학생들의 위치가 교육에 의해 결정되는 방식—제1장에서 다룬 교육적 차이에 관한 내재적 구성주의 이론, 예를 들면 '학교 남성성' —보다는 학생들이 학교와의 관계에서 자신의 위치를 스스로 적극적으로 결정하는 방식을 분석한 연구를 다룬다. 이러한 위치결정은 교육이 학생의 사회적 기원과 결과 사이의 관계를 매개하는 과정을 통해서 일어나고, 보다 일반적인 구조-역동성 모델에 따른 일정한 조건과 방향 안에서 발생하며, 따라서 첫 번째 주제와 연결된다. 이 문제는 '내가 되고 싶은 사람이 되기 위해서 나와 같은 사람에게는 어떤 종류의 교육이 필요한가?' '이것은 가능한가?' '그것은 가치가 있는가?' '그 대안은 무

엇인가?'와 같은 방식으로 표현될 수 있다.

- 셋째, 다양한 집단—특정 지역사회에 거주하는 아동과 그들의 가족—과 학교제도와의 관계에 관한 주제다. 이것은 교육을 시장 원리에 따라 변화시키는 여러 나라의 움직임과 관련하여 특히 중요한 의미를 갖는다. 이런 상황에서 집단에 따라 자녀들이 다니게 될 학교를 효과적으로 선택하는 능력이 다르다는 것이 중요한 문제다.

이상의 세 가지 주제를 연결하는 것이 의사결정(decision-making)이다. 의사결정이란 ① 구조-역동성 맥락의 조건이자 사회적 열망이나 환경에 대한 적응의 집합 효과에 의해 일어나는 방식, ② 학생들이 그러한 조건하에서 교육과 관련하여 자신들의 위치를 적극적으로 결정하는 방식, ③ 가족과 집단이 거시적인 변화의 역동성 안에서 자신들의 제한된 기대와 자원을 바탕으로 교육을 대하는 방식을 말한다. 아울러 교육팽창, 학력주의화 그리고 학력 인플레이션과 같이 서로 연관된 일련의 핵심 과정들이 다루어질 것이다. 이들 주제들은 사회학적 관점이 적극적인 의사결정자로서 개인과 어떻게 조화로울 수 있는가 하는 문제를 내포한다. 실제로 이러한 문제는 신자유주주의 정책 때문에 교육이 시장으로 변화할 때 더욱 두드러진다.

브라운(P. Brown, 1987)은 자유주의 접근과 마르크스주의 접근 모두 공유하고 있는 내재적 접근의 중요한 결함을 다음과 같이 지적했다.

> 학교교육이란 계급 불평등이 교육성취의 차이로 전환되는 것 그리고 비현실적인 기대를 '냉각' 시키는 것에 불과하다는 교육적 차이화 과정으로 이해된다. [이러한 관점은] 또한 기능주의적이기도 하다. 왜냐하면 그들은 학교에서 일어나는 것들을 그들이 상정한 '사회' 를 위해 학교가 수행해야 하는 기능으로 해석하기 때문이다. 학생들의 의식이나 행동에는 별다른 관심을 기울이지 않는다. 그리고 이러한 접근은 현대 자본주의 사회에서의 학생과 교육자의 집단, 관계, 실천에 관한 연구를 위한 개념상의 여지조차 제공하지 않는다(P. Brown, 1987: 17).

여기서 관심을 두고 있는 '위치결정' 접근은 '학생들 자신의 의식과 행위' 그리고 의식, 행위, 제약 사이의 관계와 관련이 있다는 점에서 구별된다. 브라운의 연구는 다음에서 다시 살펴볼 것이다.

구조-역동성 모델

1970년대 다른 패러다임에 있었음에도 대서양 양쪽의 많은 저자들이 넓게 보면 유사한 교육변화의 구조-역동성 모델에 관한 이론들을 생산했다는 것은 흥미롭다. 대표적으로 미국의 콜린스(R. Collins, 1977, 1981), 프랑스의 부르디외와 파세롱(Bourdieu and Passeron, 1977), 부동(Boudon, 1977)이 그러하다. 이들 모델의 특징은 시간의 변화에 따라 변화하는 복잡하게 서로 얽혀 있는 위치, 관계, 기회 그리고 가능성 체계라는 관점에서 교육의 추이를 재구성하려는 시도다. 어떤 특별한 요소를 적절히 이해할 수 있도록 하는 것은 오직 전체 체계에 의해서다. 부르디외와 파세롱을 예로 들어 살펴보자.

> 사회학적으로 엄격하기 위해서 기회구조의 변화 분석은 전체로서 구조 변화에 대한 사회적 중요성을 고려해야 한다는 것을 전제로 한다. 극단적인 경우만 보더라도 고위 관리직 아들의 고등교육 접근 기회가 단지 1.6배 증가한 반면에, 같은 기간에 노동자 아들의 고등교육 접근 기회는 두 배 이상 증가했다. 그러나 매우 가능성이 낮은 비율이 두 배로 되는 것과 30배 이상 큰 가능성이 두 배로 되는 것의 사회적 의미와 사회적 효과가 동일하지 않다는 것은 분명하다. 서로 다른 사회계급들이 교육기회 구조에서 보인 상향 변환(upward translation)의 양인 수치 변화의 사회적 결과를 정확하게 평가하기 위해서는 …… 엄격히 말해서 가능성이 서로 다른 계급 안에서 행위자의 열망 체계의 중요한 변화를 일으킬 만한 기준점(thresholds)을 설정할 수 있어야 한다. 양적으로 다른 집합적 기회 비율의 수준은 그 자체가 질적으로 다른 경험의 표현이기 때문에 사회적 범주(계급)의 집합적 기회는 계급의 객관적 운명의 내면화 과정을 통하여 객관적 운명이 현실화되는 하나의 메커니즘을 만들어 낸다(Bourdieu and Passeron 1977: 224-226).

이것은 '전체로서 구조의 진화(evolution of the structure as a whole)' 과정에서 발생하는 서로 다른 다양한 성질의 단면이다.

- 각 집단의 변화 가능성은 그들이 출발하는 토대와 관련이 있다는 것이 관찰된다. 증가율은 보다 많이 대표되는 집단에서 더 작

을 것이고 상대적으로 과소 대표되는 집단에서 더 높은 증가율을 보이지만, 앞의 집단에서의 수치 증가가 여전히 더욱 클 것이다. 따라서 대학에서 집단에 따른 비례적 구성비를 보기 위하여 학생들의 출신 집단에 주목해야 한다.

- 제도의 낮은 수준에서 평등을 증진하기 위한 변화는 차이의 '상향 변환' 과정을 통해 높은 수준에서의 불평등을 보존하거나 심지어 증가시키는 것과 관련이 있을 수 있다. 이것이 바로 이전 장에서 언급된 콜린스(R. Collins)의 학력 디플레이션 과정이며 부동의 분석에서도 핵심적인 요소다. 이러한 현상의 시사점은 다음에 다시 다룰 것이다.
- 가능성의 양적 변화는 각 집단이 시대별로 구성비가 어느 정도였느냐에 따라 서로 다른 질적 효과를 갖는다. "고등교육으로의 접근을 공동으로 어떻게 느끼느냐—예컨대 불가능하다, 가능하다, 확실시된다, 보통이다, 진부한 미래다—에 따라 가족과 아동의 행동, 특히 학교에서의 행위와 교육성취가 다양해질 것이다. 왜냐하면 행동은 기대에 '합당한' 것에 의해 결정되는 경향이 있기 때문이다."(Bourdieu and Passeron, 1977: 226) 따라서 각 집단이 차이의 제도를 경험하는 방식은 바로 그 경험이 기회를 구체화하는 방식을 통해 그 차이를 재생산한다.

구조-역동성 모델은 ① 모델을 위치, 관계, 변화의 체계 속에 두고, ② 전체가 다양한 방법으로 부분에 영향을 미치는 것처럼 효과와 영향의 중층 결정되는 특성을 다루며, ③ 시간에 따른 양적, 질적 변화의 변형을 이해함으로써 특정한 위치, 관계, 변화를 관점으로 나타낸다.

이 분야에서 부동의 연구는 대단히 중요하다. 왜냐하면 그의 연구는 명백히 역설적인 경험적 추이를 함께 체계적으로 다루고 있으며 사회적 차이 및 불평등과 교육과의 관계 그리고 교육개혁의 가능성과 한계에 대한 자유주의와 비판적 사회학의 가정 모두를 근본적으로 문제시하고 있기 때문이다. 핵심 주제는 계급 차이의 안정성이며 이는 제2장에서 다루었던 자유주의 논리의 문제다. 교육적 차이와 사회적 차이 그리고 각 변화들 사이의 관계에서 반직관적인 경향을 체계적으로 논의하는 것이 어떻게 가능한가?

부동은 '논리적 시뮬레이션 모델(logical simulation model)'을 통해 자신의 분석을 전개한다. 논리적 시뮬레이션 모델은 일련의 '공리', 즉 어떤 표집에서 교육성취의 개인 분포는 사회계급에 따라 다양하다는 것을 가정하는 규칙(Boudon, 1977: 188)을 사용하며 구체적인 사회적 그리고 산술적 통계치로 정의된 일련의 조건들로 구성된다.

> 이러한 속성들이 하나의 모델로 확정되면, 교육성취에 관한 가설적 코호트(cohort) 분포를 재구성할 수 있을 것이다. 따라서 이 모델은 세 개의 사회계급(상, 중, 하)이 존재하며 특정한 시기에 초등교육을 마친 10만 명의 학생 코호트에 1만 명은 상위계급, 3만 명은 중간계급, 6만 명은 하위계급의 사회적 계급배경을 가지고 있다고 가정한다. 선행 이론들의 주장을 정확하게 공식화하고 적합한 지수를 선택함으로써 각각의 사회적 배경으로부터 얼마나 많은 학생들이 학교제도의 각 수준에 이를 것인가를 보여주는 것이 가능할 것이다(Boudon, 1977: 188).

능력주의의 상대적 중요성이나 사회적 편견과 같은 조건들을 추가하고 시간의 변화에 따른 교육팽창의 역동적 가치를 고려함으로써 구조-역동성 모델은 가상의 교육적 참여와 사회 이동표를 만들어 낼 수 있다. 구조-역동성 모델은 사회구조의 변화나 계급에 따른 출생률 차이와 같은 변수 등을 추가함으로써 점점 더 복잡해질 소지가 있다. 부동은 사회이동률이 높다는 것을 뜻하는 사회적 기회 불평등의 감소 없이도 상급 단계로 교육팽창이 진행될수록 교육 내 사회적 불평등이 줄어든다는 것을 밝히고자 했다. 이 때문에 부동은 경험적으로 실제 증명이 가능한 지수와 가정을 중심으로 구성된 단순 모델을 사용했다.

부동의 모델은 다음과 같은 과정으로 전개될 수 있다. 20세기 내내 교육성취 수준은 일관되게 개선되었지만, 계급 차이는 그대로였으며 반대로 가장 낮은 교육 단계와 높은 수준의 교육 단계 사이의 계급 간 교육적 불평등은 줄어들었다. 영국에서 통상 16세에 치르게 되는 대학입학자격시험(GCSE)을 상상해 보자. 이 시험에서 대체로 상위계급 출신 학생들의 90%, 중간계급 출신 학생들의 60%, 하위계급 출신 학생들의 30%가 통과한다고 가정해 보자. 10년 후에 모든 사회계급 출신 학생들 중 더 많은 수가 그 시험을 통과한다면 추가 합격자는 그 세 집단으로부터 비례적이지 않게 선발될 것이다. 왜냐하면 상위계급 학생들은 단지 10%만 합격하지 않은 반면, 중간계급 학생들의 40% 그리고 하위계급 학생들의 70%가 합격하지 않았기 때문이다. 제일 먼저 상위계급의 합격률에 따라서 중간계급 집단이 포화점에 도달하면 추가 합격자는 유일하게 남은 하위계급 집단에서 점차적으로 증가할 것이다. 상위집단의 95%, 중간집단의 90%,

하위집단의 75%가 모두 시험에 통과하는 지점에 이르면 그 수준에서의 교육 불평등은 현저히 감소된다. 이러한 현상은 시간상으로 나중에 시작되며 보다 상위의 교육 수준—예를 들면, 영국에서의 'A' 수준—에서 반복된다. 시간상 나중의 교육 수준에서 나타난 계급 차이는 시간적으로 앞선 단계의 낮은 교육 수준의 시험에서의 차이와 비슷할 것이다. 이런 시간틀 안에서 볼 때 낮은 교육 수준에서의 차이는 줄어드는 반면에, 높은 교육 수준에서의 불평등은 증가할 것이다.

시간의 흐름에 따라 다음 세 가지 현상이 발생했다.

- 각 세대의 평균 교육 수준은 증가했다.
- 계급 간 상대적 차이(계속해서 높은 교육 수준에서)는 유지되었다.
- 이러한 차이는 낮은 교육 수준에서 불평등의 절대적 감소에도 불구하고 나타났다(Halsey et al., 1980: 8장, 140-1 참고)

계급 차이의 구조는 지속적으로 변화하는 교육적 관계의 패턴을 통하여 계속해서 유지된다. 예를 들어, 처음에 하위 · 중간 · 상위 계급 간 차이는 졸업장 없이 취업 때문에 학교를 떠나느냐, 졸업장을 가지고 취업을 위해 학교를 떠나느냐 그리고 졸업장을 가지고 대학 진학을 위해 학교를 떠나느냐의 차이로 기록된다. 그러나 대학에 진학하는 것이 일반화되면, 동일한 사회적 차이가 진학한 대학이나 공부하는 전공의 지위 차이로 나타나게 될 것이다. 동시에 고용주는 단지 학위 소지자보다는 앞 장에서 언급한 것처럼 매력적인 문화적 자본의 자질을 지닌 사람을 찾으며 보다 난해한 지표들을 선발에 활용할 것이다. 요약하면, 교육적 불평등은 감소하는 반면에, 사회적 불평등은 변화하는 교육적 · 사회적 차이 양상을 통해 중재된다 할지라도 그대로 유지된다. 더구나 이것은 모델의 특수한 예외가 아니라 '정상적' 특징이다. 2장의 선진 산업사회와 관련된 자유주의적 교육개혁의 논리와 그 기대의 실패는 논리적으로 치명적인 결함이 있었기—그리고 지금도 그대로 남아 있다—때문에 성취될 수 없었다! 그러나 부동이 자신의 구조-역동성 모델에서 밝히고자 한 '역동성을 불러일으키는 것은 무엇인가?' 라는 물음은 여전히 남아 있다.

학력주의와 노동시장

사회적 기회가 반드시 장점으로 작용하지 않는 이유는 부동이 설명한 서로 관련 있는 두 개의 역동적 과정의 결과와 관련이 있다. 그 하나는 학력주의화(credentialization)—보다 많은 사람들이 학위를 획득하게 되면서 더 많은 직업에서 학위를 요구한다—이고 다른 하나는 학력 인플레이션(credential inflation)—노동시장에서 학위의 가치는 학위를 취득하는 사람들이 늘어남에 따라 하락한다—이다. 점점 더 많은 사람들이 일정한 수준의 학력을 취득하게 되면서 고용주들 입장에서 학력은 선발 수단으로서의 유용성이 줄어든다. 결과적으로 고용주들은 동일한 직업에서 더 높은 학력 수준을 요구하게 된다. 콜린스(R. Collins)는 노동시장에서 요구하는 학력 수준이 꾸준히 높아지는 것을 일 그 자체에서 필요로 하는 기술적 요구 수준의 증가로 설명할 수 없음을 주장했다(Collins, R., 1977, 1981). 이는 인간자본론이나 기술기능이론의 논리와는 반대되는 것이다. 대신에 고용주들은 취직하기를 희망하는 지원자들의 학력 수준이 높아지는 것과 보조를 맞추면서 요구하는 학력 수준을 높인다. 동시에 다음 세대의 학생들은 이에 보조를 맞추기 위하여 보다 높은 수준의 학력을 취득해야만 한다! 이러한 팽창의 역동성은 단지 동일한 직업 수준을 유지하기 위하여 각 세대로 하여금 이전보다 더 많은 교육을 받도록 하는 사악한 나선형 상승 고리를 초래한다. 부르디외와 파세롱은 이러한 역동성을 다음과 같이 설명한다.

> 오랫동안 교육은 상위계급의 전유물이었다. '바칼로레아는 아무런 의미도 없다.' 라는 문구에서 부정적으로 진술되는 – 단지 고등교육을 받기 위한 티켓이었던 바칼로레아가 중간계급으로 확산되는 경향이 있다. 전에 바칼로레아 이후에 많은 사람들로 하여금 교육을 그만두도록 하였던 이미지, 특히 아버지의 성공을 어렵게 하였던 장애 – '바칼로레아 없이는 어떤 것도 할 수 없다.' – 를 극복하는 일로 자신의 열망을 생각했던 중간 관리자 아들, 그중에서도 사무직 노동자의 아들들을 유혹했던 이미지가 반대 이미지 – '이제 바칼로레아는 아무데서나 얻는다.' – 로 바뀌는 경향이 있다. 이는 바칼로레아가 앞 세대는 '뒷문' 으로만 얻을 수 있었던 많은 직업에 접근하기 위한 필수조건이라는 실제적이고 현실적인 경험에 근거한 것이다(Bourdieu and Passeron, 1977: 227-228).

부르디외와 파세롱은 미국 상황에 대한 콜린스(R. Collins)의 주장(제3장에서 다룸)을 프랑스 맥락에서 기술하고 있다. 이것은 교육의 양적 변화가 집단의 교육에 대한 입장, 관계 그리고 기대를 질적으로 변화시키는 방식이다(앞서 인용된 Bourdieu and Passeron, 1977 참고). 교육팽창은 사회적 기회를 개선하기보다는 순수한 사회이동을 전혀 가져오지 않았고 오히려 더 많은 비용만 부과했다. 차이의 기본 구조는 변화하지 않은 채 그대로였다.

앞서 제1장에서 지적한 것처럼 '내재적' 접근은 특정한 일련의 교육적 배치(arrangement)와 교육적 차이화의 과정에 큰 효과가 있다고 주장한다. 언뜻 보기에 이러한 배치와 과정들은 계급, 성, 민족 공동체 또는 인종집단들 사이의 사회 불평등을 반영한 것으로 보인다. 그러나 다시 보면 교육적 배치와 과정들의 차별화된 결과를 통하여 사회 불평등을 적극적으로 재생산하는 것으로 보인다. 이러한 재생산과정은 내재적 접근 안에서만 이루어지는 전적으로 기계적인 과정으로 바라볼 필요가 없다. 교육제도는 어느 정도의 '상대적 자율성'을 가질 수 있으며 학생들은 교육과 관련하여 재생산하는 힘에 '저항'할 수 있다. 부동의 모델이 근본적인 의문을 제기하는 것은 강한 연계와 영향에 대한 이러한 가정 때문이다. 재생산이론에서는 아주 당연한 것으로 간주되는 관계가 부동의 분석에서는 주로 우연적인 것으로 다루어진다.

사실 우연성은 교육적 결과의 수준—그리고 결정적으로 장기간에 걸친 교육적 경력의 행로가 결과를 낳는다—과 사회계층화—계급과 직업뿐만 아니라 성과 인종에 의한 계층화—의 유망한 지위와의 관련성이 영원하지 않다는 것을 말한다. 따라서 차별화된 교육 경력의 이력이 계층화(그것이 경제적이든 성별이든 상관없이) 체계 내의 특정 지위로 학생들을 계속해서 준비시키는 것은 어렵다. 중요한 것은 각 집단이 받는 교육의 내용이나 형태—공식적 교육 내용, 잠재적 교육과정 또는 교육의 사회적 관계를 통해 정의되는 어떤 것이든—와 관계없이 얼마나 어떤 교육을 받았느냐 하는 상대적 차이이다. 확실히 서로 다른 집단들은 서로 다른 교육을 받는다. 그러나 각 집단의 다음 세대들 또한 그들의 앞 세대들과 다른 교육을 받는다. 계급의 경우 놀랍게도 차이는 일정한 상태를 유지하였는데, 이때 상대적 위치 사이의 관련성, 즉 일정한 차이의 패턴이 재생산되었다. 그러나 집단 평균으로서 이들의 위치는 서로 다른 교육적 경력의 행로와 관계가 있다. 예컨대 이전에 전형적인 중간계급의 교육적 궤적이었던 것이 이후에 전형적인 노동계급 학생들의 교육적 궤적이 되는 것처럼 제도 내에서도 수준이 높아져 갔다. 성의 경우 여학생들이 적극적으로 '남학생'의 영역으로 진출하게 되었고 그곳에서 남학생을 능가하는 능력을 보이기 시작함으로써 여학생의 상대적인 위치가 변화하게 되었다. 교육적 차이의 구조는 내재적 접근의 분석처럼 제도 내에서 발생하기보다는 오히려 제도를 통하여 모든 집단을 앞으로, 위로 밀어 올리는 학력주의화와 그로 인해 학력의 가치를 평가 절하하는 팽창의 역동성이 위치와 위치들 간의 관계를 변화시켰기 때문이다. 교육과 관련하여 사회적 차이의 전개는 교육제도 내 그리고 교육제도의 변화 때문에 일어나기보다는 교육팽창과 학력주의의 인플레이션 때문에 일어난다고 보는 것이 타당하다.

부동의 구조-역동성 모델과 내재적 접근이 대비되는 점은 교육과 교육의 사회적 관계에서 연결과 효과의 강약에 관한 가정과 본질적으로 관련이 있다. 이는 반성차별주의 또는 반인종차별주의에 대한 내재적 기술의 정확성을 의문시하지 않으며 또한 반성차별주의와 반인종차별주의의 교육적 정당성도 부정하지 않는다. 오히려 사회학적 관점에서 문제는 서로 비슷하던 것이 사회적 인과성과 효과성에 관한 검증되지 않은 가정을 근거로 각자 다르게 설명하는 방향으로 움직인다는 점이다.

학교 지식의 성별화는 사회에서의 성별 분업과 같을 수도 있다. 그렇지만 어떤 것이 다른 것의 원인이라는 것은 아니다. 사회에서의 성별 관계, 교육에서 여학생의 성취, 교육과정의 성별 구성 등은 다른 부분들과 상당히 독립적으로 변화될 수 있고 또는 변화되지 못할 수도 있다. 또한 다른 것들처럼 유의미한 결과를 보이지 않을 수도 있다. 성 혁명이 그 단적인 예다. 특정 시기에 전형적인 중간 계급 또는 여성의 교육으로서 간주되던 것이, 그것이 무엇이든 이제는 통상적인 조건하에서 학생들이 전형적으로 이수하는 교육이 되었다. 따라서 이들 교육은 그 자체의 내재적 속성과는 아무런 관계가 없다—어떤 측면에서 교육과정은 남성적 혹은 여성적이다. 적절한 조건이 되면, 여성이 남성 영역으로 이동하거나 남성 영역에서 남성을 능가하는 성취를 보이는 데 별다른 어려움이 없다 (Hakim, 2000). 그러나 이처럼 약한 연결과 약한 내적 효과를 주장하는 부동의 모델이 사회집단, 교육, 사회 사이의 관계성 매트릭스에서 강한 연결과 강한 효과를 어떻게 정의하는가를 보여 줄 필요는 여전히 남아 있다.

교육적 의사결정의 장

부동 이론의 두 번째 차원은 개인을 다루는 방식과 관련이 있다. 그의 이론은 성이나 민족과 관련하여 어떤 시사점을 갖는가 하는 물음이 제기될 수 있다. 부동의 출발점은 계급 간 성취 수준의 차이를 문화적 가치의 차이가 열망과 동기에 반영된 결과로 바라보는 관점에 대한 비판이었다. 그러한 이론은 노동자계급의 학생이 중간계급의 학생들에 비해 열망 수준이 더 낮다는 것을 가정한다. 뿐만 아니라 중간계급 출신 학생들은 보다 높은 수준의 중간계급의 직업에 대한 열망을 갖는 반면에, 노동자계급 출신 학생들은 훨씬 낮은 수준의 노동자계급의 직업만을 열망한다고 가정한다. 그러나 부동은 양쪽 집단에서 각각 측정될 수 있는 것과는 반대로 하나의 공통된 기준선을 가정하는 것은 잘못이라고 주장한다. 사실 그는 학생들이 각자 온 곳에서 출발해야 한다고 주장한다. 의사가 되기를 원하는 의사 자녀는 청소부가 되려는 청소부 자녀들에 비해 '열망의 정도'가 결코 크지 않다. 실제로 중요한 것은 열망의 차이가 아니라 열망을 실현하는 데 필요한 경비의 차이다. 따라서 다른 계급 출신 두 명의 학생이 능력과 성취 수준 그리고 잠재성에서 비슷하고 심지어 동일한 열망을 가질 수 있지만 교육을 계속하는 데 필요한 비용을 부담하는 능력에서는 차이가 있다. 이것이 합리적 행위이론과 관련하여 오늘날 많은 주목을 받고 있는 부동의 이론이다.

많은 사람들에게 있어서 합리적 행위(또는 선택)이론(RAT)의 문제

(예, Hatcher, 1998)는 그것이 합리적 셈을 따지는 편협한 경제주의 모델이라는 것이다. 그러나 부동 접근의 장점은 노동자계급(또는 흑인) 학생을 교육 가능성이 부족한 것으로 보는 외재적 결핍이론과 그들을 교육적 차이와 다양하고 차별적인 위치결정 과정의 수동적 피해자로 보는 내재적 이론과는 대조적으로, 학생을 특별한 경제적 · 사회적 요인들 내에서 자신들이 할 일을 생각하는 적극적 주체로서 인정한다는 것이다. 그는 이 요인들을 “사회계층화의 일차 효과와 이차 효과”로 부른다(Boudon, 1974). 전자는 외재적 접근에서 계급 간 교육 가능성을 형성하는 많은 물질적 및 사회적 차이를 포함한다. 부동은 일차 효과의 교육적 중요성이 시간이 흐름에 따라 줄어들었다고 생각한다(아래 참고). 가장 중요한 것은 이차 효과인데, 이는 ‘교육적 의사결정의 장’ 안에서의 각 집단의 영향력을 구체화하는 것이다. 교육팽창의 구조적 역동성이 지속되는 중에 모든 행위자들은 서로 다른 조건 아래 있지만, 비슷한 일을 한다. 부동은 교육적 차이화의 내적 과정이 미치는 영향에 회의적이다. 왜냐하면 학교를 빨리 떠나는 대다수의 하위계급 학생들은 상급학교에 진학할 수 있는 자격이 부족하기 때문이 아니라 진학하는 것을 선택하지 않았기 때문이다. 실제로 학교에 남는 소수의 주목할 만한 학생들은 상위계급 학생들만큼 잘한다. 또한 대학 수준에서 계급 간 성취 수준에는 유의미한 차이가 없었다. 영국에서 사립학교 출신 학생들은 공립학교 출신의 대학생보다 그다지 잘하지 못했다. 그들은 중등학교 수준에서 누렸던 이점을 상실했다. 사회적 차이는 고등교육 입학 단계에서는 영향을 미쳤지만 졸업 시점에는 작용하지 않았다.

학생의 위치결정

학생의 위치결정은 각 집단이 교육환경에 적응하는 방법으로 이해될 수 있다. 이때 교육환경이란 제공되는 교육 유형과 그들이 살고 있는 일반 환경과의 관계를 반영한다. 이 이론은 사회적 연대의 유형에 따라 자살의 유형을 다르게 정의한 뒤르켐의 『자살론(*Le Suicide*)』(1952)에 그 기원을 두고 있으며 1940년대 미국의 사회학자 머튼(Merton, 1959)에 의해 이 아이디어가 더욱 발전했다. 머튼은 미국 사회 내 집단들이 합법적 성취와 성공의 가치그리고 이러한 목적의 달성을 위해 공식적으로 사용될 수 있는 수단을 서로 어떻게 관련짓는가에 따라 '적응 유형(typology of adaptation)'을 구분했다. 어떤 사람들은 이상적 가치를 지지할 뿐만 아니라 그것을 이룰 합법적 수단도 가지고 있었다. 다른 사람들은 이상적 가치를 지지하기는 하였지만 합법적 수단을 갖지 못하였으며 때문에 비정상적이거나 탈법적 수단에 관심을 기울였다. 또 다른 사람들은 목적과 수단 모두를 거부하기 때문에 모든 일로부터 물러나거나 급진적 사회변화를 통하여 게임을 완전히 바꾸고자 한다. 이 방법은 하위문화의 형성과 학교에서 학생의 하위문화 연구에 응용되었다. 하그리브스(Hargreaves, 1967)는 낮은 수준의 중등학교 남학생들의 반학교 하위문화 형성에 관한 연구에서 이러한 문화를 스스로를 실패자로 명명하는 능력별 학습편성 체제(system of streaming)에 대한 적응으로 해석했다. 학교의 내적 분화구조는 그들이 공식적 문화와 목적으로부터 소외되었으며, 따라서 대안적 정체성과 성취를 찾고자 하며 그 결과 학생들의 위치가 결정되었다. 학교에는 분화와 양극화 과정이 존재한다.

우리가 살펴본 것처럼 '학교의 남성성' 아이디어도 오늘날 동일한 방식으로 사용된다.

학교, '사나이' 그리고 평범한 아이들

브라운(P. Brown, 1987)은 교육 분야에서 이러한 연구 전통에 중요한 공헌을 했다. 그는 초기 연구가 안고 있던 많은 문제점을 구체화하였고 이들 문제들을 통제하고 복잡한 위치와 과정을 보다 체계적으로 모델링할 수 있는 방법을 개발하고자 노력했다.

브라운은 윌리스(Willis)의 고전적 연구인 『노동하는 법 학습(*Learning to Labour*)』(1977)이 안고 있는 몇 가지 문제에서 출발했다. 윌리스의 주요 관심은 '어떻게 노동자계급 출신의 학생이 노동자계급 직업을 갖게 되는가.' 하는 것이었다. 학생 의사결정의 실존적 조건과 관련하여 제1장에서 제기된 쟁점을 상기할 필요가 있다. 쟁점이 되는 것은 윌리스의 영국 미들랜드 지역 철강 공장의 문제아들 사례처럼 교육이 탈출할 수 있는 기회를 제공하여도 학생들이 고되고, 보수가 적고, 지위가 낮은 직업에 취직하기 위해 첫 번째 기회에서 학교를 그만두는, 명백하게 불합리한 의사결정이다. 윌리스가 관심을 보였던 집단은 남자 중등근대학교에 다니는 반학교의 노동자계급 백인 남학생들이었다. 그는 능력별 학급편성에 대한 내재적 접근에서 하그리브스와 달리 학교 밖의 문화적 가치가 중요하고 대신에 학교의 내적 구조와 과정은 그다지 중요하지 않다고 생각했다. 윌리스는 남성성과 계급에 관한 남학생들의 가치가 관건이라고 주장했다. 그들에게 고된 육체노동(또는 '노동일')은 남성다움의 징표이자 찬사였다. 더욱이 그들은 육체노동을 세상에 영향을 미치고 세상을 바꾸는 남성성 원리를 드러내는 것으로 보았다. 이것은 본질적으로 수동적인 여성성 원리에 대비되며 가정에서 여성이 하는 일은 그저 지루한 일을 반복하는 것이라 생각했다. 그들은 학교 공부를 포함하여 지적인 활동을 여성성 원리와 연관시켰으며 그 결과 학교에 순응했던 남학생들을 순둥이(ear' oles)라고 경멸하면서 학교를 그만두었다.

반학교 하위문화를 둘러싼 다양한 연구 상황과 토론에서 윌리스는 남학생들의 성에 대한 입장과 그들이 중요하게 생각하는 일 사이에 관련성이 있었다고 주장했다(Arnot, 2003a, 2003b). 이런 입장에 따르면, 학교가 그런 문제아들에게 해 줄 수 있었던 것은 사실상 거의 없었다. 실제로 윌리스는 교사들에게 경의를 표했다. 교사들은 학교교육이 그들을 소외시키는 내적 측면을 발견하려고 하기보다는 문제아들을 적응시키고자 노력했으며 문제아들이 변화되고자 한다면 학교교육에 통합되는 것이 유일하다고 생각했다. 그는 또한 학교에서 문제아들의 행동과 그들이 되고자 했던 공장의 작업현장에서의 파괴적인 문화 사이에는 중요한 연속성이 있다고 주장했다. 그들은 직장에서 '우스갯소리(had a laf)'를 하고, 일을 대충하며, 감독관을 속이는 방법을 아버지로부터 전해 들었다—윌리스의 책에는 그런 일이 결국에는 몸을 망가뜨리고 아무것도 얻지 못한다는 것을 경험을 통해서 알게 된 문제아 아버지들과의 인터뷰가 신랄하게 담겨져 있다. 그러나 아버지들은 자기 아들들이 자신의 뒤를 따르지 않을 수도 있다는 것을 이해할 수 없었다. 이런 점에서 학교에서 문제아들의 행동은 일종의 직업 준비였지만 보울즈와 긴티스가 주장한 '대응 원리'와는 전혀 다른 것이었다.

옥부는 윌리스의 연구가 "학생들의 일상적인 태도와 행동" 그리고 "생생한 문화"에 직접 관심을 기울였다는 점을 가장 중요하게 생각했다(Ogbu, 1977: 770). 그는 "윌리스의 연구가 학교교육을 통한 계급 불평등의 재생산과정에서 인간 행위자의 힘으로서 '저항' 개념을 도입했다"고 주장한다. 그러나 여기에는 역설이 있다. 보울즈와 긴티스의 이론이나 내재적 구성주의와 같은 이론과는 대조적으로, 윌리스는 문제아들을 단순히 수동적으로 행동하기보다는 의식적으로 행동하는 의사결정자로 간주했다. 그들로 하여금 그런 직업을 갖도록 하고 사실상 불평등을 재생산하는 것이 엄밀히 말해 그들 자신의 선택이라는 것이다. 비록 결정은 자신들이 하지만 그러한 결정이 자신들에게 보다 유리한 이해에 반하는 극단적인 선택을 하는 것으로 보일 수 있다. 옥부는 흑인 아이들과 관련하여 다음과 같이 더욱 복잡하게 설명한다. "흑인 청년들은 공부와 학교교육을 수용하지만, 자신들은 성공하지 못할 것이고 성공하지 못했다는 것을 확신한다는 식으로 행동했다"는 역설이다. 옥부는 이러한 역설을 백인의 인종적 계층화에 대해 흑인이 상징적으로 적응하는 것으로 설명한다.

> 따라서 일부 흑인들에게 흑인과 백인의 문화와 언어 차이는 의식적이든 혹은 무의식적이든 극복되어야 하는 장벽이 아니라 유지되어야 하는 집단 정체성의 상징으로서 해석된다. 더욱이 그들은 학교문화(예를 들어, 교육과정과 요구된 행동)와 표준영어를 백인문화나 언어와 같은 것으로 간주하는 경향이 있다. 따라서 그들은 학교 학습을 장차 취업을 위해 필요한 좋은 교육을 받기 위한 도구적 행위로 인식하지 않고 오히

> 려 집단 정체성을 해치거나 위협하는 일종의 단선적 문화 변용과 동화의 일종으로 간주한다. 일부는 소수자의 문화적 정체성 상실을 초래할지도 모르는 불안감 때문에 자신들이 백인문화의 준거틀로 알고 있는 것에 따라 행동하는 것을 두려워한다(Ogbu, 1997: 774).

윌리스 연구에서 문제아들은 처음부터 교육에는 관심이 없었다. 그래서 옥부의 흑인 청소년 연구와 달리 윌리스는 이러한 복잡한 모호성을 다루지 않았다. 영국에서의 연구는 흑인 청년이 미국의 청소년들과 많은 점에서 동일한 입장을 가지고 있다는 것을 알려 준다(Youdell, 2003). 그러나 다음에 다루게 될 흑인 여학생들은 학교에서 훨씬 전략적이고, 수단적인 적응을 할 가능성이 있으며, 미래 취업을 위해 좋은 교육에 참여할 가능성이 보다 컸다.

윌리스의 문제아들에 관한 브라운의 관찰 결과는 그들이 사실상 노동자계급 학생의 전형이 아니라는 점이었다. 실제로 이러한 유형의 남학생들은 소수일 뿐이었다. 브라운의 물음은 남학생이든 여학생이든 대다수 '평범한 학생들' 은 어떠한가 하는 점이었으며 이것이 그의 연구주제였다. 그는 '미들포트(Middleport)' 라는 남부 웨일즈 대도시 중앙에 위치한 세 곳의 남녀공학 종합중등학교의 상급학년 학생들을 연구대상으로 삼았다. 윌리스의 연구가 수행된 지 10년이 지난 즈음에 브라운은 그 기간 동안 젊은이들의 고용기회가 두드러지게 감소했다고 주장했다. 그는 머튼의 '적응' 모델을 채택하였는데, 원래 모형이 안고 있던 문제를 교정한 다음 교육에 적용했다(P. Brown, 1987: 48-53). 그는 학교의 공식 문화에 대한 다양한 태도 유형을 구분하는 모델을 제시했다. 어떤 학생들은 공부하는 것이 본질적으로 흥미롭다고 생각하기 때문에 학교를 목적 그 자체로 생각하는 반면에, 다른 학생들은 학교를 바람직한 직업을 얻기 위한 수단으로 활용하는, 즉 목적을 위한 수단으로 생각했다. 그러나 또 다른 학생들에게 학교는 의무이기 때문에 참아야만 하는 '조건' 일 뿐이었다(P. Brown, 1987: 50). 브라운이 정리한 학교교육에 대한 네 가지 '지향' 을 요약하면 다음과 같다(P. Brown, 1987: 49, [그림 3-1] 참고).

- 규범적: 학생들은 본질적으로 가치 있는 것으로 학교의 공식 문화를 받아들인다.
- 규범적-수단적: 학생들은 목적을 위한 수단(특히 사무직 취업을 위한)으로 학교의 학구적 요구를 받아들인다.
- 소외적-수단적: 학생들은 직업적으로 적합한 학교교육의 실용적(즉, 직업적) 측면을 받아들인다.
- 소외적: 학생들은 본질적 · 수단적 접근 모두를 거부한다. 대신에 의무이기 때문에 견뎌야 하는 '조건' 으로서 학교를 참아낸다.

브라운이 사용한 '지향(orientation 또는 입장)' 이라는 용어가 중요하다. 그가 사용한 용어는 블랙번과 만(Blackburn and Mann, 1979)의 초기 노동시장 연구에서 유래했다. 그들은 "개인은 행동함에 있어서 '비용-수익분석' 과는 거리가 있는, 일련의 기대들과 상대적 우선순위를 포함한" '지향 프로파일' 이라는 개념을 사용했다(P. Brown, 1987: 49, 강조는 인용자). 다른 말로 '지향' 은 합리적 행위이론이 채택한 산술적 접근에 비해 보다 범위가 넓고 또는 '다소 근거가 애매한' 어떤 것을 가리키는 개념이다. 이런 점에서 브라운의 의사결정 모델은 부동의 방식과 다르고 경제적 이해타산 패러다임을 거부하는 반면에, 의사결정자로서 학생들의 행위와 의도를 사회학적으로 설명하고자 한다.

학교의 공식 문화에 대한 '지향' 은 브라운이 '준거틀(FORs)' 이라고 지칭한, 보다 광의의 구성물에 포함된다(〈표 4-1〉 참고). 그는 노동자계급 학생을 예로 들면서 이들 학생을 노동자계급을 벗어나 상위계급으로 이동하기를 바라는 '벗어나기' , 노동자계급 안에서 위쪽으로 이동하기를 바라는 '앞으로 나아가기' , 자랑스럽게 물려받은 노동자계급의 지위와 전통(예, 스킨헤드) 안에 그대로 머무르기를 바라는 '안주하기' 의 세 가지 준거틀로 구분했다. 윌리스의 문제아들은 '안주하기' 를 선택한 소수—브라운 연구에서는 '지진아들(remedial)' 이라 말하는데, 이를 줄여 렘즈(Rems, 문제아들)라 부른다—였다. 대다수 '평범한 아이들' 은 오직 '앞으로 나아가기' 를 원하였고 세 번째 소수집단인 '똑똑이들(swots)' 은 '벗어나기' 를 원했다.

〈표 4-1〉 학생들의 의사결정 유형

준거틀(FOR)	공식적 학교 문화에 대한 지향	학생 유형
벗어나기	규범적	똑똑이들
나아가기	수단적(규범적 또는 소외적)	평범한 아이들
안주하기	소외적	지진아들, 문제아들

브라운은 직업적 열망과 함께 지역의 노동시장에서 규정하는 구조적 맥락의 중요성을 준거틀에서 강조했다. 브라운에 의해 발전된 개념과 쟁점은 다음에 잘 드러나 있다.

> 성이나 사회계급과 관계없이 모든 학생들에게 적용되는 학교에 대한 네 가지 지향을 구체화하는 것이 가능하다. 학교의 공식 문화인 학구적으로 지향된 학생은 규범적 지향을 갖는다고 할 수 있다. 이들에게 학교 공부는 목적 그 자체로 간주된다. 즉, 교육의 본질적 가치가 고유한 목적을 갖는 것으로 생각한다. 이들은 학교가 지지하는 것으로 보이는 것을 받아들이는 성향이 있다. 학교에 대한 규범적 지향은 단지 학구적 교육과정에 관해 적용된다. 규범적 지향을 반대하는 것은 반학교 하위문화를 발달시키는 학생들의 특징이다. 소외적 지향의 발달이 반학교 하위문화의 발달과 관련하여 충분조건은 아니지만 필수적이라는 것을 인식하는 것이 중요하다. 소외적 지향은 학교를 본질적으로 가치 있는 학습경험으로 간주하지 않을 뿐만 아니라 자신의 상황으로부터 벗어나도록 하는 개인적 목적을 위한 수단으로도 생각하지 않는 시험 무시 학생들에게서 특징적으로 나타난다. 학교의 공식 문화에 대한 규범적 지향이나 소외적 지향은 학생의 수용 혹은 거부라는 차원에서 이해될 수 있다. 학교를 수단(즉, 수단적 입장)으로 받아들이면 동일한 연속선상을 따라 쉽게 자리하기 어렵다. 학교에 대한 수단적 반응은 분석적으로 구별되는 차원을 나타낸다. 학교에 대한 이들 학생의 기본 입장은 개인이 바라는 목적 – 가장 대표적으로 특정 직종에 취업하는 데 필요한 자격 취득 – 을 달성하기 위해 필요한 자신의 능력에 대한 인식에 근거하여 설명할 수 있다(P. Brown, 1987: 51–53).

학교에 대한 '규범적' '수단적' '소외적' 지향을 구분하는 것은 학생의 정체성이 교육의 복잡하고 다양한 과정에 의해서 구성되는 방식을 강조하는 내재적 접근에 중요한 시사점을 제공한다. 브라운은 대부분 학생들이 학교를 수단으로 여긴다는 사실에 주목했다. 단지 학생들은 그런 점이나 교사들의 생각에 그다지 관심을 기울이지 않는다. 실제로 이런 생각은 공부를 잘하는 학생들뿐만 아니라 여느 다른 학생집단에게도 해당된다(Power et al., 2003). 상대적으로 소수의 사례에서만 학생들이 학습 그 본래적 목적을 위하여 공부하고 있음을 보여 주었다. 그렇지만 그들도 학교의 규범적 문화와 관련해서는 '반항적' 입장을 견지했다. 물론 인문학에서 예술가와 지식인의 파괴적이고 반항적인 역할은 지배적인 모던한 경향이자 기풍이다. 또한 과학에서도 '과학자'는 단순히 순응하는 사람이 아니라 종종 괴팍한 '아웃사이더들'이다('천재'의 전형적인 특징). 소외된 렘즈(Rems)와 문제아들만이 적대적인 입장을 갖는 것이 아니라 공부를 잘하고 공부에 전념하는 학생들(1960년대 학생혁명이 생생하게 증명하였던 것처럼)도 대항문화적 입장을 견지할 수 있다. 전적으로 규범에 순응하는 학생들은 윌리스의 문제아들처럼 매우 소수이며 그들은 진정한 전문가적 도전과 궁극적 만족감을 제공하는 창의성과 독창성을 불러일으키는 것이 어렵고 부족한 학생들이라고 교사에 의해 종종 비난받는다. 학생들은 아주 못될 뿐 아니라 아주 착할 수 있다!

브라운은 준거틀을 "학교에서 학생들의 지향과 전략 그리고 계급적 위치 사이의 개념적 공간"(P. Brown, 1987: 32)에 위치시킨다. 이런 점에서 그 개념은 아비투스의 이론적 틀 안에 있다. 부동과 마찬가지로 브라운도 한편으로 학생들의 가족 환경을, 다른 한편으로는 학생들이 직업세계로의 결정적 전이를 통하여 한 사람의 어른이 되어가는 것에 대한 이해를 동시에 고려한다. 그러나 부동과 다르게 그는 합리적 행위이론의 정교한 산술(비용-이익) 모델로부터 '준거틀'

안에서 형성된 보다 잠정적이고 사색적인 관점으로 돌아간다. 그는 또한 노동자계급이나 노동자계급 학생의 존재방식에는 오직 한 가지만 있는 것이 아니라는 점을 강조한다.

> 노동자계급의 문화는 동일한 계급의 사람들이 사회적 행동을 하기 위하여 그리고 변화하는 생애사와 사회적 환경에 의미를 부여하기 위하여 각자가 달리 사용할 수 있으며 공동으로 가용할 수 있는 문화적 자원의 저장고로 이해될 필요가 있다. 노동자계급이 학교에 다양하게 반응하는 모습은 노동자계급 문화의 한 표현이라는 식으로 단순하게 설명될 수 없다. 왜냐하면 학생들의 학교에 대한 반응은 적어도 부분적으로 노동자계급 문화의 선택을 반영하기 때문이다. 학생들의 학교에 대한 반응이 노동자계급 가족 '유형' 의 차이에 근거한다는 식의 설명으로 회귀하거나 또는 윌리스의 문제아들을 문화적 영웅으로 긍정적으로 평가하는 것처럼 대다수 미들포트 아동들을 이데올로기적으로 저급한 수준의 얼간이라고 비난해서는 안 된다(P. Brown, 1987: 34).

흑인 학생과 관련된 정체성 이론에 대한 스톤(Stone, 1981)의 초기 비판처럼 브라운도 '평범한 아이들' 에 대한 연구에서 그들(그리고 그들 가족)은 환경과 열망에 따라서 자신에게 알맞은 문화적 자원을 동원할 수 있는 능력이 있음을 인정한다. 이는 대행자와 강제 그리고 '선택' 의향 사이의 관계성이 보다 문제적이라는 것을 말한다. 이처럼 '자원' 과 '선택' 사이를 대비하는 유연성은 개인으로 하여금 '마음을 바꿀 수' 있는 여지를 제공한다. 교육분화의 어떤 측면은 정체성 이론으로 설명하기에 매우 어렵다. 흥미롭게도 문제아들은 그들이 언제 어떤 이유로 문제아가 되기로 결심했는지를 설명하고 있다. 그리고 일부 사례의 경우 나중에 주류, 사실상 '모범생' 이 되는 것을 그만두기로 결정한 이유나 다시 주류가 되기로 마음을 바꾼 이유를 설명한다!

브라운의 연구는 미묘하지만 중요한 점을 전제하고 있다. 그러한 복잡성은 (남성을 대상으로 하는 계급 분석, 여성을 대상으로 하는 페미니즘 등과 같이) 다수의 설명적 접근이 필요한가, 아니면 넓게 통합될 수 있는 관점으로 조정될 수 있는 공통의 접근이 있는가? 브라운 접근의 요점은 학생들이 계급, 성, 민족이 다르다는 이유 때문에 다른 종류의 일을 하지 않는다는 것이다. 학생들이 계급, 성, 민족 때문에 다른 조건 아래에서 다른 방법을 사용하지만 그들 모두는 동일한 종류의 일을 한다. 그들이 하는 일은 차이를 만들지만 그들이 하고 있는 일은 근본적으로 다르지 않다. 이 점을 보다 자세히 분석하기 위하여 다음에서는 흑인 여학생에 대한 미르자(Mirza, 1992)의 연구를 살펴볼 것이다.

흑인 여학생의 의사결정: 전략적 경력

미르자의 연구는 런던 남부에 위치한 중등학교에 다니는 흑인 여학생을 대상으로 했다. 그녀는 비교를 위하여 흑인과 백인 남학생 그리고 백인 토착민들과 아일랜드 여학생들도 대상으로 했다. 그녀는 인종 분야의 연구들이 체계적으로 흑인 여학생의 성취를 무시해 왔다는 점을 자세하게 검토하고 있다. 흑인 저성취 신화(Reeves and Chevannes, 1988)는 사실 흑인 남학생에 관한 것이었다. 그녀는 흑인 여학생과 관련한 독특한 현상들을 다음과 같이 정리했다.

- 흑인 여학생들은 다른 집단들에 비해 높은 직업적 열망을 가지는 경향이 있다. 그녀의 연구에서는 노동자계급 백인 남학생의 직업적 열망이 가장 낮았는데, 흑인 여학생들은 자신들의 열망을 실현하는 일에도 가장 두드러지게 높은 기대를 가지고 있었다. 열망과 기대와의 관계는 미르자의 분석에서 중요한 부분이다. 다른 집단의 구성원들도 높은 열망을 가지고 있는 경우가 있지만 자신들의 열망이 실현될 것이라고 기대하지 않는다는 점에서 흑인 여학생들과 달랐다. 집단들 사이에서 가장 두드러지게 차이가 나는 것은 무엇을 현실적으로 성취될 수 있는 것으로 바라보는가 하는 점이었다.
- 또한 흑인 여학생들은 자신들에게 적대적으로 작동하는 노동시장의 차별방식을 잘 인식하고 있었다. 결과적으로 그들은 최초의 취업 진로를 매우 신중하게 선택하였으며 흑인 여성들이 이미 자리를 잘 잡고 있는 영역(예, 특정 돌봄 전문직)을 집중하여 선택하는 경향이 있었다. 그들은 이러한 선택에 대하여 자신들이 추가 자격을 취득하게 되면 새로운(더 바라는) 직업세계로 이동하거나 전직이 가능한 장기적인 사회적 경력 개발 과정의 첫 단계로 이해하는 경향이 있었다.
- 결정적으로 흑인 여학생들의 직업 선택이 전통적인 여성의 고용 형태를 보이는 경향이 있지만 그것은 그들이 전통적으로 성별화된 주관성을 가지고 있기 때문은 아니다. 그들의 결정은 의식적으로 전략적이었다. 사실 문화적 가치와 관련하여 그들은

'남성'의 일과 '여성'의 일 사이의 강한 분리를 인식하지 못했다. 대신에 그들은 자신들이 선택한 직업에서 완전하게 경제적으로 독립하는 것을 여성의 권리로 아무런 문제의식 없이 받아들였다.

• 학교와 관련해서 흑인 여학생들은 브라운이 '규범적 수단주의'라 부른 입장을 채택했다. 즉, 그들은 학구적 학습의 공식적 목적을 자신의 목적으로 받아들였지만 다른 한편으로 학교의 규범적 문화와는 거리를 두었다. 브라운 연구에서 '평범한 아이들'처럼 흑인 여학생들도 상황에서 벗어나기 위해 그들이 원하는 것을 얻어야 한다는 점을 충분히 알고 있었으며 상향 이동이라는 장기적 목적을 가지고 있었다.

여학생들이 가지고 있는 지향은 학교에서 직업제도와 교육제도의 연장선상에 자신들의 위치를 정하도록(비록 불안정하지만) 했다. "분명히 여학생들이 했던 것은 그들이 마주했던 다양한 제약을 합리화했던 전략을 통하여 상향 이동을 이루고자 했던 것이었다." (Mirza, 1992: 14) 미르자는 상황을 다음과 같이 정리했다.

> 한 가지 주요 제약은 젊은 흑인 여성들의 취업기회를 제한하는 인종과 성에 따라 분리된 노동시장의 존재였다. 흑인 여학생들은 '성차별적' 직업을 선택했는데, 그것은 그 직업의 특성 때문이 아니라 경험과 지식에 비추어 볼 때 자신에게 가능한 유일한 직업이기 때문이었다. 그러나 그들은 직업을 선택하는 과정에서 자신들의 직업 전망을 높이고 학위에 대한 열망을 만족시키기 위해서 그리고 보다 높고 좋은 학력을 취

> 득하기 위한 수단으로 이미 취득한 교육 조건을 활용했다. 성차별이 없는 직업으로 이동하고자 하는 그들의 바람은 전통적으로 남성의 직업으로 간주되던 직업을 여성이 갖는 데에 문화적 제한이 없다는 것을 의미하는 성별 상대적 평등 개념과 그녀들이 어디에 있든 또는 그녀들이 다른 사람들에 의해 어떻게 정의되든 기회 탐색을 장려하는 성공을 위한 동기의 조합으로 설명될 수 있다(Mirza, 1992: 145).

미르자의 분석은 요인들이 복잡하게 뒤엉켜 있다. 그러나 동시에 미르자는 흑인 여학생들이 학교에서 자신들의 위치를 의식적으로 결정한다고 설명하고 그녀들이 이렇게 하는 것을 사회적 경력 개발을 위한 장기적인 개인 전략의 일부로 보았다. 미르자는 맥락과 전통의 특수성에 민감해지는 것의 중요성과 '여성성의 문화'와 같이 허위의 보편적 범주로부터 일반화하는 것의 문제를 강조한다(Mirza, 1992: 제7장 참고). 동시에 미르자는 범주에 따라 여학생들의 지향과 기대에 중요한 차이가 있음에도 노동시장은 여전히 인종과 성에 따라 분리된 채로 남아 있다는 점을 강조한다. 이러한 분리를 재생산하는 것은 학교교육이 아니다. 노동시장의 분리는 어떤 여학생이 교육분화 체계에서 자신들에게 알맞은 것으로 가정할 때나 직업세계의 '부적절한' 위치로 나아가도록 가정할 때조차도 존속한다. 사회적 차이와 불평등을 낳고 재생산하는 일차적 힘은 문화적이기보다는 구조적이다. 따라서 교육분화와 다양한 위치결정 과정의 약한 효과에 관한 초기 논의에 더하여 사회 불평등의 주요 영역들이 구조로서 재생산되는 데 교육이 중요한 영향을 미치지 않는다는 점을 제안할 수 있다. 사회 불평등과 재생산은 교육 이외의 다른 곳에 있는 원인 때문에 지속된다.

학생의 위치결정과 전략의 채택 연구는 부동의 '교육적 의사결정의 장'에 의해 정의된 공간 내에 자리할 수 있다. 그것들은 가족구조, 교육, 직업제도 사이의 체계적 관계의 구조적 역동성 내에 자리하고 학생들이 자신들의 미래를 구상하고 전략적으로 학교교육의 환경에 적응하는 준거틀을 제공하는 계급과 인종의 문화적 전통에 의해 확대된다.

선택과 사회계층화의 일차 효과

부동의 모델은 교육제도 안에서 계급생존율에 영향을 미치는 사회계층화의 '이차 효과'에 기본적으로 관심을 두었다. 그는 일차 효과를 시간의 흐름에 따라 하락하는 물질적 불평등으로 간주하는 경향이 있었다. 그러나 할제이 등(Halsey et al., 1980)은 일차 효과는 학교에 입학하는 시점에서 중요한 영향을 미친다고 주장했다. 그들은 일차 효과와 학교 유형과의 관계에 관한 연구에서 어린이들은 출신 계급에 따라 잉글랜드와 웨일즈의 오래된 세 종류의 학교(1944년 교육법에 따라 제도화됨)로 입학하는 경향이 있음을 밝혀냈다. 1998년 교육개혁법과 시장의 영향에 관한 연구는 이러한 경향이 오늘날에도 여전함을 알려 주고 있다. 시장의 힘은 점점 더 분화된 학교제도에서 문화적 자본을 매개로 일차 효과의 중요성이 증대될 수 있음을 알려 주었다. 학교 순위표에서 '가장 좋은' 학교를 선택하든, 보다 '효과적인' 학교를 선택하든 볼 등(Ball et al., 1997)이 구분한 것처럼 적극적인 (중간계급은-역주) '세계주의적' 선택을 할 것이고 (노동계급은-역주) 보다 선택 범위가 좁은 '지역적' 선택을 할 것이다. 레이(Reay, 1998)의 분석도 비슷하다. 그녀의 연구에 따르면, 집합행동의 종류는 특정 집단의 특정 목적을 위하여 학교를 변화시킬 수 있는 차별적 효과를 갖는다. 사회계층화의 일차 효과가 학생이 다닐 학교를 결정하고 학교가 다양한 유형의 학생들에 대해 반응하는 방법을 결정하는 데 있어서 더욱 중요해질수록 시장논리에 따라 학교도 점점 사회적으로 분리될 것이다(Gillborn and Youdell, 2000).

학생들이 위치를 결정하는 전략에 관한 초기 논의는 주로 학교 내 학생의 상황에 집중했다. 그러나 학교에 따라 다양한 학생집단의 위치를 논의하는 것도 중요하다. 특히 앞서도(제1장) 언급한 바와 같이 어떤 학교가 다른 학교보다 더 효과적이라는 것은 사실이다. 이러한 질문이 중요한 까닭은 교육에 시장논리를 도입하였을 뿐만 아니라 자녀가 다닐 학교를 선택하는 데 부모의 능력이 중요하던 1980년대 영국에서의 신 우익 교육정책의 영향과 관련되기 때문이다. 학생들이 교육분화 체제에서 스스로의 위치를 결정하는 방법은 그 안에서 스스로 발견한 학교와 관련되며 또한 그것은 교육시장에서 선택을 최적화하는 가족의 차별적 능력과 관련된다. 정말로 학교가 차이를 만든다면 보다 좋은 학교를 선택하고 접근할 수 있는 가족의 차별적 능력이 교육에서 사회계층화의 중요한 특징일 것이다.

학교교육의 시장논리는 소비자로서 부모에게 권한을 부여하는 것이다. 그렇지만 부모들의 소비자로서의 권한은 불가피하게 서로 다르다. 이 문제를 랜슨(Ranson)은 다음과 같이 말한다.

> 시장은 형식적으로는 중립적이지만 현실적으로는 그렇지 않다. 개인은 희소한 재화와 서비스를 얻기 위하여 함께 경쟁적 교환에 참여한다. 시장에서 모든 사람은 자유롭고 평등하며 자신의 이익을 산출하는 능력에 따라서만 다르다. 물론 시장은 이러한 사회적 편향을 위장한다. 시장은 소비자가 시장으로 가져오는 불평등은 무시하지만 재생산한다. 중립성으로 치장한 시장제도는 적극적으로 현존하는 부와 특권의 사회 질서를 확인하고 강화한다. 시장은 노골적인 사회적 선발기제다 (Ranson, 1990: 219-20).

그렇다면 교육시장에서 경쟁하는 가족의 능력은 어떻게 다른가?

- 첫째, 그들은 다양한 학교의 상대적 장점에 관한 정보를 얻고 판단하는 데 필요한 능력을 불평등하게 갖추고 있을 것이다.
- 둘째, 그들은 원하는 학교에 자녀를 보내는 데 필요한 시간과 돈, 수단과 같이 선택하는 데 필요한 물적 능력에서도 두드러지게 다양할 것이다. 이런 점에서 농촌 지역의 가족들이 특히 불리할 것이다.
- 셋째, 그들은 개인적으로나 공동으로 학교 정책과 실천에 영향을 미치는 정도에 차이가 있을 것이다. 또한 재원 조달 활동을 통하여 자녀들에게 자원을 투입하는 능력도 다를 것이다.

이 모든 것들이 신 우익 개혁보다 시기적으로 앞섰던 사회민주주의의 종합적 교육제도에서도 어느 정도 사실이었음을 인정해야 한다. 그러나 둘 사이에는 차이가 있는데, 그것은 사회민주주의적 제도의 보편적 원리가 모든 아동들에게 그들이 다니는 학교가 무엇이든 (시민권으로서) 가능한 한 최선의 교육을 제공하고자 했던 반면, 시장논리적 접근은 개인 소비자의 이익을 옹호하면서 대신에 평등주의 원칙을 기꺼이 포기한다는 점이다. 교육은 공공재보다는 사유재로 다시 정의되고 개인은 공공선과 타자에 대한 사회적 책무성을 지닌 시민보다는 자신의 이익을 좇아 행동하는 존재로 새롭게 정의된다. 학교교육에 시장논리를 도입하는 것이 갖는 논리적 기대는 학교교육이 사회적으로(그리고 인종적으로) 더욱 분리되고 이전보다 더욱 양극화될 것이라는 점이다. 결과적으로 1990년대 교육연구자들은 시장화로 인한 분열 가능성을 감독하는 데 주의를 기울였다.

선택과 교육시장

1990년대 초반의 연구에서 볼, 보위와 거위츠(Ball, Bowe and Gerwirtz, 1997)는 교육시장에서 계급과 관련된 부모의 선택을 단지 경험적으로 기술하는 수준을 넘어 이론을 제공하고자 했다. 그들은 부르디외와 볼탄스키(Boltanski)를 인용하면서 사회학적인 재생산전략으로 "교육시장을 간주하기"를 원했다.

> 세 가지 요인들이 중간계급 가족으로 하여금 전략적 선택을 더욱 강조하도록 상황을 '조장'하거나 제공한다. 첫째, 학교 졸업장의 꾸준한 인플레이션과 그것과 관련된 졸업장의 가치 절하다. 둘째, 종합학교제도화(comprehensivisation)에 따른 학교교육의 민주화 증대다. 이들 모두는 교육적 차이를 줄임으로써 그리고 고등교육과 노동시장에 대한

> 접근 유형을 변화시킴으로써 계급의 장점이 유지되는 것을 위협했다. 셋째, 보수당 정권에 의해 시도된 시장 체제 안에서 학교 전문화와 선발과 선택을 증대하는 정책으로 인한 새로운 가능성이 제공되었다. 즉, 중간계급은 자신들의 오랜 경제적 이점이나 새롭게 획득된 신분적 지위를 공고하게 하도록 이들 정책들이 제공하는 새로운 기회를 최대한으로 활용한다(Ball et al., 1997: 419).

볼 등이 연구를 통하여 밝혀낸 (학교 선택의-역주) 복잡성의 주된 특징은 지역의 중요성과 관련된다. 이것은 교육시장이 단지 지역의 상황에 민감할 필요가 있다는 것을 의미하는 것이 아니다. 공간은 광의의 개념화의 일부로서 특정 이론으로 정립될 필요가 있다. 교육시장은 집단에 따라 다양한 시공간적(spatial-temporal) 형태를 갖는다. 이것은 어떤 수준에서 각 집단을 위한 시간과 예산편성의 실질적 제약으로 나타난다. 예를 들어, 얼마나 많은 시간을 여행을 위해 사용할 수 있는가? 이것은 집단들이 친숙한 지역에서 친숙한 방식으로 자녀들의 사회적 경력 개발에 대한 전망을 갖는가, 아니면 자녀로 하여금 지역을 벗어나 새로운 공간으로 가능성을 찾아 떠나 장기적 전망을 갖도록 '세계적' 태도를 갖도록 하는가와 관련된다.

1991~1992년에 런던 인근 세 곳의 지역교육청에 소속한 중등학교를 대상으로 연구가 수행된 바 있다. 볼 등은 연구목적을 위하여 학교와 부모를 분류해야 했다. 연구결과 그들은 "선택, 계급, 공간에 따라 서로 다른 학교교육의 세 가지 확실한 경로"(Ball et al., 1997: 410)가 있다고 주장했다. 부모들의 집단에 따라 각기 다른 방식으로 이들 경로에 '접속'하며 각 경로는 학생들에게 서로 다른

생애 기회를 제공하는 권력을 갖는다. 첫 번째 경로는 특정 지역으로부터 학생들을 모집하며 '매우 지역화된 평판' 을 갖는 경향이 있는 '지역' 학교다. 이러한 지역 학교들은 노동자계급 부모가 선호하는 반면에, 중간계급 부모는 덜 선호하는 지역교육청 관할의 이질적인 종합학교일 가능성이 있다. 두 번째 경로는 '세계적이고 명성이 높은 엘리트 중심의 사립학교' 다. 이들 학교는 인근 지역을 넘어서는 명성을 가지고 있으며 훨씬 더 넓은 지역으로부터 학생들을 모집한다. 세 번째 경로는 지역의 '주간' (즉, 기숙학교가 아닌) 사립학교다. 이 학교는 엘리트 중심 사립학교와 일정한 경쟁관계에 있다. 이처럼 다양한 진학 경로는 1980년대 보수당 개혁으로 학교 유형의 다양성이 증대된 데서 부분적으로 영향을 받았다. 보수당 정권의 개혁으로 학교는 지방교육청으로부터 재정 지원을 계속 받으면서도 새로운 도시공업고등학교(City Technical College)를 포함하여 지역교육청의 관할을 '벗어나' 학교를 선택할 기회를 갖게 되었다. 두 번째와 세 번째 경로는 다소 형식적인 학문적 선발과정을 실시했다.

볼 등(Ball et al., 1997)은 부모들을 '세계적인 부모(주로 중간계급)' 와 '지역적인 부모(주로 노동자계급)' 로 구별한다. 두 집단 사이의 가장 주된 차이는 '지역적인 부모' 는 세계적인 부모들의 선택 경로를 '고려하지' 못한다는 점이다. '세계적인 부모' 들은 교육시장의 규모를 더욱 폭넓게 생각하고 있으며 그 안에서 매우 적극적인 '선택자' 로 행동한다. '지역적인 부모' 들은 지역화되는 것을 당연하게 생각한다. 앞서 지적한 바와 같이 이것은 시간과 돈의 제약이 반영된 실제적 측면뿐만 아니라 친숙한 것과 그것에 애착을 보이려는 문화적 차원과도 관련이 있다. 이러한 두 가지 이유 때문에 중간계급의 부모들은 학교에 가족을 더욱 맞추려고 하고 또 그렇게 할 수 있는 반면에, 노동자계급의 부모들은 학교교육을 가족의 요구에 맞추고자 한다. 볼 등은 이러한 현상이 노동자계급의 문화 결핍 때문이 아니라 "가족의 요구와 구조적 한계가 복잡하게 얽혀 있는 학교 선택의 '내재적' 결과"로 바라보아야 한다고 주장한다.

이와 같이 볼 등(Ball et al., 1997)은 '시간의 지평과 시간의 상상력'을 강조한다. 그들에 따르면, 시간의 상상력이란 다음을 의미한다. "중간계급의 '세계적' 가족은 자녀들이 대학입학준비과정이나 혹은 대학에 다닐 때 자녀들을 치과의사, 회계사 또는 예술가로 상상하는 경향이 있다. 이에 비하여 노동자계급의 '지역적' 가족은 '두고 볼' 것이며 자녀들의 미래에 대한 상상을 덜하는 경향이 있다." 볼 등은 이처럼 교육적 선택 담론의 차이를 구체화했다. "노동자계급의 담론은 실제적이고 즉각적인 것에 의해 지배되는 반면에, 중간계급의 담론은 이상적이고 도전적인 것에 의해 지배된다." 문화적 자본의 계급적 배분은 교육시장에서 사회적으로 분화되고 아주 단절된 경로에 기초한 교육적 계층화 제도를 구성한다. 이처럼 선택에서의 계급 차이는 능력의 차이와만 관련되어 있는 것이 아니라, 시공간적 지향—아비투스의 유형—이나 가능한 미래를 조망하는 상상력에 의해 구조화된 서로 다른 담론 형태와도 관련된다(Ball et al., 1997: 413-419).

분리와 지수 전쟁

시장화가 분리를 크게 할 것이라는 점이 논리적으로 명확해 보일지라도(Noden, 2000: 372-374 참고) '실제로 교육은 사회적으로 더욱 분리되었는가?'라는 물음에 경험적으로 답할 필요가 있다. 그러나 대답은 그렇게 간단하지 않다. 이 물음에는 두 가지(아마 서로 관련된) 문제가 있다. 그 하나는 지역에 따라 경험적 연구가 서로 다른 결과를 보인다는 점이다. 어떤 지역에서는 결과적으로 분리가 증대되지만 다른 지역에서는 그렇지 않다. 다른 하나는 학교 간 사회적 분리(또는 보다 일반적으로 교육에서의 사회분화)를 어떻게 측정할 것인가와 관련된 기술적 문제다. 이에 관하여 고라드(Gorard)는 분리를 측정하기 위하여 통상적으로 사용되지만 '실질적으로는 다른 방법'이 두 가지 있다고 주장한다. "두 가지 통상적 방법이 동일한 원자료로부터 전혀 다른 결과를 제시한다는 것은 흥미로운 일이다!"(Gorard, 2000: 392) 이처럼 경험 연구가 상반되는 연구결과를 도출하는 이유 중 하나는 서로 다른 방법을 사용하기 때문이다.

고라드는 이러한 상황을 다음과 같이 정리한다.

> 시간의 흐름에 따라 집단을 비교하기 위해 가장 대중적인 방법을 사용하면, 영국 교육은 위기로 나타난다. 백분율로 표시하는 조사 결과에 따르면, 사회집단 간 차이는 지속적으로 증가하였으며 교육 또한 성, 계급, 민족, 수입에 따라 계속해서 양극화되었다. 그러나 비율을 고려하여 계수로 차이를 분석하는 다른 방법을 사용하면 반대 경향을 보인다. 성, 계급, 민족, 수입에 따른 학생집단 간 성취도 차이는 실제로 감소된 것으

로 나타나며 교육의 양극화는 계속해서 완화되었다. 이것이 '성취도 차이의 역설' 이다(Gorard, 2003: 393).

여기서 우리의 관심은 이들 논의의 수학적 전문성을 다루고자 하는 것이 아니라 보다 일반적인 관찰을 하고자 하는 것이다.

노든(Norden, 2000)이 지적한 바와 같이 첫 번째 문제는 성취나 분리라는 용어가 간단하지 않다는 점이다. 그들은 하나의 개념만 있는 것이 아니다. 그것들은 다르게 정의되지만 목적이 다른 경우에도 똑같이 타당한 방법으로 받아들여진다. 두 번째 문제는 다른 척도가 다른 목적과 사례에 더 적합할 수 있다는 것이다. 이런 점에서 차이에 관한 단일한 하나의 척도를 기대하는 것은 잘못이다. 세 번째 문제는 볼 등(Ball et al., 1997)뿐만 아니라 다른 연구자들도 중요하게 생각한 것처럼 지역적 요인의 중요성이다. 지역의 독특한 특성 때문에 장소에 따라 사용된 방법과 관계없이 다른 일들이 발생할 가능성이 매우 높다. 네 번째 문제는 이러한 요인들이 계속해서 변화하지 않는다고 가정하는 것이다. 예를 들어, 시장개혁의 초기에 중간계급 가족은 개혁으로 인하여 이득을 보게 되지만 노동자계급 가족은 곧 따라잡기 시작할 것이고 더욱 능숙하고 자원을 갖춘 '선택자' 가 될 것이다. 이와 같이 처음에는 분리가 증가하지만 시장과 시장행동이 정착되고 더욱 비슷해지면서 차이는 줄어들 것이다(Noden, 2000: 383에서 논의된 Gorard and Fitz).

이번 장에서 다룬 접근과 연구는 학생과 그들이 다니는 학교와의 관계, 가정과 자녀가 다닐 학교와의 관계가 점점 더 복잡한 방향으로 나아갔다는 점이다. 볼 등은 다음과 같은 결론을 내렸는데 그들이 말한 '핵심어는 복잡성'이다.

> 이 연구에서 우리가 기술한 것은 이미 고도로 분화되고 복잡해진 학교제도였다. 학교제도는 위계구조, 전문주의, 선발 그리고 과도한 기부(over-subscription) 등을 보인다. 이러한 학교제도 안에서 공간, 거리, 통학은 어떤 학교를 다른 학교보다 더욱 '능력 있게(get-at-able)' 만드는 요인으로 작용한다. 역사와 명성은 어떤 학교들을 특정 선택자들로 하여금 보다 선호하도록 한다. 공간 차원에서 보면 특정 학교는 대체로 좋은 곳에 위치하고 있으며 특정 가족에게 더 알맞다. 선택 유형은 선호하는 선택, 선택기회 그리고 선택 능력에 따라 생겨난다. 따라서 선택과정에서 학교의 평판이나 바람직함은 거리나 알맞음(matching)과 같은 다른 요인에 비하여 무시된다. 일부 부모들에게 중요한 것은 학교의 일반적 특성이 아니라 학교가 자녀들에게 알맞고 적합한가의 여부다. 노동자계급의 부모들에게 있어서 자녀의 희망이 종종 더욱 결정적이며 가족조직은 제약 요인으로 작용한다. 중간계급의 부모들에게 가족조직은 상대적으로 제약 요인이 아니지만 선택과정에서 자녀 요인이 더욱 제약이 된다. 선택의 개인화는 사례에 따라 다르다. 그러나 앞에 언급된 모든 방식에서 시장은 사회적 계급 차이와 강하게 관련되어 있었다(Ball et al., 1997: 419).

학교에 대한 가족의 '입장' 그리고 학교에 의한 학생들의 '위치결정' 방식과 학생들이 학교 안에서 전략적으로 '스스로의 위치를 결정하는' 방식 사이의 관계는 복잡한 매트릭스를 구성하는 두 개의 구조적 역동성을 통해 이해될 수 있다. 첫 번째는 교육제도 그 자체의 구조적 역동성이다. 교육팽창, 학력주의화, 학력 인플레이션 과정과 '상급 단계로의 차이의 변환'이다. 두 번째는 직업세계 및 가족조직에서의 외생적 변화의 구조적 역동성이다. 이것들이 비록 다른 시기에, 다른 방식으로, 다른 집단에 영향을 미치기는 하지만 그럼에도 불구하고 공유하는 조건이 있다. 모두에게 교육은 기원과 결과 사이 그리고 이곳과 저곳 어디엔가 위치한다. 그러나 교육제도 자체 또한 그 변화의 과정에 있다. 교육제도 고유의 변화의 역동성이 교육정책과 개혁의 계획된 효과로 단순히 축소될 수 없다. 부동의 지적처럼 교육의 작동을 사회학적으로 이해하기 위한 관건은 교육제도 그 자체의 구조적 역동성에 있다.

정 리

이번 장에서는 ① 교육 내 지위 체계의 역동성과 ② 학생이 교육적으로 자신의 위치를 어떻게 결정하는가 하는 점을 교육에서 사회적 차이의 문제를 중심으로 검토했다. 브라운(P. Brown)의 관심거리는 역동적인 교육 상황과 노동시장의 학력주의화 그리고 학력 인플레이션이 혼재된 복잡한 과정, 이 과정 때문에 지속적으로 그 가치가 재평가되는 지위 체계 안에서 능동적 주체로서 전략적으로 활동하는 학생이었다. 윌리스, 브라운, 미르자와 같은 학자들의 '전략적 위치결정' 방법이 부동의 '교육적 의사결정의 장'과 시뮬레이션 교육팽창 모델과 관련되면, 교육의 지배적인 경험 연구 동향에 일정 정도의 만족스러운 논의를 가능하게 할 것이다. 뿐만 아니라 지위 체계와 특정 집단 전략의 논리에서의 변화를 조합함으로써 이들 추세가 어떻게 발생하는가에 관한 설득력 있는 논의를 제공할 수 있다.

보다 구체적으로 부동의 모델에서는 ① 낮은 수준에서 교육 불평등은 감소되지만, ② 전반적인 불평등은 동일한 수준을 유지하고, ③ 평균 성취 수준은 올라간다는 점을 체계적으로 설명한다. 교육 불평등의 감소가 사회적 기회의 평등을 증진한다는 어떠한 필연적 논리가 없음을 증명한 것이 그 모델의 가장 특기할 점이다. 학력을 취득한 인구가 증가한다고 해서 기회가 증가하는 것은 아니며 오히려 학력의 가치를 절하시킨다. 오늘날 영국이 이 지경에 이르렀는데, 그것은 엘리트 학교가 학생들에게 졸업장을 퍼주면서부터다. 이처럼 교육기회, 사회적 기회 그리고 사회이동 간의 연결고리는 본래 약하다. 따라서 교육이 보다 일반적인 사회정책의 수단으로 활용되기에는 어느 정도 한계가 있다. 이것은 교육의 능력을 벗어난 사회목표를 교육에 과도하게 부담지워서는 안 된다는 것을 말하며 기회와 사회적 형평성의 증진을 위해서는 다른 종류의 기제가 모색되어야 한다는 것을 의미한다(Brown and Lauder, 1997).

학생과 학교에 관심을 두면, 전략적 위치결정의 연구는 외재적 그리고 내재적 논의에서 고려된 다양한 요인들이 학생들이 학교에서 스스로 행동하는 방식과 관련하여 상대적으로 약한 효과를 미친다는 것을 암시한다. 예를 들어, 성 혁명, 특히 흑인 여학생 사례가 보여 준 것처럼 가족구조와 노동시장 조건에 따라 형성된 환경 아래에서 학생들의 위치결정과 전략들은 교육적으로 사회적 차이 체제를 형성하는 가장 강력한 요인이었다. 이것은 학교가 아무런 효과가 없음을 말하는 것이 아니라, 대신에 학교효과성 연구가 주장하는 것과 같이 그 효과가 제한적이고 어떤 경우에는 교육이나 사회 불평등에 영향을 미치지 못한다는 점이다(제1장). 볼 등의 연구결과처럼 가족이 학교를 결정짓는 방법이 학교에 의해 학생의 위치가 결정되는 방식(비록 여기에서 학교 선발 절차가 영향력이 있을지 모르지만)에 비해 더욱 중요하다. 평등한 기회와 관련하여 준거틀의 탐색 그리고 교육시장 및 노동시장과의 관련성은 정책 수준이든 교육과정 수준이든 교육적 담론과정이 해체되는 것 이상의 가치를 가질 것이다.

이러한 논의를 통하여 우리는 교육제도의 도구적 능력이 특정 경제적 · 사회적 정책목표를 달성하는 데 있어서 생각했던 것보다 크지 않다면, 교육의 본래 목표를 실현하려는 학교의 유연성을 제한하는 것의 정당성이 크지 않다는 것을 알았다. 반성차별주의나 다문화교육과 같은 시책은 그것들이 얼마나 그 정책 이상의 목적에 기여하느냐 여부와 관계없이 교육적으로 정당성을 갖는다. 교육에서의 성혁명은 학교에서 성차별 반대 교육을 촉진하는 것에 비하여 사회적인 가족구조와 노동시장의 변화와 페미니스트 혁명에 의해 훨씬 더 많은 영향을 받는다. 그렇다고 그것이 교육적으로 성차별 반대 교육의 확대를 그만두게 할 이유가 될 수는 없다. 이와 같은 사회학적 논의가 궁극적으로 시사하는 바는 교육적으로 무엇인가를 해야 하는 가장 좋은 이유는 그것이 교육적이기 때문이며 교육자들은 교육 외적 목표에 얽매이기보다는 교육의 내재적 목적을 추구하는 데 가장 열심히 노력해야 한다는 점일 것이다.

제5장

교수법 담론의 구조

제5장

교수법 담론의 구조

제5장에서는 제3장에서 제기한 문제로 다시 돌아가 베버와 뒤르켐 그리고 아비투스를 검토한다. 이러한 관심은 "우리의 지성과 감성은 특수한 조건에 기초한다. 우리들 각자는 다른 사람을 결정하는 그리고 그들을 통합하는 보다 근본적인 조건에 있다. 그리고 우리들이 교육자로서 직분을 진정으로 수행하고 효과를 지속할 수 있으려면 '보다 근본적인 조건' 을 파악해야만 한다" (Durkheim, 1977: 28)는 뒤르켐의 주장 때문이다. 뒤르켐이 그랬던 것처럼 여기서의 핵심 관심사 또한 '보다 근본적인 조건' 이다. 쟁점이 무엇인가를 분명히 하기 위해서 번스타인이 제기한 다음과 같은 주장을 살펴볼 수 있다.

> 교육사회학이 교수법 담론(pedagogic discourse)에 따라 실현되는 전문화된 의사소통 형태를 구성하는 본질적 측면을 분석하는 데 별다른

관심을 기울이지 않았다는 것은 꽤 흥미롭다. 교육사회학의 많은 연구들, 특히 다양한 재생산 이론가들에 의해 수행된 연구들은 분석의 대상이 되어야 하는 그 담론을 당연한 것으로 가정한다. 특히 재생산이론은 교수법 담론을 성, 계급, 인종과 같은 다른 목소리들을 위한 매개체로 간주한다. 교육담론은 담론에 외재하는 지배와 피지배 관계를 재생산하는 권력을 분석한다. 따라서 교수법 담론은 사회적 관계, 전달의 매체 그리고 평가를 영속화하는 것이며 거기에는 노동자계급의 목소리가 부재하는 것으로 간주되는 경향이 있다. 그러나 여기서는 부재하는 것은 바로 교수법 담론 그 자체라는 점을 다루게 될 것이다(Bernstein, 1990: 165).

번스타인은 "교수법 담론이란 그것에 외재하는 권력관계를 중계(relay)하는 것에 불과하다. 중계는 중계되는 것을 결정할 영향력을 가지고 있지 못하다"(Bernstein, 1990: 166)라고 주장한다. 번스타인은 "중계와 중계되는 것(relayed)의 차이를 만드는 것은 무엇인가."하고 묻는다. 번스타인은 뒤르켐과 동일하지는 않지만 두 사람 모두 같은 것을 다루고 있다.

2000년 세상을 뜰 때까지 번스타인은 영국 교육사회학계의 걸출한 이론가로 활동했다. 그의 저작들은 수년 동안 가장 영향력 있는 지적 성취물로 남아 있는 것으로 보인다. 1958년에 처음으로 출판된 논문을 위시하여 번스타인 이론 체계와 이론의 발달을 여기서 제대로 요약하는 것은 불가능하다. 대신 다음 두 가지 문제에 집중할 것이다. ① 번스타인 이론의 특징은 무엇인가? ② 지식의 생산과 지적 영역의 구조화에 관한 입장은 무엇인가?(Moore and Muller, 2002) 첫 번째 질문을 해명하기 위해 1970년대 발표된 두 개의 독창적인 논문—「분류화와 구획(*classification and framing*)」과 「가시적과 비가시적 교수법(*visible and invisible*)」—을 다루게 될 것이다(Bernstein, 1977: 제5장과 제6장). 아울러 두 번째 문제는 '기술 언어'와 '수직적 및 수평적 지식구조'에 관한 후기 저작(Bernstein, 2000)을 통해 검토될 것이다. 번스타인은 전 세계의 많은 연구자들 중에서도 경험적 작업을 통해 이론을 인상적으로 형성했다는 점에서 사회이론가들 중에서 단연 돋보인다(예, Arnot, 2002: 제11장; Morais et al., 2001; Power et al., 2001; *British Journal of Sociology of Education*, 2002). 이것은 그의 이론이 자료를 자세하게 다룰 수 있는 개념을 도출하고자 하였기 때문에 가능했다(Bernstein, 2000: 제6장). 그의 이론의 특징은 다음 장에서 보다 깊이 있는 인식론적 · 이론적 쟁점으로 다루어진다.

앞서 인용한 번스타인의 주장은 교육사회학이 한쪽으로만 다루어져 왔다는 것을 암시한다. 교육사회학은 계급 차이와 성 차이와 같은 영향력이 교육 내에서 드러나고 교육을 통해 중계되는 방식에 관심을 기울여 왔다. 반면에 교수법 담론의 목소리와 같이 교육 그 자체의 본질적인 것은 무시되었다. '교수법 담론의 목소리'와 '보다 근본적인 조건'은 동일한 것들이지만 불행하게도 이것이 무엇인지를 간단명료하게 설명하는 것은 불가능하다. 그러나 일상적 관찰을 통해 이것의 원초적 의미를 발견할 수 있을 것이다. 내가 글을 쓰는 것처럼 텔레비전에서는 영국과 남아프리카 크리켓 팀 사이의 경기를 방영하고 있다. 나는 화면을 보고 해설을 들을 수 있다. 그것들은 방송에 의해 중계되고 있다. 그러나 여기에는 중계(relay, 신호)와 같은 것들이 있다. 이것은 보거나 들을 수 없지만 운동 경기의 방영을 가능하게 한다. 그러나 만약 이것이 없다면, 아무것도 보거나 들을 수 없을 것이다! 이것이 뒤르켐과 번스타인 두 사람이 모두 관심을 두고 있었던 가시적인 것을 위한 비가시적 조건이다.

문제는 뒤르켐과 번스타인의 '가시성(visibility)'의 의미가 다른 사람들에 의해 뒤엉켰다는 점이다! 번스타인은 자신이 뒤르켐에게 빚지고 있음을 강조한다.

> 뒤르켐의 저작은 상징적 질서, 사회적 관계 그리고 지식의 구조화 사이의 관계에 대해 참으로 대단한 통찰력을 보여 준다. 어떤 점에서 마르크스가 헤겔을 발전시켰다면, 뒤르켐은 칸트를 계승하고자 했다. 뒤르켐은 『원시적 분류화(*Primitive Classification*)』와 『종교생활의 원초적 형태(*The Elementary Forms of the Religious Life*)』에서 사회적 관계의 구조화로부터 자기 사상의 기본 범주들을 끄집어 내고자 했다. 그 성공 여부는 중요하지 않다. 뒤르켐은 상징적 질서의 분류화와 구획 그리고 경험의 구조화와의 관계를 전면적으로 의문시했다(Bernstein, 1973: 194).

번스타인은 뒤르켐의 '참으로 대단한 통찰력'을 긍정적으로 평가했지만 번스타인 또한 뒤르켐의 관심과 이론을 근본적으로 잘못 이해한 일련의 재해석—뒤르켐은 실제로 사회주의자이자 합리주의자였지만 통상적으로 보수주의자이자 실증주의자로 설명되었다—을 통해 뒤르켐의 사상을 대부분 계속해서 탈맥락화된 방식으로 이해했다. 런던 경제학교에서 번스타인의 지도교수였던 맥래(MacRae)는 『계급, 코드 그리고 통제(*Class Codes and Control*)』 1권의 1973년판 서문에서 번스타인의 저서에 대해 다음과 같이 언급했다.

> 이 책의 관심은 절차보다는 뒤르켐주의다. 교과서 속의 뒤르켐이 아닌 뒤르켐과 번스타인의 관계를 진지하게 탐색하는 것은 가치 있을 것이다. 뒤르켐은 퍼거슨(Ferguson)에서 현재까지의 다른 위대한 사회학 이론가들이 보지 못하였거나 회피하였던 문제들을 제기한다. 이런 식으로 번스타인이 한 것은 『종교생활의 원초적 형태』의 질문을 공격하는 것이다. 그러나 범주들을 살펴보면 칸트주의자의 범주가 아니라 뒤르켐 사후 반세기 사회학으로부터 그리고 카시러(Cassier)와 같은 신칸트주의자로부터 계속해서 유통된 뒤르켐의 사상과 느낌, 그의 연구물로부터 도출된 범주들을 꾸민 것들이었다(Bernstein, 1973: xiv).

번스타인 역시 뒤르켐에 대한 '참으로 놀라운 통찰력'을 가졌다. 그의 연구는 뒤르켐을 '교과서 속의 뒤르켐'으로부터 벗어나게 했다. 따라서 번스타인을 제대로 이해하기 위해서는 뒤르켐에 대해 번스타인이 가졌던 생각처럼 뒤르켐을 복원하는 것이 필수적이다. 이러한 작업에는 뒤르켐을 보수적이고 실증주의의 극단에 위치지운 1970년대 초반의 움직임을 전복하는 것도 포함한다.

뒤르켐과 교육의 과학

사회학의 초석을 다진 사상가들 중에서 교육에 가장 많은 관심을 기울인 사람은 뒤르켐(Durkheim)이었다. 뿐만 아니라 교육은 그의 이론의 중심에 있었다. 카라벨과 할제이는 1977년 교육사회학에 대한 권위 있는 검토에서 『교육사상의 전개(*The Evolution of Educational Thought*)』(Durkheim, 1977)를 평가하면서 "교육적 전달의 사회적 구조와 과정의 관계를 분석한 이 책을 깊이와 넓이에서 능가한 교육사회학자는 일찍이 아무도 없다"고 주장했다(Karabel and Halsey, 1977: 74, 87–88). 이러한 의견은 지금도 유효하다. 뒤르켐 이론은 단지 역사적으로만 앞선 것이 아니라, 교육사회학 분야에서 여전히 강력한 지적 영향력을 유지하고 있다. 그러나 뒤르켐의 사상이 전후 주요 사회학의 논의과정에서 다양하게 굴절되었고 재맥락화되었기 때문에 그에 대한 이러한 주장을 밀어붙이는 데는 상당한 어려움이 있다.

뒤르켐이 교육사회학에 미친 영향은 광범위하고 때로 모순적인 형태를 취한다. 그는 1950년대 지배적인 사회학 패러다임이었던 미국의 규범적 기능주의에 대해 주요 근거를 제공했다. 당시 영국 대학에서는 사회학을 제도화하기 위해 노력 중이었다. 이와 관련된 것이 '선진 산업사회'라는 특별한 모델이었는데(제2장 참고), 그것은 뒤르켐의 '유기적 연대(organic solidarity)' 이념과 관련이 있었다. 뿐만 아니라 이것은 사회학에서의 교육적 사고에 강력하게 영향을 미쳤다. 기능주의 모델은 1960년대 후반과 1970년대 초반에 집중적인 비판의 대상이 되었는데, 이는 현상학이나 민속방법론과 같은 주관주의적이고 인간주의적 사회학(신교육사회학과 관련된다)의 등장에 기인했다. 이들은 뒤르켐을 보수적인 실증주의자로 묘사했고 자신들의 입장을 뒤르켐에 반대하는 것으로 공식화했다. 이들은 뒤르켐에 대한 자신들의 이해와 설명에 따라 자신들은 뒤르켐주의자가 아니라고 주장하고 이러한 주장에 입각하여 구성된 이들 학파에서 뒤르켐의 영향은 부정적이었다. 뒤르켐은 보다 전문적으로 영향을 미쳤는데, 그의 고전적 저서인 『자살론』(1952)은 머튼(Merton)을 거쳐 영국 중등학교 학생들의 하위문화에 대한 일련의 고전적 연구를 위한 기초를 제공했다(제4장에서 논의된 '적응의 유형들' 을 통해). 이 연구들은 구조이론의 거시적 주제에서 학교교육의 미시적 과정으로 관심을 돌리는 데 결정적 역할을 담당했다. 그러나 이러한 일련의 영향에서 뒤르켐은 단지 부분적으로만 등장하는데, 이는 영어 사용자들이 뒤르켐을 이차적으로 재해석하여 걸렀기 때문이다.

프랑스 사회과학의 발달에 미친 뒤르켐의 영향과 그의 생산적인 위치를 지적하기도 하지만 그렇게 평가받는 것은 흔하지 않다. 최근 구조주의와 후기구조주의 사상가들에 대한 뜨거운 관심에도 불구하고 이들 사상가들의 이념, 예를 들자면 레비-스트로스(Lévi-Strauss), 알튀세(Althusser), 푸코(Foucault)가 뒤르켐주의 인간철학(Durkheimian philosophy of man)에 그 뿌리를 두고 있다는 점은 거의 인정하지 않는다. 부르디외는 이를 '지적 이성의 이상한 책략(a strange ruse of intellectual reason)' 이라 칭한다(Bourdieu, 1988: xxiii). 대신에 뒤르켐의 '숨겨진(subterranean)' 영향(Alexander, 1990: 4-6)은 교육사회학을 통해 결정적으로 부상한다. 예컨대 이러한 뒤르켐 이해는 우리로 하여금 푸코의 관심사가 『사회분업론(*The Division of Labour in Society*)』(1933)에서 뒤르켐이 설정한 영역에 걸쳐 있으며 푸코의 사상도 뒤르켐의 인간주의 비판에 의존한다는 것을 알게 해 준다(Cladis, 1999) 이렇게 보면 뒤르켐은 '교과서' 에서 관례적으로 다루어져 온 것과 전혀 다르게 그려질 수 있다.

뒤르켐 사상의 배경

뒤르켐을 자리매김하는 데 있어서 프랑스 제3공화국* 당시 시대상과 환경을 살피는 것이 중요하다. (비록 이것이 오늘날의 독자들에게 그렇게 분명하지 않을지라도, Lukes, 1973) 제3공화국은 뒤르켐이 발전시키고자 선택한 특별한 이념 그리고 그가 실천한 방식과 직접적으로 관련이 있다. 뒤르켐의 저서들은 대단히 논쟁적이다. 그는 사회학을 하나의 과학으로 제도화하는 것을 자신의 주요 과제로 설정했다. 그가 지지했던 특별한 과학 모델('생성' 모델-제6장 참고)은 그로 하여금 '사회적인 것(the social)'이 확실한 영역으로 존재하며 이는 독특한 학문으로서 사회학을 필요로 한다는 자신의 주장을 발전시킬 수 있도록 했다. 경험주의와 공리주의에 대한 그의 공격은 야심찬 과학으로서 사회학을 가능하게 했다. 이러한 주장 역시 정치적인데, 왜냐하면 그가 제3공화국에서 지지했고 자신의 교육사상을 통하여 촉진했던 반성직자적이고 세속적인 도덕성

---

* 역자 주: 프랑스 제3공화국(1870~1940)은 나폴레옹이 독일과의 전쟁에서 패한 이후 1875년 양원제 의회와 국무회의 그리고 대통령직을 규정한 기본법을 공포했다. 당시 공화주의자들은 급진파와 기회주의파로 분열되었는데, 좌파인 급진파는 중앙집권, 반(反)교회주의, 대외정책에서의 민족주의, 헌법개정, 사회개혁을 주장했으며 기회주의파는 현 체제 유지와 시민의 사생활에 대한 정부간섭의 제한을 주장했다. 당시 프랑스에서는 사회주의 운동이 크게 일어났는데, 1905년에는 오늘날 사회당의 전신인 통합사회당이 출현했다. 1890년대에 제3공화국은 드레퓌스 사건이라는 최대의 정치적 · 도덕적 위기를 맞았다. 이 사건으로 군부와 교회는 다 같이 큰 타격을 받았고 1905년에는 교회와 국가를 분리하는 새로운 법이 제정되었다.

과 '사회의 과학(science of society)'이 직접적으로 관계를 가지고 있었기 때문이었다(Durkheim, 1973).

뒤르켐은 개인의 자유와 존엄성을 매우 헌신적이고 열정적으로 옹호했다. 그는 강한 사회정의감을 지녔으며, 평등주의적 공화주의자였고, 호전적인 반성직자적 합리주의자였으며, 국제주의자였다. 이러한 태도는 그의 학술 활동의 근간이 되었으며 교육에 대한 가르침과 접근, 나아가 교육의 사회적 역할 모두를 구성했다. 그는 프랑스의 전반적인 사회 조건의 개선을 목적으로 하는 교육을 개혁하는 일에 자신의 모든 지성적 힘을 쏟은 헌신적이고 열정적인 교사였다.

> 우리가 해야 하는 것을 찾고, 그것을 실천하도록 하며, 사회적 기계의 기능을 원활하게 하고, 개인들이 아무런 방해 없이 자신의 능력을 개발할 모든 수단을 이용할 수 있도록 하며, 마침내 각자에게 자신의 노동에 합당하게! 라는 유명한 금언을 현실화하도록 자유를 이용하자. 일반적으로 자유는 다루는 법을 배워야 하는 섬세한 악기 같다는 것을 깨닫도록 하자. 그리고 우리의 아이들을 그에 맞게 훈련시키자. 모든 도덕교육은 이러한 목적에 맞추어져야 한다(Durkheim, 1973: 55-56).

교수들의 공화국(la république des professeurs)의 위대한 이론가가 교육을 그의 사상과 활동의 중심에 두었다는 것은 우연이 아니다. 뒤르켐의 지식이론은 세속적 합리주의를 근간으로 한다. 클라크(Clark, 1973)는 세속적 합리주의를 제3공화국의 적극적 지지자들이 지닌 '두드러진 문화적 패턴'으로 묘사했다.

교육, 사회 그리고 지식의 문제

뒤르켐은 무엇보다도 합리주의자였다. 그의 합리주의는 독일의 위대한 계몽철학자 임마누엘 칸트(Immanuel Kant, 1724~1804)(Scruton, 1997 참고) 사상에 기원한다. 칸트 사상은 뒤르켐 이론에서 교육의 중심성과 타자를 결정하고 그들을 통합으로 이끄는 근본적 조건의 특성을 이해하는 출발점이다. 칸트는 경험주의자와 합리주의자—또는 '선험주의자(apriorists)' (Durkheim, 1995: 소개)—간의 서양철학의 오랜 갈등을 해소하고자 했다. 두 입장의 특징은 다음과 같이 요약될 수 있다. 경험주의자들은 경험이 지식에 우선하고 지식이란 궁극적으로 감각 경험에 근거한다는 것을 믿는 사람들이다. 많은 경우에 특히 20세기 초의 '논리실증주의자' 들은(logical positivists: 제6장 참고) 그러한 감각 현상(또는 감각 자료)을 과학적 지식의 객관적 근거로 간주했다. 이러한 신념에 따른 중요한 결과는 어떠한 지식도 궁극적으로 감각 경험에 기반을 두지 않고서는 인정될 수 없다는 것이다.

경험주의의 문제는 현저하게 정연하고 구조화된 사고의 본질을 경험적(또는 실험적, 주관적) 연합의 무질서하고 잠재적이며 임의적인 성격에 비추어 설명하는 데에 있다. 칸트를 따라 뒤르켐도 인간이 공간, 시간, 인과성 그리고 확산과 같은 기본 범주들(categories, 개념들과 직관들)을 따라 현실을 일정하게 경험하는 '강제적(compulsive)' 방식에 관심이 있었다. 겔러(Gellner)의 지적처럼 "경험주의자들은 이러한 강제를 설명할 수 없다. 그들은 어떠한 강제와도 큰 곤란을

겪는다. 말하자면 그들의 세계는 헐렁하고 느슨하다. 그것은 눈덩이처럼 우연히 형성된다."(Gellner, 1992: 31–32) 본질적으로 연합주의의 논리(차라리 비논리적인)는 인간 사고의 구조화된 규칙성이 지속되는 것을 설명하는 데에 충분하지 않다. "연합은 법칙이 없다. 그것은 어디에서나 연결을 설정할 수 있다. 이와 달리 우리의 개념들은 놀랍게 잘 단련되어 있다. 도대체 지구상에서 어떻게 무정부적 연합이 그렇게 잘 숙달된 개념들을 생성해 내고 질서정연하고 안정적인 세계를 생산해 낼 수 있을까?"(Gellner, 1992: 34)

경험주의자들이 지식을 후발적인 것(a posteriori)으로, 즉 경험 후(after)에 오는 것으로 바라보는 반면에, 합리주의자들은 지식의 결정적인 특성으로 선험적인 것(a priori)과 경험에 앞서는 것을 지적한다(Scruton, 1997: 32–33). 즉, 우리의 경험을 조직하는 시간과 공간과 같은 경험의 근본적 범주들은 경험에 앞서 존재하며 그들의 기본적 조직 원리에 경험을 제공한다. 칸트는 이러한 기본적 · 선험적 범주들을 '초월적'인 것으로 언급하고 있으며, 이것들은 어떤 경험이나 지식을 위해서도 보편적이고 필수적인 선결조건들이며, 경험적으로 확립되기보다는 오히려 연역(deduction) 방법을 통해 드러난다는 것을 의미한다('초월적 주장'에 대해서는 제6장과 Scruton, 1997: 39–42 참고). 비록 문화적으로 그리고 개인적으로 시간이 다양한 방식으로 인식되고 주관적으로 경험될 수 있을지라도 우리는 단지 어떤 형식이나 다른 형식으로 시간이라는 조건 속에서 세계를 경험할 수 있을 뿐이다. 범주는 그 형식이 다양하다고 할지라도 근본적이며 필요하다. 칸트는 이러한 범주들을 인간정신의 보편적 속성(초월적 자아)으로 간주하며 그것들을 개별적 경험의 조건으로 생각했다.*

뒤르켐은 기본적으로 칸트적 선험론(a priorism)을 공유했다. 그러나 동시에 칸트에게서 근본적인 문제점을 보았다. '선험주의자들'은 진정한 합리주의자들이다. 그러나 "그들은 경험을 초월하는 어떤 힘을 지성에 귀착시켜야만 한다. 그들은 오직 이 단일한 힘을 제외하고 어떠한 설명이나 정당한 근거도 제시하지 못한다. 단순히 인간 지성의 본질에 내재하는 것이라고 말하는 것은 그 힘을 설명하는 것이 아니다."(Durkheim, 1995: 14) 최종적으로 초월적 자아는 어떠한 것도 설명하지 않는다. 왜냐하면 어떻게 우리가 초월적 자아 그 자체를 설명할 수 있겠는가? 칸트의 해답은 (겔러가 설명하듯이, Gellner: 1992: 36) 단순히 '정신이 그렇게 했다(the mind did it)'는 것이다. 그러나 뒤르켐은 사고의 기본 범주들은 원래 사회적이라는 급진적 제안을 통하여 이 문제를 다루었다. 본질적으로 칸트적 인식론의 초월적 범주들은 사회질서의 원리들로부터 유래된다. 이런 점에서 뒤르

* 역자 주: 칸트는 자신의 사고 형식을 범주라 부른다. 칸트는 범주들을 원리로부터 '도출하고자 한다.' 범주를 이끌어 내는 것은 판단이다. 다양한 판단을 살펴보면 범주를 파악할 수 있다는 것이다. 따라서 범주들이란 사고들이 결합하는 모든 형식들의 완전한 일람표를 의미하며 범주표에서 판단은 다음과 같이 분류된다. ① 양에 따라 전칭적-특칭적-단칭적, ② 질에 따라 긍정적-부정적-무한적, ③ 관계에 따라 정언적-가언적-선언적, ④ 양상에 따라 개연적-실연적-필연적. 그리고 이 판단에 알맞은 각각의 범주들이 있는데, 그것은 다음과 같다. ① 양: 단일성-다수성-총체성, ② 질: 실제성-부정성-제한성, ③ 관계: 내속성과 자존성-인과성과 의존성-상호성, ④ 양성: 가능과 불가능-실재와 비존재-필연성과 우연성. 칸트는 판단의 형식에서 범주들을 이끌어 내는 것을 형이상학이라고 한다(J. Hirschberger(1965), 강성위 역(1992), 『서양철학사(하), 근세와 현대』, pp. 421-422).

켐의 '사회적 자아(social self)' (다음에서 다룸)는 칸트의 '초월적 자아' 의 자리에 들어선다. 그가 말한 것처럼 철학자들은 인간 이해의 경계를 넘어 개별적 정신들이 신비스러운 방식으로 참여하고자 하는 일종의 보편적이고 몰개성적인 이해의 존재를 종종 사색했다. 마땅히 이러한 종류의 이해는 존재한다. 그리고 그것은 어떤 초월적 세계가 아니라 바로 이 세상에 존재한다."

교육에 대한 뒤르켐의 정의

뒤르켐의 교육에 대한 정의와 접근은 먼저 이러한 칸트의 조건들 내에서 이해되어야만 한다. 교육은 '젊은 세대에 대한 체계적으로 잘 조직된 사회화(methodical socialization)' 로 정의된다.

> 교육은 아직 사회생활이 준비되지 않은 사람들에 대하여 기성세대에 의해 행사되는 영향이다. 교육의 목적은 전체로서의 정치적 사회와 그가 특정하게 운명지워진 특별한 환경에 의해 그에 대해 요구되는 어느 정도의 신체적, 지적, 도덕적 상태들을 아이의 내부에 일깨우고 발전시키는 것이다. …… 교육은 젊은 세대에 대한 체계적으로 잘 조직된 사회화라는 것이 앞의 정의로부터 도출된다. 우리 안에는 추상적으로만 구별이 가능한 확연히 다른 두 종류의 존재가 있다. 그 하나는 오직 자기 자신과 개인적 삶에만 적용되는 정신 상태들로 구성되어 있으며 이것을 개인적 존재라 부를 수 있을 것이다. 다른 하나는 우리의 개성을 말하는 것이 아니라 우리가 한 부분을 이루는 집단을 표현하는 사상, 정서 그리고 관행들의 체계다. 이러한 것들은 종교적 신념, 도덕적 신념과 관행,

국민적 혹은 전문적 전통, 모든 종류의 집단적 견해들이다. 사회적 존재는 그러한 것들의 총체로 형성된다. 우리 각자 속에 이러한 존재를 구축하는 것이 교육의 목적이다(Durkheim, 1956: 71-72).

이것은 '교육'에 대한 광의의 정의이며 근대교육제도나 학교에서 일어나는 것에 국한되지 않는다는 점에 주목할 필요가 있다. 뒤르켐은 이러한 과정을 전적으로 사회에 기원을 두는 '사회적 자아'의 형성과 연관짓는다. 즉, 사회화는 '인간 속에 새로운 존재를 창조한다'는 것이다. 넓은 의미로 교육은 사회와 자아를 중재하는 것이고 '외적인 것(사회적)'이 '내적인 것(자아)'으로 되는 과정이다. 교육은 사회적인 것이 개인의 내부에 새겨지게 되는 과정(즉, 아비투스의 형성)이다. 이러한 과정에서 개인, 즉 '인격적(personal)' 자아를 위한 준거틀과 조건들을 제공하는 의식의 구조화 원리가 새겨진다. 뒤르켐(혹은 적어도 그의 영어 번역자들은)은 아비투스라는 용어를 상대적으로 거의 사용하지 않았다. 그러나 그의 기획의 성격이 설명된 것처럼 칸트의 사회학주의(sociologizing)로 적절히 이해되기만 한다면, 아비투스 개념이 뒤르켐 이론에서 근본적일 뿐만 아니라 그의 저서에 산재되어 있음을 알게 될 것이다.

뒤르켐식 칸트주의에 따라 이해하면, 우리는 뒤르켐의 중심 관심이 지식과 신념의 내용보다는 사고의 기본적 생성 범주에 있음을 알 수 있다(제3장에서 언급한 바와 같이). 이러한 범주들이 창의성, 성찰성, 혁신의 가능성을 초래하는 것은 그것이 생성되기 때문이다. 이러한 가능성들은 뒤르켐이 '반성(reflection)'이라 지칭한 것에 가장 잘 표현되어 있으며 과학 내에서 매우 고도로 세련되어 있다. 뒤르켐이 이들 원칙들의 기원을 사회적인 것으로 이해함으로써 그것들을 보편적이기보다는 사회적으로 그리고 역사적으로 다양하다고 생각한다. 그의 이러한 관점은 '삶의 사회적 · 외적 형태'와 '세상을 인지하는 기본적 실재' 들 사이의 근본적인 차이(앞서 고려되었던 내용을 반복하면서)를 다룬 다음 글을 통해 알 수 있다.

> 인간성이란 절대 불변하는 것이 아니므로 끝없는 진화, 분열, 재건의 과정에 있다. 결코 단일체가 아니므로 사실상 인간성은 시간과 장소에 따라 다양하다. 삶의 외적 형태가 다양하다는 것은 사람들이 단지 모든 곳에서 동일한 언어로 말하지 않고, 똑같은 옷을 입지 않으며, 유사한 의식이 관찰되지 않는다는 것을 의미하는 것이 아니다. 오히려 **세상을 인지하는 각자의 기본적 실재**와 그것에 따른 행위가 장소에 따라 모양새를 달리하는 일정한 흐름의 상태에 있음을 의미한다. 모든 시대의 모든 사람들에게 타당한, 하나의 단일한 도덕 체계가 있다는 관점은 더 이상 유효하지 않다(Durkheim, 1977: 324, 강조는 인용자).

교육사회학과 사적 유물론에 대한 뒤르켐 접근의 주된 특징은 다음과 같이 요약할 수 있다.

- 인간성은 사회적, 역사적으로 발전된다.
- 교육은 특수한 역사적 환경 아래에서 젊은이들을 사회적 존재로 만드는 과정이다.
- 이 과정의 핵심은 사고의 기본적 생성 범주의 각인이다.
- 이러한 범주들은 사회질서의 원리들로서 교육을 통해 의식을

구조화하는 원리로 변형된다.

- 이들 원리들은 사회가 다양함에 따라 다양하고 보편적인 인간 본성도 없기 때문에 어떤 보편적 교육학도 있을 수 없다.

– 교육과학의 목적은 특정 사회질서의 형식들, 교육의 형식들 그리고 의식의 형식들 사이의 관계를 해명하는 것이다.

칸트적 범주들의 사회학화에서는 아비투스의 개념—세상을 인지하는 기본적 실재—이 작동하게 된다. 그것은 내부와 외부를 매개하며 교육(pedagogy)이라는 매개체를 통하여 의식을 구축하는 생성원리로서 사회질서의 원리들을 복제한다.

이중 자아

교육을 통한 아비투스의 형성은 뒤르켐의 독특한 자아 모델—이중 자아(duplex self)—과 자아 및 사회적 사이의 관계에 기초하여 이해될 필요가 있다. 뒤르켐의 교육에 대한 앞서의 정의에는 다음 내용이 포함된다.

> 우리 안에는 추상적으로만 구별이 가능한 확연히 다른 두 종류의 존재가 있다. 그 하나는 오직 자기 자신과 개인적 삶에만 적용되는 정신 상태들로 구성되어 있으며 이것을 개인적 존재라 부를 수 있을 것이다. 다른 하나는 우리의 개성을 말하는 것이 아니라 우리가 한 부분을 이루는 집단을 표현하는 사상, 정서 그리고 관행들의 체계다(Durkheim, 1956: 71–72).

여기서 말하는 사회적 자아와 개인적 자아의 구분이 자아의 '이중' 모형을 구성한다(예, Durkheim, 1974: 325-340). 이 모형은 그가 직관적 인식의 상태로 이해한 육체와 영혼 사이의 전통적 구분과 관련된다('이중적 인간이라는 오래된 공식'). "결코 단순하지는 않지만 우리의 내적 삶은 중심을 다잡는 두 가지의 무엇인가를 갖고 있다. 그 하나는 우리의 개별성인데, 보다 특별하게는 개별성이 근거하는 육체다. 다른 하나는 우리 자신 이외의 어떤 것을 표현하는 우리 안의 모든 것이다."(Durkheim, 1973: 154-155) 이 등식 중에서 사회적 측면에 대한 뒤르켐의 관심은 아마도 그에 대한 주된 비판의 원인일 것이다. 즉, 그가 사회를 물화시키며 인간에 대한 객관화되고 결정론적 모형을 만들어 낸다는 것이다. 만일 사회가 자아를 구성한다면, 개인의 자유와 자발적 사회행위를 위한 어떤 여지가 있을 수 있는가? 특히 교육과 관련하여 개별성과 사회적인 것과의 관계에 대한 뒤르켐의 입장을 제대로 이해하는 것이 중요하다.

왜냐하면 뒤르켐은 사회적인 것을 그 자체의 내적 논리를 갖는 하나의 실재로 정의하였는데, 역설적으로 이러한 그의 이론이 개인의 자유와 사회와 역사에 대한 집합적 영향 모두에게 효과적인 공간을 제공했기 때문이다. '사회적'인 것은 우리의 외부에 있으면서 또한 우리 안에도 존재한다는 사실에서 출발한다. 그러나 우리 '안'의 사회적인 것은 우리의 주관적 경험이나 가치와 신념의 내용과 동일하지 않다(그것은 마치 말과 언어가 동일하지 않듯이 '그다지 관계가 없거나' 혹은 '굴절된' 것이다.). 언어가 말과 혼동되어서는 안 되듯이 아비투스의 생성구조가 아비투스의 산출과 혼동되어서는 안 된다. 경험(개인적 주관성)과 생성 원리 사이의 '간극'은 뒤르켐이 '자발성(spontaneity)' 이라 부르는 것을 위한 여지를 제공하고 개인의 자원론적 관점을 가능하게 한다. 이 주장은 포지(Poggi)에 의해 잘 제시되었다(Poggi, 1972: 223-224). 그는 '규범' 과 '본능' 을 구분했는데, 본능이 '내부' 와 '내부로부터' 존재하는 반면에, 규범은 '내부' 에 있지만 '내부로부터' 오지는 않는다고 주장한다. 즉, 규범의 원천이 외부적이라는 것이다. 그러나

> 규범의 외재성은 정신적인 것들의 외재성이고 그것은 **개인의 능동적 주관성의 중재**를 통하여 '내재성' 으로 계속해서 변형됨으로써 행위에 영향을 끼칠 수 있을 뿐이다. 이 중재는 규범과 규범이 일으키는 행위 사이의 관계에 더 이상 쪼갤 수 없는 개인 자유의 요소를 포함한다. 비록 이 점을 다루는 뒤르켐의 입장이 때로 그런 것처럼 보이기는 하지만, 엄밀한 의미에서 규범이 행위를 결정한다고 할 수는 없다. 뒤르켐이 다소 더 엄격하게 해석하고 있기는 하지만 어느 정도의 '자발성' 은 순응적 행위의 필수 요소다(Poggi, 1972: 225-226, 강조는 인용자).

포지는 개인의 능동적 주관성을 매개로 하여 외재적인 것을 내재적인 것으로 계속해서 변형하는 것을 뒤르켐 교육관의 기본이라고 보았다. 이런 점에서 교육은 이러한 과정이 사회적으로 합법화되고 규제된 형식이다. 경험과 주관성은 사회적인 것(사회적 자아)에 의해 구조화되지만 그것에 의해 결정되지는 않는다. 확실히 '개인적 자아(personal self, 개인의 주관적 경험의 자아)' 와 '사회적 자아(social self)'가 동일하지 않기 때문에 개별성, 자발성, 창조성의 공간인 자아 내에는 더 이상 쪼갤 수 없는 공간이 있다. 의식과 경험 사이 관계

(사회적 자아와 개인적 자아)는 지속적으로 능동적인 주관성에 의해 중재되는 하나의 원호(arc)를 구성한다. 포지가 보기에 뒤르켐의 관점은 "사회는 본디 '조건적' 인 실재인데, 이러한 사회는 원칙적으로 자유롭게 관찰될 수 있을 뿐만 아니라, 또한 전혀 관찰될 필요가 없는 규범에 불가피하게 의존할 수밖에 없다' 는 것이다(Poggi, 1972: 228). 뒤르켐의 '사회학주의' 는 결정된 실재가 아니라 '조건적 실재' 로 이끈다. 이런 점에서 '질서의 문제(problem of order)' 는 사회의 본질적 속성이다. 왜냐하면 질서의 문제는 이중적 자아 존재론의 본래적 속성에 기인하기 때문이다. 개인은 사회적으로 구성되지만, 또한 계속해서 사회적인 것과 일정한 거리를 두고자 하며, 종종 사회적인 것과 심각한 갈등에 빠지는 성향이 있다. 사회질서는 결코 주어지는 것은 아니지만 인간 본성의 내적 모순 때문에 항상 유지되도록 작동될 필요가 있다.

뒤르켐에 따르면, 인간은 사회적으로 결정되기보다는 사회 속에 포함되며, 이러한 조건은 사회변화가 적극적으로 혁신적인 '자발성' 을 요구하며, 개인성의 공간이 계속해서 확장되는 현대 사회에서 점점 더 긴박한 문제가 되고 있다. '자발성' 이 규범과 행위 사이의 관계에서 드러나기 때문에 "어떤 의미에서 모든 사회는 혼돈의 심연 위에 떠 있으며 순수하게 조건적 실재의 상태를 유지한다."(Poggi, 1972: 266) 당시 시대 상황(제1차세계대전의 격변과 수년에 걸친 프랑스의 정치적 불안정)에 대한 뒤르켐의 개인적 경험과 인식은 '혼돈의 심연' 이 정말로 아주 가까이 다가왔다는 공포를 (자연스럽게) 갖게 했다. 그는 아들 앙드레(André)가 전투 중에 실종되었다는 통보를 받고 "내 숨통을 틀어쥐는…… 어둠과 안개로 뒤덮인 길가에 혼자 있는 기진맥진한 아이의 이미지"라고 썼다(Lukes, 1973: 555). 이 처연한 이미지는 사회질서가 와해된 결과에 대한 뒤르켐의 두려움을 압축하고 있다. 일반적이든 혹은 전적으로 개인적이든 관계없이 모든 역사적 상황은 포지가 뒤르켐의 '엄격한(austere)' 접근법이라 적절히 기술한 많은 것을 설명한다. 그렇지만 불행하게도 뒤르켐을 처음 대하는 오늘날 독자들에게 그의 문체와 강조점들은 그다지 기쁘게 다가오지 않을 것 같다.

뒤르켐은 칸트의 사회학적 번역에서 칸트의 범주들을 사회질서 내에 둔다. 그러나 그것들은 의식과 경험을 구성하는 원리인 사회적 자아로 다시 나타난다. 이러한 개인의 안과 밖 사이의 지속적인 전환은 아비투스의 작용이다—이것은 개인과 사회를 중재하며, 자아를 교육적으로 형성시키며, 또한 규제하는 것이다. 사회학과 사회의 과학을 수립하기 위한 뒤르켐의 기획에서 이중 모형과 사회적 자아에 관한 사상이 심리학적 환원의 가능성에 저항하는 것에 주목해야 한다. 결정적으로 중요한 점은 자아가 심리학뿐만 아니라 사회학의 대상이라는 점이며 그것이 사회의 자율적인 과학으로서 사회학에 적합한 독자적인 방법이라는 것이다.

질서의 구조화

칸트 철학의 초월적 범주들을 사회학화하는 일과 모든 사회가 보편적이기보다는 사회질서가 다르듯이 다양할 것이라는 관찰은 사회질서의 변형을 이론화하고 모형화할 필요성을 제기한다.

뒤르켐은 '기계적' 연대와 '유기적' 연대 개념을 통해 이 문제를 다루었다. 이 개념들은 그의 첫 번째 저서인 『사회분업론(*The Division of Labour in Society*)』(1933)에서만 나타난다. 그는 두 가지 연대를 인간사회의 진화라는 거대한 원호(圓弧)의 대척점에 있는 단순사회와 복잡사회에 각각 연관시킨다. 잠시 생각해 보면 기계적 혹은 유기적 연대의 어느 것도 결코 배타적으로 순수한 형태로 존재할 수는 없다는 것을 알 수 있다. 뒤르켐은 항상 어느 정도 다양해야 하고 언제나 함께해야 하는 두 개의 대조적인 사회 통합의 원리들을 주장하고 있다. 슈마우스(Schmaus)는 '기계적' 그리고 '유기적' 이 의미하는 개념들이 뒤르켐의 다음 저서인 『자살론』(1952)에서는 '사회통합' 과 '규제' 로 재등장하며 마찬가지로 '사회적 재현' 이라는 용어도 '집단의식' 으로 대체되었다고 주장한다. 슈마우스는 이를 『사회분업론』의 내용과 관련하여 제기되는 혼동을 피하기 위한 '용어상의' 변화로 간주한다(Schmaus, 1994: 174). 뒤르켐이 초등학교와 중등학교 교사의 서로 다른 상황을 어떻게 기술하는지 살펴보자.

> 중등교육은 초등교육보다 더 복잡한 유기체다. 유기체가 복잡하면 할수록 그 환경에 적응하기 위해서는 더 많은 성찰이 필요하다. 적어도 이론상 초등학교에서 모든 학급은 한 사람, 오직 한 교사의 수중에 있다. 따라서 교사의 가르침은 매우 간단하며 따라서 지적으로 계획될 필요가 없는 꽤나 자연스런 통합을 이루는 경향이 있다. 실제로 개인 교수의 통합이다. 그러나 똑같은 일이 중등학교에는 해당되지 않는다. 왜냐하면 중등학교에서는 같은 학생이 다양한 교사들로부터 배우기 때문이다. 가르치는 일의 분업이 정말로 존재한다. 만일 잘 고안하지 않는다면, 기적

이 아니고서 이 다양성으로부터 어떻게 통합이 나타날 수 있겠는가? 만일 교사들 스스로 전체가 무엇인지에 대한 아무런 관념이 없다면, 어떻게 서로 다른 교사들이 통합된 전체를 창조하기 위하여 서로에게 적응하며 서로를 보완할 수 있겠는가? 특히 중등학교에서 이것은 수학자와 문인, 물리학자와 박물학자를 양성해 내는 것의 문제가 아니라 문학, 역사, 수학 그리고 자연과학이라는 매개체를 통해 정신을 개발하는 것의 문제다. 그러나 만일 교사가 자신이 관련되어 있는 기획이 무엇인지 알지 못한다면 자신의 모든 가르침이 그 기획과 관련되어 있듯이, 그의 다양한 동료들도 그 기획과 관련하여 자기와 어떻게 협력하도록 가정되었는지를 모른다면 각 교사들이 전체 기획에서 자신의 전문화된 부분을 고려하면서 자신의 기능을 어떻게 다할 수 있겠는가? 사람들은 종종 이 모든 것이 말할 필요가 없는 것처럼 또는 모두가 정신을 개발하는 일에 연루되어 있는 것을 본능적으로 아는 것처럼 주장한다(Durkheim, 1977: 6).

무엇보다도 뒤르켐이 초등학교와 중등학교 사이의 기본적인 차이로 설명했던 것은 '기계적' 그리고 '유기적' 연대로 처음에 명명한 원리들 사이의 차이와 같은 것이다. 그러나 이 두 형태는 역사적으로 동일한 시기에 동일한 사회의 동일한 기관 내의 다른 수준에서 공존한다. 이 점은 콜린스(R. Collins)에 의해 잘 정리되었다.

이것을 파악하기 위하여 뒤르켐의 이론적 진술을 구체적으로 다루기보다는 분석적으로 다룰 필요가 있다. 즉, 뒤르켐이 '사회(society)'와 그 통합 원리를 말할 때 우리는 그것이 반드시 관례적으로 정의된

'전체 사회' (통상 정치적 단위, 특히 민족국가를 의미)를 나타낸다고 경험적으로 생각해서는 안 된다. 대신에 우리는 시 · 공간에서의 그 경계가 무엇이든 연장된 사회화(sociation)의 경우처럼 '사회' 를 그 생성적 의미로 받아들여야만 한다. 이런 점에서 항상 그럴 필요는 없지만, 하나의 사회계급이 하나의 '사회' 일지도 모른다. 사실상 뒤르켐주의 이론은 통합과 도덕적 연대가 가장 크거나 혹은 가장 약한 다양한 조건들을 보여 준다(B. Collins, 1990: 109).

콜린스는 '사회' 를 '연장된 사회화의 경우' — '나는 대학 토론회에 소속되어 있어' 또는 보다 느슨하게는 '상류사회' 나 '그는 다른 사람들의 사회를 동경했다' 라는 문장에서 의미하는 사회—처럼 '생성적(generic) 의미' 로 이해해야 한다고 주장한다. 예를 들어, 뒤르켐은 『도덕교육(*Moral Education*)』(1961: 79)에서 '사회' 라는 용어를 가족과 관련하여 그리고 학교가 가족과 국가 사이의 연결고리를 제공하는 것으로 사용한다. 콜린스는 "우리는 완전한 계층화 질서란 다양한 형태의 '사회(societies)' 가 줄지어 서 있는 것이라는 근대적 계층화 개념에 도달한다." 라고 결론을 내린다.

둘째, 뒤르켐은 중등학교에서의 복잡한 노동분업을 구체적으로 지적하면서 그것을 어떻게 이론화할 것인가 하는 핵심 문제를 제기한다. 교사들의 전문화된 교육적 역할의 다양성으로부터 어떤 종류의 '통일성' 이 나타나야 하는가? 교사들의 상호 보완 활동의 사회적 형태는 어떠해야 하는가? 뒤르켐은 이것이 교육이론의 핵심이며 이 문제를 '방법적' 그리고 과학적으로 해결하려는 필요가 '교육이론' 을 정당화하고 예비교사들에게 그것을 가르치는 것 또한 정당화한다고 주장한다.

셋째, 뒤르켐은 '수학자와 문인들, 물리학자와 박물학자들'을 배출하기 위해 교과목을 가르치는 것과 '문학, 역사, 수학 그리고 자연과학을 매개로 정신을 개발하는 것'을 구분하고 있다(강조는 인용자). 여기서 전문화된 교과와 각 교과의 교사들이 전체 기획에 대한 각자 전문성의 공헌을 통해 어떻게 서로 보완적인 관계를 이룰 것이냐 하는 것이 핵심이라는 것을 기억할 필요가 있다. 이것이 바로 교과를 매개로 '정신을 발달'시키는 기획의 구조화이자 다른 사람을 결정하고 그들에게 통일성을 부여하는 '보다 근본적 조건'인 아비투스의 형성이다.

사회질서와 개별성

일반적으로 사회적 진화의 역사적 운동은 노동의 사회적 분업이 더욱 복잡성을 향해 나아간다는 것이다. 기계적 연대에서 유기적 연대로 나아가면서 '공유된' 의식과 '개성적(idiosyncratic)' 의식의 균형도 전자로부터 후자로 이동한다. 노동의 사회적 분업에서 복잡성의 진전은 다음과 같은 식으로 구체화된다.

- 제도의 분화
- 제도 활동의 전문화
- 제도 영역의 자율화
- 제도들 간 관계의 상호 의존

복잡성이 증대됨에 따라 자아의 원리는 특수하고 국지적인 사회적 기반으로부터 점점 더 멀어지게 되고 동시에 더욱 추상적이고 '보편적'으로 된다(Lukes, 1973: 155−157 참고; Poggi, 1972: 185−189). 이것은 뒤르켐이 경험주의와 공리주의의 천박한 개인주의적 이기주의를 넘어서는 '개인적 존엄 예찬(cult of personal dignity)'으로 언급한 것 그리고 그가 '경제학자'로 지칭한 사람들의 출현과 관련이 있다. 이렇듯 보다 높은 수준의 개인주의는 다음 세 가지 주요 특징을 갖는다.

- 첫째, 추상적이다. 이것은 특정한 개인 범주를 구체화하기보다는 일반적으로 하나의 원칙으로서 인간성을 고양한다. 그것은 보편적이고 평등주의적이다.
- 둘째, 개인주의임에도 강한 집합의식을 유지한다. 이것은 공리주의적인 이기적 개인주의가 아니다. 위대한 사상가들(칸트와 루소, 피히테, 헤겔, 마르크스)은 모두 개인과 집합 모두를 주장했으며 뒤르켐은 고유한 사회주의와 연결한다.
- 셋째, 성스러운 기운을 갖는다. 이것은 개인의 권리를 주장할 뿐만 아니라, 보다 높은 목적의식을 갖도록 개인을 고양한다. 그리고 모든 인류에게로 확장된 도덕적 가치의 원천이다. 따라서 확장된 개인주의는 자아가 아니라 일반적인 개인을 칭송한다. 이것은 이기주의로부터 생겨나는 것이 아니라, 모든 인류에 대한 공감, 온 인류의 다양한 고통과 불행에 대한 깊은 연민, 그것들과 싸우고 경감시키려는 강렬한 열정 그리고 정의를 위한 놀라운 갈망으로부터 나온다(Durkheim, 1973: 48−49).

그러나 이처럼 높은 수준의 개인주의 주창자들도 체제 내 개인주의자와 집합주의자의 주장을 적절히 화해시키거나 통합시키지 못했다. 바로 이것이 뒤르켐의 주장을 확연히 왜곡한—대표적으로 뒤르켐주의자들이—것이다. 이들 두 가지가 동일한 철학 내에서 그렇게 자주 함께 나타나는 것은 그것들이 "아마도 단일한 사회적 상태의 서로 다른 측면이기 때문이다"라고 주장한다(Durkheim, 1973: 48). 둘 사이의 조정은 개인주의가 그 기원과 성격에 있어서 사회적이라는 것을 인식할 때 일어난다. 개인화(individuation)는 '사회가 더욱 풍성해지고 더 넓은 영토로 확장됨'에 따라 발생하며 사회적 복잡성이 진화한 절정의 상태다.

따라서 뒤르켐은 자신의 이론이 칸트적 인식론 문제에 대한 해답을 제공할 것이라고 생각하였고 또한 자신의 이론이 개인주의의 보다 높은 형태에서 개인과 사회 사이의 긴장을 조정할 것으로 보았다. 사회적인 것의 독특한 역사적 발전은 개인 출현을 위한 조건이며 이것이 근대교육을 위해서도 중요하다.

> 실로 개인의 인성이 인간성에 대한 지적이고 도덕적인 문화의 본질적 요소라면, 교육자는 모든 아동 개개인의 내부에 있는 개별성의 싹을 고려해야 할 것이다. 교육자는 가능한 모든 수단을 사용하여 개별성의 발달을 촉진하도록 해야 한다. 교육자는 차이가 없이 똑같은 비개인적이고 보편적인 규칙을 모든 아동들에게 일률적으로 적용하는 것이 아니라, 아동의 기질과 지능의 모양새에 따라 방법을 다르게 하고 다양하게 해야 한다. 그러나 교육자가 개별 아동의 다양성을 고려하여 적절한 교육적 실천을 적용할 수 있기 위해서는 교육적 실천이 무엇인지, 무엇 때

문에 교육적 실천을 구성하는 과정이 서로 다른지 그리고 서로 다른 환경에서 교육적 실천이 생산하는 효과가 무엇인지에 대해 알 필요가 있다. 요컨대 교사들은 교육적 반성(pedagogic reflection)을 할 필요가 있다. 경험적이고 기계적인 교육은 억압적이고 획일적인 것밖에 될 수 없다.…… 교육이 습성의 멍에에 빠지지 않도록 하고 기계적이고 차이가 없는 자동운동(automatism)으로 전락하지 않도록 하기 위한 유일한 방법은 교육이 반성을 통해 끊임없이 융통성을 갖도록 하는 것이다. 반성은 판에 박힌 기계적인 것에 반대하는 아주 훌륭한 세력인 반면에, 판에 박힌 일상활동은 필요한 진보의 방해물이다(Durkheim, 1956: 105-106).

뒤르켐은 집합과 개인 사이에는 본래적으로 갈등이 없다고 생각했다. 집합의 특별한 역사적 발달은 그 근대적 형태로서 개인적 자아의 출현을 위한 조건이다. 개인과 개인주의는 근대사회의 복잡성의 전형적인 표현이다. 근대교육제도가 전문화와 총체성 사이의 문제를 어떻게 해결하느냐 하는 방식이 중요한데, 그것은 보다 일반적인 사회질서 패러다임과 (문학, 역사, 수학, 자연과학을 매개로 정신을 발달시키는) 아비투스의 구조화와 과정들이 개인들로 하여금 근대성의 복잡성을 실제로 관리하도록 하는 원리를 구성하기 때문이다. 그리고 교육자들이 이러한 목적을 적절히 달성하기 위해 사회학은 '교육과학(science of education)'을 제공해야만 한다.

앞서 언급한 뒤르켐의 '놀라운 통찰'에 대한 번스타인의 주장으로 되돌아가 보자. 번스타인은 "뒤르켐이 사회적 관계의 구조화로부터 사상의 기본 범주를 끄집어내고자 시도했다"고 생각했다. 그리고 "뒤르켐은 상징적 질서의 분류화와 구획 그리고 경험의 구조화 사이의 관계에 대해 문제를 제기했다"고 덧붙였다(Bernstein, 1973: 194). 번스타인은 처음에는 뒤르켐의 사회학적 기획의 칸트적 특성을 인정했다. 그러나 두 번째 논의에서는 상징적 질서의 분류화와 구획이라는 자신의 용어를 끼워 넣었다. 이는 마치 자신의 생각이 뒤르켐의 고유한 사상과 아주 자연스럽게 하나인 것처럼 그리고 뒤르켐 사상에서 작동하는 개념들에 대해 자신이 단순히 이름 붙이는 것처럼 다루었다. 심지어 아비투스 개념은 그런 식으로 이름 붙이지 않아야 될 경우에서조차도 되풀이하여 사용되었다. 번스타인의 놀라운 통찰은 처음부터 이후 오랫동안 '교과서'에서 다룬 뒤르켐과 아주 다른 방식으로 뒤르켐을 읽은 것이었다. 특히 뒤르켐 사상 체계에서 작동하는 원리를 밝히고 개념화하고자 한 일 그리고 그 일을 독특하게 독창적으로 계속해서 정교화했다. 앞서의 뒤르켐 독해는 번스타인주의자들의 렌즈를 통해서였는데, 그들은 번스타인이 스스로를 뒤르켐주의자로 의미를 부여한 것처럼 뒤르켐을 회복시키고자 한다. 이를 위하여 이제는 번스타인을 검토할 필요가 있다.

번스타인: 계급, 코드 그리고 통제

뒤르켐과 번스타인(Bernstein)은 관심사에 있어서 중대한 차이가 있다. 교육학자로서 뒤르켐은 당시 프랑스 사회에 적합한 교육제도를 발견하고자 했으며 이 일이 매우 시급하다고 믿었다. 반면에 번스타인은 상징적 자원들(symbolic resources)이 교육을 통하여 집단들 간에 그리고 집단 내에서 차별적으로 분배되는 방식에 관심이 있었다. 이런 점에서 뒤르켐과 달리 번스타인에게는 권력(power)이 주된 관심이었다. 델 하임즈(Del Hymes)에 따르면, "복잡한 사회에서 활동한 사회학자로서 번스타인은 언어적 형식과 사회적 관계를 인식했고 필연적으로 언어적 방식과 사회적 위치의 다원성을 다룰 수밖에 없었다. 언어적 방식과 사회적 위치는 차이가 없을 때도 있지만, 대개의 경우는 대단히 강제적이고 계층화되어 있으며, 일부가 다른 것을 통제한다."(Hymes 1995: 3-4) 하임즈 주장의 요지는 번스타인이 서로 다른 '연대(질서의 원리)'의 양식이 상호작용하며 복잡한 현대사회에서 차별적으로 배분되는 방식을 밝히고자 했다는 점이다. 이러한 하임즈의 해석은 (앞에서) 뒤르켐이 사회를 '생성적(generic)' 의미로 이해했다고 본 콜린스의 주장과 비슷하다. 이렇게 번스타인은 사회성(sociality) 양식의 배분과 그 규제 원리 그리고 관계성에 관심이 있었다.

번스타인의 이론을 분류하기란 쉽지 않다. 그는 이론을 구분하고 분류하는 것을 '인식론적 식물학'이라 부르며 경멸했다(Bernstein, 2000). 번스타인의 작업을 잘 아는 평자들은 번스타인이 다양한 학문과 접근의 내용들을 함께 잘 종합하고 조직하는 방법을 강조한다고 말한다. 하산(Hasan)에 따르면, 번스타인은 "널리 인정된 일부 학문에 일차적으로 충실한 것이 아니라, 오히려 핵심적인 문제 상황을 조사하고 밝히는 일에 무엇보다도 충실했다."(Hasan, 2001: 128; Bernstein, 2000: 125) 마찬가지로 디아즈(Diaz)도 "번스타인의 관심은 사회가 어떻게 개인들에게 내면화되며 내면화된 것이 어떻게 사회의 문법이 되는지였는데, 이러한 일을 하면서 그는 다양한 이론적 입장들을 포괄했다" 고 말한다(Diaz, 2001: 84). 개인 안에 사회적인 것을 새기는 문제가 번스타인 문제의식의 중심이었다. 이런 점에서 번스타인이 계속 강조한 것처럼 그의 출발점은 뒤르켐이다. 번스타인은 다음과 같이 자신의 문제의식을 정리하고 있다.

> 기본적으로 이론은 문화적 재생산과 그 변화의 규제자로서 상징적 통제의 유형을 설명한다. 특히 공식적 또는 비공식적으로 교육적 실천으로 제도화된 상징적 통제의 유형들을 다룬다. 그와 같은 교육적 실천이 직 · 간접적으로 권력과 통제를 중계하는 방법을 이해하고 보다 특별하게는 교육적 실천이 계급관계의 기능으로서 권력의 배분과 통제의 원리를 중계하는 방법을 살핀다. 따라서 이론에는 두 가지 요소가 있다. 그 하나는 의사소통의 대행기관, 대행자, 실천 그리고 전문화된 유형을 모델링하는 것인데, 이를 통하여 문화적 중계로서 조직화되는 원리와 규제의 다양성 그리고 구체적 모습을 밝히게 된다. 다른 하나는 그러한 원리들이 어떻게 스스로 직 · 간접적으로 계급관계의 재생산을 위한 매체가 되는지를 보여 준다(Bernstein, 1996: 126).

디아즈는 번스타인이 "사회계급과 권력배분이 어떻게 내적으로 형성된 인식과 재인식의 수단이 되었는가를 이해할 수 있는 모델을 제공했다" 고 주장한다. 그리고 "그 관계를 매개하는 것이 사회적으로 생산된 의미, 내면화의 맥락 그리고 불평등하게 분배된 현실화를 의미하는 **언어적 장치**(semiotic device)였다" 고 주장한다(Diaz, 2001: 84, 강조는 인용자). '언어적 장치' 는 각인/현실화(inscription/realizations) 과정에서 내부와 외부를 매개한다. 번스타인은 이 원리와 유형을 설명하고 구체적인 모델로 만들고자 했으며 그것이 그의 분석의 중심에 있었던 것이다. 또한 그가 발달시킨 개념들은 그것의 다양성과 형태들을 그려 내기 위해 고안되었던 것이다. 대중들의 다양한 생각 속에 내재된 논리와 관계없이 전달의 유형(forms), 즉 분류화와 구획은 '사회적 사실' 이다(Bernstein, 1977: 87). 따라서 번스타인의 이론은 독특한 대상(object, 전달의 유형)을 가지며 그의 이론의 목적은 이 대상을 드러내 보이는 것이다.

번스타인은 교육과정(curriculum)과 교육의 과정(pedagogic processes)을 다루기 위해 근본적으로 새로운 언어를 만들었다. 새로운 언어는 이론에 근거한 개념적 언어이며, 근본원리로 활용될 수 있고, 그 원리가 사회적 실천의 유형을 체계적으로 다양하게 나타내는—그렇지만 개념적으로 상세화할 수 있다—방식으로도 이용될 수 있다. 한 수준에서 특별한 개념은 유형의 예—우리가 그것을 보거나 혹은 그것의 부재를 인식할 때 유형을 알기 위한—로 경험적 사례를 묘사할 수 있어야 한다. 그리고 다른 수준에서 원리는 이론적으로 기술되어야 하는데, 그래야 특별한 경우에 현실화된 생성적 원리로서 모델화될 수 있다. 이론의 이러한 측면은 번스타인과의 인터뷰에서 솔로몬(Solomon)에 의해 밝혀졌다(Bernstein, 2000: 후기).

솔로몬은 번스타인의 이론에서는 '해석의 위치' 가 '오히려 취약' 하며, "오히려 교육 및 문화적 생산과 재생산의 실제를 정확하게 '기술' (descriptions)하는 것이 필요하며, 특별히 교육적 실천을 상시적으로 강조할 필요가 있다"(Bernstein, 2000: 274)고 주장한다. 솔로몬은 계속해서 "당신(번스타인)은 매우 많은 관계, 기제 그리고 변형 모델을 만든다. 당신 책에서는 매우 자주 개념과 의미들이 그림으로 요약되고 표현되어 있다. 이들 모델의 기능은 무엇인가? 그 모델들이 당신의 이론을 지지하는 경험 연구들과 어떻게 연결되는가?"라고 지적한다. 솔로몬은 일련의 중요한 물음을 제기하였는데, 이들 중에서 가장 확실한 물음의 하나를 번스타인으로부터 이끌어 냈다 (Bernstein, 2000: 209, 114-115 참고).

초기 논문에서 번스타인은 자신의 이론과 '모델'을 설명했다.

> 이론은 이념형으로 서로 다른 기능을 하는 반대되는 이분법을 만드는 일을 한다고 말하곤 한다. 예를 들어, 정교한/제한된, 지위적/개인적, 계층화된/분화된, 열린/닫힌, 가시적/비가시적, 집합 또는 연속/통합된 등이 그것이다. 나는 이것들이 서로 반대되는 유형(모델)이라는 주장에는 확실히 동의하지만 그것들이 이념형이라는 점에는 전혀 동의하지 않는다. 전통적으로 이념형이란 현상의 실존이나 부재를 분석하는 수단을 제공하기 위하여 현상으로부터 추출된 몇 가지 특징들(a number of features)을 조합함으로써 구성된다. 또한 이러한 특징들의 조합을 분석함으로써 현상의 '움직임'을 분석하는 수단을 제공하기도 한다. 그러나 이렇게 구성된 이념형은 그 이상의 것을 생성할 수 없다. 이념형은 원리(the principle)에 영향을 받는 유형들(the forms) 중에서 단지 한 유형과의 관계만을 생성하는 특정 원리(a principle)에 따라 구성되지 않는다(Bernstein, 1996: 126).

번스타인의 이론적 언어는 개념과 기술 사이를 가로지르고, 수준들 사이를 위아래로 오르내리며, 늘 서로 다른 방향으로 동시에 움직이고자 시도한다.

분류화와 구획, 가시적 · 비가시적 교수법 담론

『계급, 코드 그리고 통제(*Class, Codes and Control*)』(1990) 제4권에서 번스타인은 교육에 외재하는 권력관계를 '중계(relay)'하는 것으로 교육을 다루는 접근(주로 재생산이론, 견지이론, 홍미이론 등)과 교수법 담론(pedagogic discourse)의 내재적 특성에 초점을 두는 접근을 구분하고 있다. 두 접근은 교수법 담론과의 관계에 관심을 두느냐 혹은 교수법 담론 내의 관계에 관심을 두느냐에 차이가 있다. 이 차이는 단순히 연구의 관심이나 초점의 차이를 말하는 것이 아니다(Moore and Maton, 2001). 각 접근은 서로 다른 '기술 언어(languages of description)'를 사용하며 서로 구별되는 이론적 틀에 따라 기능하는 관점들이 있다(Bernstein, 1977: 제7장; 2000: 제7장과 제9장). 그리고 앞의 접근은 '중계되는 것' 에 그리고 뒤의 접근은 중계되는 것의 내용과 분배를 구조화하고 조직하는 '교육적 장치(pedagogic device)' 에 관심을 둔다는 차이가 있다(Bernstein, 2000: 114). 핵심 과정은 지식이 어떤 곳에서 생산되든지 재맥락화인데, 재맥락화는 지식의 생산—배타적이지는 않지만 주로 대학—이 지식 재생산의 장—배타적이지는 않지만 주로 학교—으로 선택적으로 전달되는 것을 의미한다. 이 과정은 막힘 없이 관철되거나 당연하게 받아들여지지 않는다. 번스타인은 교육적 장치의 (전달되는) 메시지와 (전달하는 기제인) 교육적 장치의 문법을 구분한다. 교육적 장치는 분배 규칙과 재맥락화 규칙 그리고 평가 규칙에 따라 지식, 사람, 시간, 공간, 맥락 그리고 성취의 특수한 관계로부터 메시지를 끄집어내는 것을 가능하게 한다.

번스타인은 '교육적 장치'를 '의식에 대해 권력을 갖는다는 점에서 상징적 지배자(symbolic ruler)로 묘사하고 있으며 의식의 실현화(realisations)의 정당성을 잰다는 의미에서 의식을 지배하는 것'으로 이해한다. 교육적 장치가 스스로 드러나는 것은 그 실현화를 통해서이며 교육적 장치의 유형과 원리의 이론화는 그 생성 가능성의 현상으로서 실현화를 묘사할 수 있는 개념의 생산을 가져온다. 이를 디아즈는 다음과 같이 설명한다.

> 원래 경계는 교과뿐만 아니라 지식과 실제를 정의하는 데 있어서 결정적으로 중요하다. 경계가 많을수록 불평등한 공간의 분배도 많아지고 입장, 담론 그리고 실천들 사이에 불평등한 분배도 더 많아진다. 따라서 번스타인에게 있어서 경계, 권력, 사회집단, 정체성의 유형은 밀접한 관련을 갖는다. 분류의 불평등한 공간과 위치 담론, 실천 사이의 불평등이 더 많아진다. 그러므로 번스타인과 경계, 권력, 사회집단 그리고 정체성의 형태 사이에는 긴밀한 연관성이 있다. 번스타인의 권력과 경계에 대한 분석은 그 영향, 공간의 지속, 지식의 내적 형태와 배치의 순서, 정체성의 흐름 그리고 사회의 집합적 기초에서의 변화와의 관계에 대한 물음을 제기한다(Diaz, 2001: 84-85).

분류화와 구획의 개념이 결정적이다. 이들 장치는 범주와 경계들 그리고 명시적인 것과 명시적이지 않은 것과 관련이 있다. 번스타인은 교수법 담론의 내용에는 관심이 없었다. 대신에 그는 가족, 일터, 국가 등에서 서로 다른 곳에 위치하는 집단들의 실천과 의식을 규제하는 맥락성과 그것과 관련된 담론방식의 관계를 구조화하는 것에 관심이 있었다. 이런 점에서 진보적이거나 전통적인 교육과정의 내용은 유사할 수 있지만 그들의 형태를 구조화하는 것은 근본적으로 다르다. 이러한 차이들은 맥락(context), 의미(meaning) 그리고 실제(practice)의 관계로 표현되며 번스타인은 이들 세 가지 특징들을 '선택하고 통합하도록 암묵적으로 획득된 규제적 원리' 로서 코드(code)를 정의한다.

> 일반적으로 앞의 세 가지 요소의 변환과정으로 구체적인 코드 양상을 개념화하는 것이 가능하다.
>
> - 맥락은 상호작용의 실제로 변환된다.
> - 의미는 의미에 대한 지향으로 변환된다.
> - 실현화(realization)는 교과서의 생산으로 변환된다.
>
> 권력의 차등 배분과 차별적으로 통제하는 원리는 가치를 다르게 분류하고 구획지음으로써 상호작용적 실제를 형성한다. 그리고 의미에 대한 지향을 다르게 하고 실현화의 형태, 즉 '교과서' 의 형태를 달리한다. 앞서의 공식은 기대되는 의미를 가져올 생산된 교과서의 가능성과 상호작용적 실제의 생성을 가시적으로 보여 준다(Bernstein, 1996: 194).

맥락, 의미, 실현화의 차별적 규제는 교육적 전달과정에서 암묵적으로 획득된 코드를 통해 일어난다. 그리고 교육적 전달과정은 복잡한 지위 체계와 그 권력과 통제관계를 발생시키는 특정한 교육적 장치의 원리에 의해 규제받는다. 이러한 '변환(translation)' 의 문제는 아래에서 다시 다루게 될 것이다.

규제의 가능성과 형태는 분류화와 구획의 관계성에 따라 결정된다. '분류화'는 내용 혹은 맥락 사이의 관계성을 의미하며 경계들 간의 경계 유지나 단절(insulation)의 정도를 말한다. '구획'은 가르치는 사람과 배우는 사람들 사이의 교수적(pedagogical) 관계성과 관련된다. 즉, "전수되고 받아들여질 지식의 선정, 조직, 진도 그리고 시간에 대하여 교사와 학생들이 서로 소유하고 있는 통제의 양과 선택의 범위"를 말한다(Bernstein, 1977: 88-89). 분류화와 구획은 서로 독립적으로 다양하며(+C/+F, +C/−F, −C/+F, −C/−F) 강하고 약함의 정도는 상대적이다(때문에 오직 네 가지 교수법만 있는 것은 아니다). 강한 분류화와 구획은 '전통적' 교육과정과 교수법으로 대표될 수 있다. 이들은 교과들이 잘 정의되어 있으며 학생들이 지식의 선정, 조직, 진도 그리고 시간에 대한 통제권한을 거의 가지고 있지 않다. 이들 두 원리가 약할 경우 교과 범주들 간 단절의 정도가 낮으며 학생들은 지식 획득의 진도에 대해 높은 수준의 통제권한을 갖는다.

'강하고' 그리고 '약한' 분류화와 구획의 차이는 가르치는 상황을 규제하는 규칙의 존재 유무 또는 규칙의 수와 유연성과는 관련이 없다. 대신에 학생의 관점에서 그 규칙이 명시적이냐 혹은 그렇지 않느냐 하는 정도와 관련이 있다. 이것에 기초하여 번스타인은 '가시적'과 '비가시적' 교수법을 각각 '전통적' 교수법과 '진보적' 교수법으로 구분한다(Bernstein, 1977: 제6장). 두 교수법 사이의 차이는 가르치고 배우는 사람 사이의 위계적 관계, 전달 절차에 대한 통제 그리고 습득의 성공 여부를 판단하는 데 활용되는 기준 등을 지배하는 규칙이 어느 정도 가시적(또는 명시적)이냐의 여부다. 번스타인의 이론과 그 개념들은 교수적 담론과 코드들을 구조화하는 일련의 복잡한 관계적 속성들의 모습과 양상에서 나타나는 체계적 변이에 관한 모델(그리고 그러한 변이가 일어나는 원리를 밝히는 것)을 목적으로 한다.

> 나는 분류화가 강하든 약하든 그것이 한 상황을 구별하는 측면이기 때문에 분류화로 논의를 시작했다. 예를 들어, 학교에 처음 온 날 어떤 아이들은 학교가 자신들에게 무엇을 기대하고 있는지 인식하지도 잘 알지도 못한다. 그들은 학교/학급이 독특한 특성을 가지고 있으며 특히 정체성을 제공한다는 것조차 인식하지 못한다. 이러한 것들을 인식하지 못하면 반드시 부적절한 행동을 하게 된다. 반대로 다른 아이들은 폭넓게 준비되어 있으며 가정과 학교의 차이를 잘 알고 있다. 물론 그들이 학교가 기대하는 행동을 언제나 할 수 있는 것은 아니지만 학교나 학급의 구별되는 점을 인식할 수 있다. 그들은 학교의 구별되는 특징을 인식할 수 있기 때문에 그렇지 못하는 학생들에 비해 상대적으로 학교에서 보다 힘 있는 위치에 있다. 학교의 특징을 인식할 수 있는 학생들은 주로 계층이 낮은 노동자계급 출신보다는 중간계급 자녀일 가능성이 있다. 이러한 인식의 근간이 바로 학교와 가정 상황 사이의 어떤 강한 분류화다. 학교와 가정 사이의 강한 분류화는 중간계급 가정의 상징적 권력의 산물이다. 이러한 권력은 자녀에게 유리한 결과를 가져다주는 인식의 권력으로 변환된다.…… 따라서 분류화의 원리 그리고 맥락의 특수성과 유사성을 구체화하는 인식 규칙 사이의 관계를 잘 설정할 수 있다. 즉, 분류화의 원리는 권력관계와 권력관계의 중계에 의해 설정되기 때문에 인식 규칙은 상대적으로 그것이 부족한 사람들에게 권력으로 나타난다(Bernstein, 2000: 104-105).

이는 번스타인이 ‘변환’ 과정으로 자신의 개념을 정교화하고자 시도했음을 알 수 있다. 변환과정은 추상적 개념으로부터 세상을 인식하고 발견할 수 있도록 하는 보다 구체적인 형태의 개념으로 이끈다—가시적 및 비가시적 교수법 논문의 앞부분에 잘 설명되어 있다(Bernstein, 1977: 116−120). 그러므로 첫 단계에서 분류는 가정과 학교 사이 독립의 정도(강한 분류)와 관련이 있다. 그러나 이들 각각을 상황의 서로 다른 효과적 속성으로 만들기 위해서 학생들은 교육적 장면의 특수한 성격을 구체화할 수 있고 그 요구에 적절히 반응할 수 있는(즉, 학교에서 작동하는 평가 기준에 적합한) ‘인식 규칙(recognition rules)’을 지녀야만 한다. 또한 학생들은 적절한 방식으로 성취할 수 있도록 ‘실현화 규칙(realization rules)’도 갖추어야 한다. 번스타인(2000: 106−108)은 인식/실현화 규칙의 개념을 교사와 학생들이 실제로 하는 것들을 밝히기 위해 교실을 대상으로 실제로 탐구할 수 있는 연구기법을 고안한 해리 다니엘(Harry Daniel) 등의 연구를 설명하고 있다. 다른 뛰어난 많은 이론가들과 달리 번스타인의 이론의 특징은 인상적인 개별적 경험 연구들에서 사용될 수 있었다는 것이다.

번스타인은 비가시적 교수법의 경우에 학생집단이 학교 상황에 적극적으로 반응하게 되는 두 가지 방법을 설명한다. 학교가 가정과 비슷하다(둘 사이의 약한 분류)고 인식하는 경우 또는 학교를 가정과 비교하여 전문화된 성격을 지닌 곳(강한 분류)으로 인식하는 것이다. 중요한 것은 ‘인식 규칙’ 이다. 어떤 집단은 특정 시기에 자신의 자녀들이 진보적인 초등학교(비슷한 상황, −C/−F)와 입학이 어렵고 학구적인 중등학교(전문화된 상황, +C/+F) 두 곳 모두에서 효과적으로 작동하도록 상징적으로 갖추어진 이중의 이점을 가지고 있다. 이들 학생들은 주로 '신' 중간계급, '상징적 통제의 대행자' 의 자녀들이다. 이들은 서로 다른 상황 사이의 차이를 인식할 수 있을 뿐만 아니라, 다른 유형의 상황 안에서의 기준에 적합한 성취를 실현할 수 있다(Power et al., 2003).

번스타인의 접근의 복잡함은 계급들 간의 차이가 아니라 상황에 따라 다르게 규제되는 계급 내의 변이와 관련이 있다. 예컨대 (일부 해석과는 반대로) 번스타인은 노동계급이 항상 '제한적 코드' 만 말하고 중간계급은 학교가 선호하는 '정교한 코드' 만 사용한다고 언급한 적이 없다. 대신에 그의 관심은 다른 계급(계급 분파들)의 구성원들이 그들의 변이와 잠재성을 제한하거나 정교화하기 쉬운 조건을 구체화하는 데 있었다. 특정 집단이 정교한 담론을 필요로 하는 맥락의 특수한 측면을 인식하게 하는 조건은 무엇이고 그들이 기준을 충족하기 위해 할 수 있는 효과적인 방법이 무엇인지에 관심이 있었다(Bernstein, 1973: 제8장과 제9장).

정교한 코드와 제한된 코드의 구별은 명시적 교수법과 암묵적 교수법과 관련이 있으며 차이와 유사성의 원리는 (뒤르켐주의적) 사회성 유형(mode of sociality)과 관련이 있다. 제한된 코드에 있어서 '제한' 의 의미는 인지적이 아니라 문화적이고 상황적이다. 의미는 기본적으로 문화적 가치, 가정 그리고 이해를 공유한 사람들, 즉 '알고 있는' 사람들로 제한된다. 의미는 고도로 상징적으로 응축된 방식, 즉 '충분히 표현하고도 남을' 몸짓이나 몇 마디 말로도 전달될 수 있다. 예를 들어, 형식적인 종교 의식은 함축적으로 응축된 코드다. 즉, 규칙을 아는 사람들에게 정해진 제스처를 취하거나 드러내 보임으로써 복잡하고 심오한 여러 층위의 의미들이 전달될 수 있다. 이와 대조적으로 강의는 청자 입장에서 볼 때 '나는 오늘 번스타인의 정교한 코드 개념을 다루고자 한다. 그가 이것을 통해 말하고자 하는 바는……'과 같이 명확하지 않은 것을 명확히 하고 의미를 풀거나 확장하는 작업이다. 이상적으로 해설이란 청자들로 하여금 그들이 알고 있는 것과 지금까지 몰랐던 것을 구별해 낼 수 있도록 광의의 추상적 개념을 구성적 요소로 분석하는 지속적인 과정을 통해 진행된다. 집단들 사이에 다르게 배분된 것은 인식 규칙과 실현화 규칙 그리고 의미에 대한 지향이다. 이것들은 사람들이 스스로 당연한 것으로 가정하고 받아들일 수 있는 것과 교실, 개별 지도 그리고 시험 등과 같은 특수한 상황에서 이해를 위해 예를 제시하고 증명하는 것이 필요한 경우를 성공적으로 구별할 수 있도록 한다. 이러한 인식과 실현화 규칙은 진보주의와 같은 교수법 이데올로기가 아이들이 마치 교과서의 '저자'처럼 자유롭게 자신의 교육적 요구들을 만드는 것을 부정할 때 많은 아이들에게 문제 상황이 된다(Bernstein, 2000: 110). 이런 점에서 교육의 과정은 '규범성(normativity)'을 규제한다(Cladis, 1999). 교수법은 계속적으로 드러내 보일 것을 요구하는데, 항상 '상징적 지배자'의 눈금에 반대되는 것을 측정하여 드러내 보인다. 하지만 그들은 자신들이 드러내 보이고 있다는 사실을 전혀 알지 못한다!

번스타인은 '전통적' 교육(강한 분류화와 구획)은 지배계급과 관련이 있으며 본래적으로 보수적 성격을 가지며, '진보적' 교육(약한 분류화와 구획)은 피지배계급과 가깝고 해방적 성격을 갖는다는 관례적 관점에 반대한다. 그의 모델은 보다 다른 의미의 관점을 제시한다.

> 나는 가시적 교수법과 비가시적 교수법의 갈등이 통제의 형태를 둘러싼 중간계급의 서로 다른 분파들 간의 이데올로기적 갈등이었다고 생각한다. 한 분파는 생산의 장에 위치하며 생산, 유통, 교환이라는 경제적 토대와 직접적으로 관련된 기능을 담당한다. 다른 분파는 내가 상징적 통제의 장이라 부르는 곳에 위치한다. 이 분파 구성원들은 의사소통의 전문화된 형태와 직접적으로 연관되어 있다.…… 상징적 통제의 대행자들은 담론 코드를 통제하는 반면에, 생산(유통, 교환)의 대행자들은 생산 코드를 지배한다. 또한 상징적 통제의 대행자들은 상징적 통제의 전문화된 대행기관이나 경제적 장에서 기능할 수 있다. 비슷하게 생산의 대행자들도 경제나 상징적 통제의 전문화된 대행기관(예, 회계사나 관리자)에서 기능할 수 있다. 나는 상징적 통제의 장이나 경제적 장에서의 위치와 위계적 지위는 중간계급 내의 의식과 이데올로기의 구별되는 형태를 규제할 것이라고 주장한다. 원래 나는 상징적 통제의 장과 경제적 장의 복잡한 노동 분업을 구별했다(Bernstein, 1996: 112-113).

번스타인은 물적, 상징적 생산과 통제 그리고 사적, 공적 영역에서 사회집단과 가정의 모순되는 위치(또한 Bernstein, 1977: 제8장; Bernstein, 2001 참고)와 계급 내에서의 변이를 그리는 일에 주로 관심이 있었다. 진보주의(적어도 1960~1970년대 영국에서 발생했던 형태)는 노동계급과 경영관리직에 기반을 둔 중간계급 분파보다는 새로운 중간계급과 자유전문직집단의 이해에 적합한 교수법으로 간주되었다(Power et al., 2003). 진보주의는 '상징적 통제 대행자'의 자녀들에게 문화적으로 부여된 자질과 관련이 있다. 이러한 자질은 종종 모순적이고 명확하지 않은 진보적 교수법의 메시지를 성공적으로 읽어 내고(해석하고) '의사소통의 전문화된 형태' 다. 이들은 비가시적 교수법에서 이데올로기적 또는 수사적으로 어렴풋하게 제시되는 것을 이해하는 능력을 갖추고 있다. 이러한 능력은 상당히 전문화된 성취를 위해 학생들에게 필요하며, 뿐만 아니라 놀이의 적절한 형태로 표현되는 것처럼 전문화된 인식과 실현화 규칙도 함께 요구된다. 그들은 가정에서 암묵적으로 획득한 원리를 통해 교수법을 암암리에 규제하는 규칙을 '볼' 수 있다. 그러나 암묵적인 문화적 자원이 부족한 다른 아동들에게는 여전히 보이지 않는 채로 존재한다. 번스타인은 (구성주의자들의 접근처럼) 교육내용을 해석하는 것보다는 교수법 담론의 구조(를 모델링하는 것)에 관심을 두고 있다. 특히 보편적이고 해방적인 교수법보다는 새로운 중간계급이 선호하고 지원하는 고도로 전문화된 코드인 비가시적 교수법이라는 특수한 유형을 밝히고자 했다.

이와 달리 가시적 교수법은 (비록 자의적이라 할지라도) 그 규칙이 분명하게 제시되며 다양한 사회적 출신 배경의 아동들에게 보다 개방적이고 이용 가능하다. 가시적 교수법 규칙의 명료성은 학교의 관심인 의식의 '공간' 또한 분명하게 제시한다. 예를 들어, '전통적' 교수법에서는 일과 놀이 사이에 강한 분류와 고립이 있는 반면에, '진보적' 교수법에서는—특히 나이 어린 아이들을 위한—놀이(또는 오히려 놀이의 전문화된 구성)가 학습이론의 중심 범주이며 교사의 감시의 장과 학생의 평가의 장이 통합되어 있다. 이런 점에서 진보주의는 주체(상징적 지배자)의 교육적 규제의 영역을 확장하고 동시에 규범적 요구를 강화한다(Hargreaves, 1989; Walkerdine, 1984). 규칙과 기준이 명료하지 않기(비가시적이기) 때문에 동일한 방법으로 모든 학생들과 가족에게 이용될 수 없다. 번스타인의 규범성에 대한 관심은 푸코나 뒤르켐과 유사하다(Gephart, 1999).

번스타인은 중계와 중계되는 것을 구별하는 일과 교수법 담론 내에서의 제 관계를 이론화하는 데 관심이 있었다. 이러한 그의 관심은 교육과정 논쟁에서 이데올로기에 대한 관례적 무관심을 근본적으로 변화시킨 것으로 교수법에 대한 중요한 관계 모델을 제공했다. 이는 특정 교수법과 사회집단 사이의 관계성을 가정하거나 해방 또는 통제를 위해 서로 다른 교수법이 가능하다는 관점에 대해 의문을 제기한다. 번스타인은 중간계급/노동자계급, 남성/여성, 백인/흑인 등과 같이 단순하게 둘로 나누는 본질주의자들의 교육과정과 교수법 모델을 거부한다. 이러한 관점은 어떤 특정한 교육과정이 그 내재적 성격 때문에 저절로 효과를 갖는다는 입장인데, 번스타인은 이러한 관점을 거부한 것이다. 번스타인이 보기에 교수법 담론과 사회적 지위 사이에는 복잡한 상호작용이 존재한다.

기술 언어와 지식구조

번스타인은 자신의 이론과 연구에서 질적으로 서로 다른 (비록 아주 단절되어 있는 것은 아니지만) 두 개의 언어를 구별한다(Bernstein, 2000: 제7장). 그 하나는 이론 그 자체의 언어, 즉 이론의 내적(internal) 언어이고 다른 하나는 탐구의 대상인 장에서 이론 밖의 어떤 것을 기술하는 언어, 즉 외적인 기술 언어다. 중요한 것은 한 언어로 다른 언어를 읽을 수 있어야 하고 또한 이론에서의 용어나 분석에 대응하는 세계가 어떤 상태인지를 구체화할 수 있어야 할 것이다. 번스타인 이론이 방법론적으로 가장 검토가 필요한 곳이 바로 이 부분이다.

먼저 이론의 내적 언어와 이론 밖의 것을 기술하는 언어 사이에는 '담론의 간극(discursive gap)'이 있을 수밖에 없다. 구성주의와 담론 이론처럼 기술은 오직 순환하며 이론은 그 대상만을 구성한다. 기술 언어는 이론적으로 적합한 용어로 이론 밖에 있는 것을 기술할 수 있을 뿐만 아니라 이론의 너머에 있는 것을 인식할 수 있어야 한다. 이론은 실재와 독립적으로 검증되고, 그 검증 결과에 따라 체계적으로 수정—반증의 원리에 개방적—이 가능하며, 이론 외부에 "스스로 알리는"(Bernstein, 2000: 316) 외재적인 존재론적 규칙(존재론적 실재론 원리, 제6장 참고)에 따라야 한다. 이에 대하여 번스타인은 솔로몬과의 인터뷰에서 다음과 같이 말하고 있다.

> 모델은 그것 이외의 다른 어떤 것을 언급할 때 이론의 틀 안에서 다룰 수 있는 것과 확실히 그렇게 할 수 없는 것을 구체화할 수 있는 원리를 제공할 수 있어야 한다. 우리는 그런 원리를 일컬어 외부와 관련된 어떤 것을 구체화하기 위한 인식 규칙이라고 부를 수 있다. 그러나 어떤 일은 모델이 필요한 것 이상으로 늘 생성될 것이며 또한 정보를 만들고 그 영역을 확대하는 능력을 가질 것이다. 모델의 실현화 규칙은 어떤 것에 대한 기술을 규제한다. 실현화 규칙은 정보를 기능으로 변환하거나 또는 법령의 언어(language of enactment)처럼 모델에 적합한 자료의 형태로 변환한다. 그러나 만일 실현화 규칙이 정보와 일치하는 바로 그 시점에만 자료로 변형되는 것으로 제한된 기술만 생산한다면 모델은 결

코 변화될 수 없으며, 모든 과정은 순환하게 된다. 모델 밖에는 아무것도 존재하지 않는다(Bernstein, 2000: 209).

번스타인은 자신의 이론에 예외적으로 엄격한 기준을 부과했다. 이것은 연구 상황에서 충분히 엄정하고 확실한 연구도구를 설계하였음을 의미한다. 그는 (a) 이론은 세계 내에서 그 개념을 '인식' 할 수 있고, (b) 이론이 경험에 비추어 수정될 수 있는 것처럼 세계는 이론에 대해 '스스로 주장할 수' 있어야 한다고 주장한다. 번스타인(Bernstein, 2000: 제6장과 제7장)은 실제로 그의 연구와 동료 연구자들과의 연구(Morais 등의 연구, 특히 Hasan[제2장], Daniels[제4장], Morais and Neves[제8장], Singh[제10장]의 논문 참고)에서 이러한 방법에 대한 자세한 예를 제공한다. 번스타인의 연구 방법을 이해하기 위해서는 내부와 외부의 '기술 언어(이론 너머에 있는 것을 인식할 수 있다는 점에서 이론 밖의 것을 기술)' 의 '담론의 간극' 을 이해하는 것이 관건이다. 이는 오늘날 사회이론 논쟁에서 그의 이론 체계를 위치지우기 위해서도 필요하다. '담론의 간극' 은 구성주의에 의해 부정되었고 뿐만 아니라 포스트모던, 페미니스트, 다문화주의자, 후기식민주의자들의 접근 등에 의해 광범위하게 포기되었다. 그러나 번스타인은 하버마스가 푸코 비판에서 매우 유사하게 분석한 것처럼 "텍스트의 경계를 넘어" 그 타당성을 검토했다(Habermas, 1995: 223; Moore and Muller, 1999, 2002).

번스타인은 교육 밖의 힘을 위해 단순히 중계로서 교육을 다루는 사회학자들과 교육 내부의 형식과 교수법 담론을 이론화하는 데 관심이 있는 학자들 사이에는 서로 다른 이론적 양식이 작동한다고 보았다(Moore nad Maton, 2001). 근본적으로 '중계(relay)' 접근에서는 환원론적 접근을 통하여 교육을 경험적으로 새롭게 기술하고자 한다. 보울즈와 긴티스의 대응 원리는 교육에 대한 자유주의적 설명(예, 능력주의, 개방, 보편주의 등)을 채택하고 그 언어를 일련의 대안적 용어들(반평등주의자, 폐쇄, 특수주의)로 변환하는 하나의 장치다. 비슷한 방식으로 페미니스트들도 가부장제, 남성 지배, 성차별주의 등으로 새롭게 기술한다. 이러한 변환은 동일한 수준에서도 일어난다. 예를 들어, 어떤 경험적 기술이 다른 것으로 대체되는 것이 그것이다. 한 가지 경험적 기술이 다른 것으로 대체되는 것을 말하는데, 이는 앞서 언급된 것처럼 모델링을 통해서라기보다는 대안적 해석 과정을 통해서 일어난다. 교육의 과정은 이론 그 자체에 내재적인 이론적 언어로 번역되지 않는다. 자유주의자는 '부르주아' 나 '남성' 이 되지만 +C/+F 또는 −C/−F는 되지 않는다. 환원론에서 뒤르켐의 용어인 정신은 이론을 통해 '이론 외부' 로 나가지 못하고 가장 자리로 자리를 옮긴다. 이는 마치 익숙하지 않은 관점으로 익숙한 대상을 보는 것 같은 일이다. 예를 들어, 우리가 어떤 것(오리)이라고 생각했던 것들이 사실은 다른 것(토끼)이었던 것처럼 대상을 잘못 인식했다고만 주장할 것이다. 교수법 담론의 원리들은 이런 식으로 번역될 수 없다. 그들은 오직 경험적 기술자들과 단절된 용어로 개념적으로만 표현될 수 있다. 번스타인이 보이지 않는 교수법 개념을 생산한 방식이 그 한 예다. 번스타인은 경험적 기술로 시작하는 일련의 변형을 통하여 보이지 않는 교수법을 −C/−F로 개념화했다. 그는 경험적 기술을 전적으로 기술의 내재적 언어, 즉 개념적 성격을 갖는 용어로 이론적으로 변환했다.

번스타인(Bernstein, 2000: 9장)은 '수직적' 그리고 '수평적 지식구조' 라는 개념을 통하여 지적인 장의 구조화(그리고 가능성)를 이해할 수 있는 수단을 제공했다. 이들 개념에 관한 초기 논의는 두 사례를 통해 발견할 수 있다. 이들 개념이 공식적으로 모습을 드러낸 것은 그의 마지막 저서이지만 이미 1970년대 초반의 한 논문(「교육사회학: 개관」, Bernstein, 1977: 제7장)에 이 아이디어의 기원이 확연히 드러나 있다. 다른 하나는 번스타인의 동료인 뒤르켐주의자 콜린스가 『철학사회학(*The Sociology of Philosophies*)』에서 동일한 언어로 언급한 것인데, 이는 매우 흥미롭다.

> 내부 논쟁의 밀도는 지위를 둘러싸고 경쟁하는 공간으로 관심을 돌리게 한다. 과도한 수평적 밀도는 추상성-성찰성(abstract-reflexivity) 절차에도 역시 치명적이다. 왜냐하면 그것이 인식론적 회의주의를 초래하기 때문이다. 이러한 내분은 '모든 집에 전염병' 이라는 초월적 입장(meta-stance)을 취함으로써 지식의 성찰적 근거 가능성을 부정한다. 바꾸어 이것은 인식론적-형이상학 체계를 위한 새로운 초월적 기초를 제공함으로써 새로운 인지적 논의의 방향을 위한 근거를 제공한다. 집합적으로 연결된 '수평적' 군집은 세대를 넘어 파벌 전쟁을 계속함으로써 신분을 유지하는 '수직적' 군집의 모습을 보인다. 이처럼 오랜 기간 지속되는 논쟁은 논쟁의 범주들(가문, 보편주의, 특수주의, 급진적 우발성)과 관련된 성찰의 수준을 높임으로써 일련의 추상성-성찰성을 지속시켜 나간다(R. Collins, 2000: 845).

콜린스는 '수평적 군집' 이나 '인식론적 회의주의' 의 조건을 다양한 정체성(hyphenated identities)을 중식한 포스트모더니즘과 후기구조주의의 영역에 대한 반응으로 묘사한다. 번스타인의 용어로 이것은 "약한 문법을 가진 수평적 지식구조"다. 번스타인(Bernstein, 2000: 제9장)은 두 가지로 구별을 한다. ① 수직적 담론과 수평적 담론, ② 수직적 지식구조와 수평적 지식구조. 이들은 지역적, 맥락의존적, 특수적, 암묵적인 '상식적' 지식(본질적으로 제한된 코드로 작용하는 것)과 "조리 있고 명확하며 체계적으로 이루어진 구조, 과학처럼 위계적으로 조직된 형태 또는 사회과학이나 인문과학처럼 텍스트의 생산과 순환을 위한 전문화된 기준과 전문화된 질문양식을 지닌 일련의 전문화된 언어의 형태를 취하는"(Bernstein, 2000: 157) 수직적 담론으로 구분된다. 결론적으로 수직적 담론은 수직적 지식구조와 수평적 지식구조 사이의 구별을 수반한다. 바꾸어 이러한 차이는 강한 문법과 약한 문법으로 표현된다(Moore and Muller, 2002).

수직적 지식구조와 수평적 지식구조의 결정적 차이는 콜린스의 표현에 따르면, 통합과 추상('문법'의 강함)의 상대적 능력과 관련이 있다. 이러한 능력은 지식이 계열상 높은 추상과 일반화의 수준에서 체계적으로 통합되는 '추상성-성찰성 절차'를 낳는다. 강한 문법을 가진 수직적 지식구조의 전형은 물리학이고 약한 문법을 가진 수평적 지식구조의 전형은 교육사회학이다(Moore and Maton, 2001). 어떻게 그렇게 되었을까?

번스타인은 시각적으로 두 지식구조의 차이를 보여 준다(Bernstein, 161). 강한 문법 형태는 추상/통합을 나타내는 것의 정점이 삼각형으로 표현된다. 약한 문법 형태는 수평적 담론의 형태를 재생산하는 일련의 셀(cell)들이 분절된 구조를 취한다(L= '언어[language]').

$$L^1L^2L^3L^4L^5L^6L^7 \cdots\cdots L^n$$

영문학에서 언어는 전문화된 비평언어일 것이다. 철학에서는 다양한 언어들이 탐구의 양식으로 사용된다. 사회학에서 언어는 기능주의, 후기구조주의, 포스트모더니즘, 마르크스주의 등이다. 후자는 광의의 언어적 범주를 가지며 그 안에는 특별히 선호하거나 화자에서 시작되는 개별어(이론들)가 존재한다. 통합 코드에 근거한 위계적 지식구조와 달리 수평적 지식구조는 집합적 혹은 연속적 코드에 기반을 두고 있다. 한 경우에는 언어의 통합이고 다른 경우는 언어의 축적이다(Bernstein, 2000: 161-162).

1977년에 발표한 논문에서 번스타인은 '접근 패러다임(approach paradigm)'으로서 이러한 '광의의 언어적 범주'를 제시한다. 이들 언어와 접근 패러다임은 이론적 관점으로 구체화된다. 오늘날 접근 패러다임은 후기구조주의의 다양한 정체성의 하나로 포스트모던 담론에 '특별히 호의적이거나 그 담론을 주창하는 화자'로 구체화할 수 있다. 전문화되고 배타적인 문법을 가진 이러한 분단된 지식 형태는 계열적으로 더 높은 수준의 추상 수준에 통합되는 점증적이고 진취적인 지식을 만들어 내는 능력이 태생적으로 제한되며 포스트모던 형태에서 이 가능성은 체계적으로 부인된다. 포스트모던 담론은 자신의 입장을 드러낼 수 있지만 '새로운 것'을 만들어 낼 수 없다(Bernstein, 1977: 157). '수평적 군집'의 조건하에서 더 많은 것이 논의되지는 않지만 더 많은 것이 같은 것—어떤 경우에는 언어의 통합 그리고 다른 경우에는 언어의 축적—을 말하게 한다.

번스타인의 이론은 다양한 영역의 연구자들에 의해 활용되고 있다. 연구자들은 번스타인 이상으로 그의 이론을 채택하고 다루며 그들 자신의 목적에 따라 나름의 방식으로 이론을 적용하고 발달시키고 있다. 이론의 창시자로부터 이론을 분리시키는 능력은 '변형' 과정과 관련이 있다. 변형과정이란 가장 일반적인 이론 수준의 개념들이 세상과 만나고 세상이 이론에게 스스로를 알리는 연구과정을 주도한다는 점에서 체계적으로 새롭게 정의되는 것이다. 바로 이런 점이 번스타인의 사상이 그렇게 다양한 이론가들의 연구에서 발견되는 이유다.

정 리

이 장에서는 다음과 같은 내용을 다루었다. 먼저 뒤르켐의 이론 체계와 그의 기획에서 교육이 중심으로 다루어지는 방식을 살펴보았다. 이 기획은 칸트의 사회학화와 관련된다. 외적인 것(사회질서의 원리)이 내적인 것(의식의 생성 원리로서)으로 되기 위해서는 이러한 변형을 가능하게 하고 계속적으로 그것을 성취하고 유지하도록 하는 과정을 구조화하는 '장치', 즉 아비투스가 있어야 한다. 뒤르켐은 "타자의 '의식의 일단'을 결정하고 그들을 통합하도록 하는 보다 근본적인 조건"에 관한 특징을 통해 이러한 주장을 반복적으로 계속했다. 복잡한 뒤르켐의 사상에서 이 조건은 한편으로는 자아의 '이중' 모델과 관련이 있으며 다른 한편으로는 자율적 과학으로서 사회학을 정립하도록 마음을 먹도록 한 것이기도 하다. 뿐만 아니라 실재적인 것(the real)과 구별되는 영역으로서 사회적인 것(the social)과도 관련이 있다. 뒤르켐이 교육을 그의 이론 체계의 중심에 놓은 것처럼, 동시에 뒤르켐의 순수한 노력, 야망, 독창성 등에 기대어 그를 교육사회학의 중심에 위치지울 수 있다. 그러나 카라벨과 할제이(Karabel and Halsey, 1977)가 지적했고 번스타인도 매우 잘 인식한 것처럼 뒤르켐을 새롭게 보는 노력이 필요하다.

다음으로 번스타인은 자신을 뒤르켐주의자로 생각했고 이러한 주장에 따라 뒤르켐을 이해했다. 때문에 번스타인에 대해서도 더욱더 잘 이해할 수 있었다. 주지하는 바와 같이 번스타인의 기획은 아비투스처럼 뒤르켐 저작의 근저에서 작동하는 원리를 체계적으로 개념화한 것이었다. 그렇게 함으로써 이들 개념들이 세상과 맞닿을 수 있는 연구장치로 새롭게 정의될 수 있었다. 이런 점에서 번스타인의 생각에 영향을 받아 수행된 연구의 양과 질을 고려하건대, 그의 성공은 괄목할 만하다.

세 번째는 교수법의 '주장'과 관련된 것으로, 번스타인은 단지 교육사회학의 특정 영역만 연구한 것이 아니었으며 독특한 이론적 틀을 가지고 교육사회학을 연구하고자 했다. 번스타인은 자신의 마지막 논문에서 지적 영역, 즉 새로운 지식 생산의 장을 분석하기 위하여 새로운 이론적 언어를 구성했다. 그 결과 수직적 지식구조와 수평적 지식구조의 구별 또는 강한 문법과 약한 문법의 구별처럼 자신의 이론화 양식에 관한 기술을 가능하게 했다(Moore and Muller, 1999, 2002). 이는 '기술 언어'에 관한 번스타인의 논의를 통해 설명될 수 있다. 물론 뒤르켐주의/번스타인주의 방식으로 수행된 교육사회학은 지식 생산의 장을 조직하고 생산하는 방식에서 차이가 있다(Moore and Maton, 2001). 다음 장에서는 이 문제를 인식론적 관심 등과 함께 보다 넓은 맥락에서 다루게 될 것이다.

제6장

교육과 사회

지식의 문제: 교육과정

제6장

지식의 문제: 교육과정

과학을 완전하게 하는 것이 불가능하다고 해서
보다 더 나은 과학을 위한 시도조차 하지 않으려고 해서는 안 된다.
- 수잔 핵(Susan Haack)

교육의 과정(educational process)의 중심에 교육과정(curriculum)과 '우리는 무엇을 가르쳐야 하는가?'라는 중요한 문제가 놓여 있다. 교육을 통해 의도하는 것이 무엇이든지 또는 교육 때문에 일어나리라고 믿는 것이 무엇이든지 그것들은 학습자를 변형시키고자 의도된 지식의 전달을 통해 일어난다. 이것은 가르치는 방법보다 더욱 광범위한 무엇인가를 가리킨다. 왜냐하면 교육과정은 내용의 선택과 내용들 안에서의 관계에 대한 구성도 포괄하는 지식의 조직화이기 때문이다. 예를 들면, '전통적(traditional)' 교육과 '진보적(progressive)' 교육의 차이는 단지 가르쳐지는 것뿐만 아니라 다른 요소들이 서로 관련되는 방식에도 의존한다. 전형적으로 전통적 교육과정이 강한 경계를 가진 잘 정의된 교과 범주들로 조직되는 반면, 진보적 교육과정은 통합을 촉진하며 약한 경계를 지닌다. 문제 내용은 상당히 비슷할 수 있지만 그 조직은 매우 다르다. 학생들은 유사한 지식체를 갖게 되지만 지식의 관계를 규정짓는 아주 다른 원리들을 습득할 것이다. 그리고 이러한 원리들은 더 광범위한 사회적 그리고 개인적 함의들을 지닐 것이다. 전통적 형태는 교과의 범주와 내용을 구분하고 그 위계를 각각 적절한 자리에 고정함으로써 순수한 가치를 가르치는 것처럼 보일 수 있다. 반면에 진보적 형태는 범주들이 섞이는 것을 조장하며 혁신적인 재구성을 추구하는 것으로 여겨질 수 있다. 이런 식으로 교육과정의 두 형태는 사회질서의 다른 원리들을 드러내는 것으로 간주될 수 있을 것이다. 전통적 교육과 진보적 교육을 둘러싼 논쟁은 전통에 대한 존중 대 '변화 허용(permissiveness)', 즉 사회질서와 변화 사이에 나타나는 긴장처럼 사회 그 자체에 관한 갈등으로 다루어져 왔다.

교육과정의 사회학적 접근들은 교육과정이란 사회적으로 생산되고 역사적으로 위치지워진다는 인식에서 출발한다. 이런 사실은 다음과 같은 핵심 질문들을 제기한다. 무엇이 교육과정에 포함되는가? 교육과정은 어떻게 조직되고 전달되는가? 누구에게 그리고 누구에 의해? 성공은 어떻게 평가되는가? 그리고 어떻게, 누구에 의해 이러한 질문들의 대답이 결정되는가? '누구' 인가의 문제가 나머지 것들을 규정하기 때문에 일부에서는 마지막 질문을 가장 근본적인 것으로 다룬다. 그러나 교육사회학은 지식의 재생산뿐만 아니라 생산에도 관심을 가져야 한다. 이들 두 가지는 매우 다른 문제를 제기하지만, 지식이 생산되고 '구성되는' 방식에 대한 특정 접근은 재생산을 이해한다는 점에서 교육사회학에 중요한 영향을 끼쳐 왔다. 사회학은 그 자체가 지식의 한 형태이므로 지식사회학은 사회학이 그 자체를 형성하는 방식, 즉 사회학이 사회학을 만드는 방식에 관한 관점을 수반한다(또는 최소한 의미한다.). 이것은 사회학적 관점이 다를지라도 사회적인 것이 이해되는 방식과 연관된다. 지식이 사회적으로 생산된다는 입장을 취한다면, 지식이 의미하는 것은 '사회적인 것(the social)'이 이해되는 방식에 의해 영향받을 것이며 지식은 채택된 관점과 그것이 사회학 그 자체를 정의하는 방식에 의존할 것이다. 이 장에서 망라된 서로 관련된 다양한 관심거리들은 여러 분야와 쟁점을 통해 살펴보게 될 것이다.

지식이 사회적으로 생산된다는 인식은 무엇을 수반하는가? 이것은 서로 다른 함의를 수반하는 서로 다른 방식으로 이해될 수 있다. 특별히 영향력이 있었던 것은 '구성주의(constructionism)'로 알려진 관점이다. 구성주의는 집단 사이의 관계, 특히 권력관계 내에서 지식의 기원을 되밟아가는 환원론적 방식으로 지식을 다룬다. 이러한 기초 위에서 지식관계는 권력관계로서 고쳐 쓰이고, 지식은 그것을 생산하는 사람들의 이해관계의 측면에서 이해된다. 따라서 지식은 그것이 봉사한다고 여겨지는 사람들, 즉 '부르주아지' '남성' '백인' 등과 관련하여 '명명'된다. 이러한 관점은 종종 '견지(見地)이론(standpoint theory)'으로 불리며 부분적으로는 마르크스주의와, 오늘날에는 특히 페미니즘과 연관된다.

구성주의 접근은 통상적으로 이해되었던 지식의 진리 상태에 의문을 제기하는 등의 도전을 한다(구성주의 접근은 회의론적 입장을 취한다.). 그것은 진리 개념이 어떤 실질적 객관성을 갖는다는 점을 부정한다. 진리라는 관념은 그 배후에 있는 이해관계를 위장하는 하나의

'가면' 으로 취급된다. 이 접근은 지식을 이해관계가 타협한 산물로 바라보지 않으며 대신 진리, 객관성, 합리성 등의 개념을 중시하는 다른 접근들과 대비된다. 일반적으로 후자의 입장은 구성주의자들의 문헌에서 '실증주의(positivism)' 로 언급되는 것들이다. 실증주의에서 지식이란 (과학으로 입증되는 방식으로) 절대적이고 확실하며 따라서 지식은 역사와 사회의 외부에 위치한다. 지식은 사회적이지 않으며 객관적인 것으로 제시된다.

구성주의적 상대주의와 실증주의적 절대주의 사이의 이 대비는 지식사회학과 인식론(지식을 다루는 철학의 분야) 사이의 보다 일반적 긴장을 반영한다. 후자는 객관적 지식이란 사회적이지 않은 지식에 의존한다고 주장하는 반면, 전자는 이러한 조건이 불가능하며 절대적이고 실증주의적 의미에서의 어떠한 지식도 존재하지 않는다고 말한다. 이러한 긴장은 전통적으로 인식론이 이러한 문제를 정당화된 참된 신념을 위한 논리적 조건을 정의해 나가는 형식적인 방법으로 접근해 왔다는 사실에 기인한다(지식이란 우리가 지니기에 정당화되는 그러한 신념들이다. 왜냐하면 신념들이란 참된 것으로 입증될 수 있기 때문이다.). 지식은 그것이 생산되고 유지되는 사회적 조건과 무관하게 추상적으로 취급되었다.

앞서의 상황은 '인식론적 딜레마' (다음 참고)로 일컬어지는데, 이는 우리가 상대주의와 절대주의의 양 극단 사이에서 단지 내키지 않는 선택을 하는 것처럼 보인다는 말이다. 관점과 관련하여 이러한 상황을 살펴보기 위해서는 지난 30여 년에 걸쳐 과학철학과 인식론 안에서 전개된 논의를 검토해 보는 것이 필요하다. 이러한 발전은 '자연화된 인식론(naturalized epistemology)'* 으로 알려진 것과 관련된다. 즉, 자연화된 인식론에서는 지식이 사회적이라고 해서 지식이 객관적 방식으로 진리가 될 수 없다고 생각하지 않는다. 어떻게 그런가 하는 점은 '비판적 실재론'으로 알려진 제3의 입장에 의하여 증명된다. 비판적 실재론은 지식을 사회적인 것으로 다루며, 진리를 위한 조건을 추상적 논리 형식(논리적 실증주의처럼)이 아니라, 그것이 생산되는 물리적 조건(집합적 사회적 관계)을 통해 찾는다. 상대주의와 절대주의에 맞서 실재론(realism)은 '신빙주의자(reliablist)' 입장을 채택한다. 이 입장은 우리(즉, 인류)가 지식을 생산하기 위해 사용하는 여러 방식들 중에서 일부는 다른 것들보다 더 믿을 만한 것으로 입증되었으며, 따라서 우리는 의심할 바 없는 확실한 것이 아니라 다소 믿음이 덜 가는 방식으로 생산된 지식들보다 오류가 덜한 진리를 발견해야 한다는 것이다.

지식 논쟁은 구성주의와 실증주의 사이의 불일치로 구조화되었으며 두 관점은 서로 배타적인 것으로 다루어졌다. 실제로 구성주의는 실증주의(실증주의는 대체로 보수적인 것으로 간주되며 오늘날에는 백인의 것, 남성적이고 서구적인 것으로 받아들여진다)에 대한 급진적 비판으로 보인다. 비판적 실재론의 도입은 사물을 어떻게 변화시키는가? 첫 번째로, 실재론은 지식 생산의 사회적 관계에 주목함으로써 구성주의와 실증주의가 공유하는 근본적인 것들을 드러나게 한다. 즉,

---

* 역자 주: 자연화된 인식론이란 '지식'도 다른 자연현상들처럼 자연의 일부이므로 인식론은 자연과학의 한 부분이 되어야 하고 그에 따라 인식론도 자연과학들처럼 경험적 방법을 사용해야 한다는 입장을 말한다. 이들은 인식론이란 자율적 학문이 아니라고 주장하고 대신에 규범적 특성들은 자연적 속성들에 의해 설명되어야 한다고 주장한다.

두 관점 모두 지식을 앎(knowing)과 주관적 경험 수준으로 낮추고 또한 언어학적 지식 모형을 채택하고 있다. 실재론적 관점은 실증주의의 절대주의와 구성주의의 상대주의가 야기하는 문제에 대한 대안으로 도입되었으며 둘의 관계는 생각했던 것처럼 적대적이기보다는 같은 동전의 양면이라는 것이 드러났다. 실재론은 그 관심이 주관성보다는 지속적이고 집합적인 지식 생산의 관계라는 점에서 구성주의보다 더 철저하게 사회학적이다. 이런 점에서 인식론적 딜레마에 대한 실재론자들의 해법은 교육사회학 내의 지식에 관한 논의의 장을 재정립하고 교육과정과 교육사회학에 대한 새로운 사고를 제공한다.

이 장의 주된 목적은 지식과 사회적인 것 사이의 관계에 대한 다양한 접근들을 검토함으로써 교육사회학 내 지식 논쟁을 지배하고 있는 여러 원리와 입장들을 살펴보는 것이다. 그것은 지식의 재생산과 교육과정에 접근할 수 있는 방법 그리고 지식이 생산되는 방식에 관한 물음을 제기한다. 핵심 문제는 무엇을 가르칠 것인가 하는 점이다. 비판적 실재론의 관점에 근거하여 지식 생산에 초점을 맞춤으로써 지식사회학과 인식론 그리고 교육사회학에서 지식 생산을 연구하기 위한 자연화된 인식론의 함의 사이의 관계에 대한 새로운 문제가 제기될 수 있다. 여기서 살펴보는 대부분의 자료들이 상대적으로 최근의 것이고 쿤(Kuhn)의 독창적인 저작 『과학혁명의 구조(*The Structure of Scientific Revolutions*)』(1970)에 대한 과학철학계의 반응을 반영하고 있지만 비판적 실재론이 표방하고 있는 기본 입장의 역사는 오래되었다. 그것은 마르크스주의(어떤 점에서)나 뒤르켐과 관련지을 수 있다. 뒤르켐의 과학 이론이나 그가 채택했던 '창발적' 모형은 나중에 자세히 살펴보게 될 것이다(Schmaus, 1994 참고).

구성주의

구성주의는 특히 1970년대 초반에 교육사회학에 영향을 미쳤는데, 이는 새로운 교육사회학(당시에는 종종 '지식사회학' 적 접근이라 불렸는데, 상대주의 성격 때문에 비판받았다)의 영향을 통해서였다. 구성주의는 현상학, 상징적 상호작용론, 민속방법론과 같은 질적 접근에 그 기원을 두었으며 오늘날에는 포스트모더니즘과 후기구조주의라는 표제 아래에서 발견된다. 구성주의는 이들 둘 사이에서 페미니스트적, 다문화적, 후기식민지적 형식들을 채택했다(그리고 유지한다.). 구성주의의 기본 원리는 반-실재론(anti-realism)인데, 뮬러(Muller)는 이것을 "구성적으로 기술되지 않는 실재란 없다. 그리고 '텍스트의 외부' 에는 아무것도 존재하지 않으며(재현의 산물이 아닌 어떠한 것도 존재하지 않는다) 따라서 과학은 다른 모든 활동들과 함께 인간 활동에 의해 발생한다" 고 주장했다(Muller, 2000: 151). 실재(reality)란 묘사되기 위해 '밖에서' 대기하는 것이 아니며 우리가 지식을 가지고 있다고 주장하는 '실재적인 것' 을 구성한 기술 그 자체다. 진리는 발견되지 않고 창조되며 본질적으로 순환적이다. 이런 입장에 따르면, 독립적으로 존재하는 실재(실재론의 유형)의 근거를 제공한다고 주장하는 지식의 유형들(과학들)은 근본적으로 그 방향이 잘못되었다. 인지적 특권에 대한 주장도 자신들이 표방하는 관점을 가진 사람들의 이해관계를 위장하는 것이다. 합리적이고 객관적인 지식의 형식들과 그렇지 않은 다른 지식의 형식들 간의 기본 차이를 정리한다는 것은 사실 (남성을 여성 위로, 백인을 흑인 위로 등) 한 집단을 나머지 집단들 위로 높이는 것이다.

구성주의 관점은 과학에 의해 예증되는 인식론적 실재론의 형식과 반대되는 것으로 스스로를 정의한다. 구성주의 관점은 이러한 반대에 근거하여 나름의 독특한 방법론을 형성했을 뿐만 아니라, 지배적이고 패권적인 지식을 해체하고, 그러한 지식에 의해 억압되고 침묵된 지식들에게 '목소리'를 내도록 하는 독특한 장점을 보였다. 구성주의자들은 어떻게 그들의 반대편에 있는 '실증주의적' 타자를 구성하는가? 그 대표적인 포스트모던 입장은 다음과 같이 주장한다.

> 지식을 확립하는 수단으로서 과학적 방법의 우월성은 과학을 사회적 실천이자 역사적 및 문화적 산물로 바라보는 것에 시종일관 실패했다. 대신에 과학은 초월적이고 탈맥락화된 것으로 간주되었다. 따라서 인식 주체뿐만 아니라 지식도 맥락으로부터 자유롭게 되었다. 합리성은 모든 역사적, 사회적 맥락과 실천을 가로질러 작동하고 그 모든 것들로부터 독립된 보편적이고 초월적인 것으로 여겨졌다. 고독한 개인이 독립적인 대상의 실재와 마주하는 개인주의적 인식론이 그 결과다(Usher and Edwards, 1994: 36).

구성주의 접근에서는 과학을 역사의 밖에 존재하며 어떠한 사회적 맥락으로부터도 유리되어 있는 것으로 정의한다. 인용문의 마지막 문장에서 드러난 것처럼 과학의 비역사적 성격은 개인 그리고 그와 분리된 합리적 응시의 대상에 대한 원자론적 모델과 관련된다. 이들 저자에 따르면, 과학은 대상의 진리를 포착하는 '완전한 지식(perfect knowledge)'에 관심을 두며 과학적 탐구는 '정통함(mastery)'을 위해서다. 사실상 모든 과학자들, 많은 철학자들 그리고 일부 과학사회학자들이 이렇게 기술(記述)할 것이라는 것은 놀랍기는 하지만 당연하다. 예를 들어, 브라운(J. R. Brown)은 다음과 같이 썼다.

> 대부분 활동 중인 과학자들은 자신들이 통상 경험하는 어떤 것으로부터 결코 떼어놓기 어려운 과학적 지식에 대한 사회학적 분석들을 발견한다. 그들은 사회학적 분석에도 불구하고 간단히 쉽게 믿지 않는다. 그들은 비록 어디서부터 효과적인 비판을 시작해야 하는지 모르지만 깡그리 버려야 될 것 같은 전형적인 구성주의적 활동으로부터 소외되었다고 느낀다(J. R. Brown, 2001: 31).

더욱 일반적인 문제는 구성주의자들이 자신들의 과학에 대한 관점을 어디에서 얻는가 하는 점이다. 구성주의자 이외의 누가, 과학은 이것과 같다고 하거나 혹은 이것에 관한 것이라는 극단적인 주장을 하는가? 일반적으로 접하게 되는 과학에 관한 담화의 다른 방식은 나중에 다루게 될 것이며 이들 물음의 순서에 따라 답하게 될 것이다. 당장의 문제는 헤게모니적 지식 모델의 결과로 무엇을 지적할 수 있으며 그 대안은 무엇인가 하는 점이다.

> 역사와 문화를 초월하기 위해서는 상대주의의 한계를 초월해야 한다. 독립적으로 역사와 문화의 세계를 알기 위해서는 공통적인 척도와 기준을 가져야만 한다. 그렇게 하여 차이(difference)와 이질성(heterogeneity)이 같음(sameness)과 동질성(homogeneity)으로 된다. 따라서 지식은 차이가 제거된 정통한 지식이 된다. 상대주의는 확실히 두려워한다. 왜냐하면 상대주의는 알아야 하는 유일하게 특권적인 입장

이란 없으며, 각자의 표준을 지닌 다양한 다른 입장들만 존재하고, 권위를 부여하는 중심의 가능성이 명백히 파괴된다고 주장하기 때문이다. 이는 차이와 이질성이란 제거될 수 없으며 지식과 진리는 정복될 수 없음을 의미한다(Usher and Edwards, 1994: 37).

이 문장을 앞에서 언급했던 언어의 종류로 나타내면 다음과 같다. ① 지식은 확실성과 유일하게 특권적 입장을 포함하는 절대주의적 용어로 제시된다. ② 오직 상대주의만이 절대주의에 대한 대안으로 제시된다. ③ 지식관계는 동질성과 이질성 사이의 갈등이라는 점에서 성적 의미가 추가된 용어인 '정통한 지식(mastery)'으로 표현되는 권력관계로서 재현된다. 이러한 접근의 양극화를 알렉산더(Alexander)는 '인식론적 딜레마'로 부른다.

나는 이러한 대안들의 제시를 '인식론적 딜레마'라 부를 것이다. 왜냐하면 그것은 일반 이론의 운명을 오직 인식론적 선택에 달려 있는 것으로 설명하기 때문이다. 세상의 지식은 인식자의 사회적 위치나 지적 이해에 무관하거나 혹은 그렇지 않으면 인식자와의 관계에 영향받을 것이다. 전자의 경우에는 일반 이론과 보편적 지식이 가능하겠지만, 후자의 경우에는 상대주의적이고 특수주의적 지식이 유일한 결과일 수 있다. 똑같이 썩 내키지 않는 두 가지 대안들 중에서 선택해야 하기 때문에 정말로 딜레마다. 나는 이 딜레마의 어떤 쪽도 받아들여서는 안 된다고 주장한다. 실증주의 이론의 대안은 한물 간 상대주의가 아니며 상대주의의 대안도 실증주의 이론이 아니다. 이론적 지식은 역사적 대행자들의 사회적으로 기원한 노력 이상의 어떤 것이 결코 될 수 없다. 그러나

> 이러한 사회적 성격이 일반화된 범주 또는 점점 규율화되고 비개인적이며 비판적인 평가 양식 중에서 어느 것이든 발전시킬 가능성을 부정하지 않는다(Alexander, 1995: 91).

인식론과 지식사회학의 관계를 대립적으로 바라보는 것은 교육사회학을 위해 중요한 의미를 지니며 이는 전통적 대 진보적 논쟁으로 다시 다루어진다(Moore, 2000; More and Young, 2001). 비판적 실재론의 접근방법을 도입하려는 목적은 이러한 딜레마로부터 벗어나는 길을 발견하기 위한 것이다.

포스트모더니즘과 '폭로하기'

'포스트모더니즘'에 대한 통일된 정의는 없다. 그것은 20세기의 마지막 4분기에 선진 사회에서 발생하였던 변화의 종말론적 성격 및 그 깊이와 관련된 모든 분야를 망라하는 관념의 성좌로서 가장 잘 이해된다. 포스트모더니즘은 모더니즘(혹은 계몽)적 기획의 근본 원리와 열망이 불가능할 뿐만 아니라, 처음부터 환상에 근거했음을 인식하고 새로운 의식의 질서를 주장한다. 이러한 의식의 급진적 변화는 대체로 근본적인 사회변화와 연관된다. 그것은 문화적일 뿐만 아니라 경제적이고 정치적이다(Harvey, 1990). 그러나 여기서의 관심은 '철학적' 포스트모더니즘과 지식에 대한 회의적 비판이다(Lopez and Potter, 2001).

과학사회학자인 워드(Ward)는 포스트모던의 상대주의에 의해 제기된 쟁점들을 검토하고 있다.

포스트모더니즘과 그것의 개념적 추론들—해체, 상호 텍스트성, 담론, 수사학과 초현실—은 1980년대와 1990년대의 지적, 문화적 유행어가 되었다. 그러나 그러한 대중화와 활성화가 포스트모더니즘이란 무엇인가에 관한 개선된 이해를 가져오지는 못했다. 예를 들면, 최근 15년 동안 그 용어는 텔레비전 상업물, 도시의 마천루, 페미니스트 이론, 후기 구조주의 그리고 동성애자 권리 운동을 기술하기 위해 사용되어 왔다. 그러나 일단 그 다양한 용례를 걷어내면, 포스트모더니즘을 둘러싼 논쟁의 중심에, 적어도 인문학과 사회과학에서 제기된 많은 것들이, 객관적이고 맥락-독립적인 진리의 획득 가능성에 관한 중요하고도 오래된 문제가 자리하고 있음이 드러난다. 다양한 포스트모더니즘은 모두 확고하게 반인식론적이다. 포스트모더니스트들은 특정 철학적 또는 이론적 기획, 가령 칸트적인 주체, 언어의 완전성 또는 경험과학의 방법과 같은 것에 재현과 지식의 근거를 두려는 모든 근대적(모던적) 시도들을 불신한다. 최근 10년 동안 포스트모더니즘의 반인식론적 자세는 다양한 논쟁, 토론, 대결의 물결을 초래했다. 비평가들은 그것을 당대 재현의 위기를 야기하는 것으로 본다. 왜냐하면 그것은 모든 고정된 의미의 종언을 고하며 신념과 지식, 과학과 문학, 진짜와 가짜 그리고 궁극적으로는 진리와 허위 사이의 인식론적 구분을 붕괴시키기 때문이다. 이들 비평가들에 대하여 모든 인식론적 구분에 대한 포스트모더니즘의 수평화는 지식 보급자들로 하여금 실재적인 것에 대한 어떠한 정확한 재현, 나아가 결과적으로 어떠한 유형의 명백한 진리 주장도 제공하지 못하게 한다. 또한 정치적으로 그것은 이론가들이 억압받는 집단의 해방을 위한 어떤 지침도 제공하지 못하게 한다. 이와 같이 포스트모더니즘의 반인식론적 인 자세는 관점주의(perspectivism)가 난무하고, 해석이 해석 위에 쌓이고, '무엇이든 괜찮으며', 진보적인 정치 행위가 불가능한 허무적이고 반근본주의적 해석학으로 당대의 사고를 이끈다(Ward, 1996: xxiii-xxiv).

포스트모던 논의는 변혁적 대행자로서의 역사적 역할을 담당한 교육에 가장 중요한 영향을 미쳤다. '선진 산업사회' 에서 교육의 목적은 교육받은 시민에 의한 진보적인 사회변화를 촉진하는 것이었다. 시민들은 과학과 기술을 경제적 및 사회적 삶을 위해 합리적으로 응용함으로써 풍요롭고 능력이 중시되는 '개방' 사회에서 생산적이고 충만한 삶을 영위하는 것이 가능하도록 교육을 받는다(제2장 참고). 그러나 포스트모던은 이러한 모델의 다음 세 가지 기본 원리를 부정한다.

- 사회 진보의 신념('거대 담론' 의 부정으로 간주)
- 이성과 과학에 대한 헌신('근본주의' 의 비판으로 간주)
- 합리적으로 자기 결정하는 개인 모델(주체의 '탈중심' 과 파편화의 주장으로 간주)

견지(見地)이론

구성주의적 접근의 중요한 측면은 만하임(Mannheim)을 거쳐 마르크스로 거슬러 올라가는 이데올로기 분석과 연관될 수 있다. 만하임은 이것을 '폭로하기(unmasking)' 접근법으로 불렀다. 이 접근법은 '관념이 주장하는 것이 참인지 아닌지에 관한 문제를 제기하지 못할 때(또는 적어도 내 주장을 입증할 문제로 삼지 못할 때)' 일어난다. 그러나 이 접근은 단지 그것이 제공하는 이론 외적(extra-theoretical) 기능만 고려한다(Mannheim, 1952: 140). 이것은 '전체 관념 체계와 근원적 사회적 실재' 에 적용된다. 만하임은 이런 식으로 관념을 다루기 위해서는 결국 그 관념을 '허물어야 한다' 고 생각했다. 워드가 지적한 것처럼 오늘날 이와 유사한 접근들은 데리다(Derrida)와 관련된 '해체주의' 와 푸코에 연원을 둔 후기구조주의 담론 이론의 영향을 받았다(예, Ball, 1992; Weiner, 1994). 이러한 입장은 구성주의 원리를 뒤따르고 있다. 왜냐하면 지식은 사회적으로 구성되고 진리는 그것이 구성되는 맥락에 따라 필연적으로 상대적(문화, 언어, 삶의 유형, 패러다임, 담론, 견시 등에서 상대적)이기 때문이다.

포스트모더니스트들에게 상대주의는 문제로 간주되지 않는다. 실제로 그것은 축복의 명분일 수 있다! 그들에게 지식은 제한되고 편견에 사로잡혀 있다는 이중적 의미에서 항상 편파적이고, 이것을 드러내는 것은 보편주의라는 그릇된 (백인 남성의) 주장에 의해 억압된 집단들(여성, 소수 인종, 성적 소수자, 식민지 백성과 원주민)에게 권한을 부여하는 것이다. 영향력 있는 페미니스트 견지 이론가인 하딩(Harding)의 주장은 다음과 같다.

> 인식론은 지식이론이다. 그것은 누가 '인식자(knower)' 가 될 수 있을까(여성일 수 있는가?)에 대한 물음에 답한다. 지식으로서 정당화되기 위해 신념은 무슨 시험을 통과해야만 하는가(단지 남성들의 경험과

관찰에 반대되는 시험인가), 무슨 종류의 것들을 알 수 있게 되는가('주관적인 진리들'이 지식으로 간주될 수 있는가) 등의 물음에 답한다. 지식사회학자들은 인식론을 신념을 정당화하기 위한 전략으로 특징짓는다. 신, 관습, 전통, 상식, 관찰, 이성과 남성성의 권위에 호소한다. 그리고 이들 권위는 친숙한 정당화 전략의 예들이다. 페미니스트들은 전통적 인식론이 의도하든 그렇지 않든 여성이 '인식자' 또는 지식의 대행자가 될 수 있는 가능성을 체계적으로 배제한다고 주장했다. 그들은 과학의 주장은 남성적인 것이며, 역사가 오직 남성의(지배계급과 인종의) 관점으로만 기술되며, 전통적인 사회학적 진술의 주체도 항상 남성으로 가정되었다고 주장한다(Harding, 1987: 3).

이때 지식은 사회적으로 다른 범주에 속한 인식자의 주관적 경험 안에서 행해지는 앎(knowing)과 확실히 동일시된다. 견지이론은 지배적인 지식의 한계를 드러내고자 할 뿐만 아니라, 사회적으로 불리한 사람들도 "인식론적인 장점"(Harding, 1987)을 가질 수 있다고 주장한다. 사회적으로 자신들의 경험과 지위는 권력의 위치에 있는 사람들에게서는 얻을 수 없는 통찰력을 제공할 수 있다. "대안적 인식론"(C. Mills, 1998)은 단지 새로운 지식을 제공할 뿐만 아니라, 여성적 지식과 '남성 중심적' 지식을 대비시키는 "페미니스트 인식론"(Holmwood, 1995)처럼 새로운 방식을 가능하게 한다. '페미니스트 인식론'이라는 용어는 오히려 협소하게 정의된 견지 이론가들과 연관되었다는 점에 주목할 필요가 있다. 그러나 이것을 요구하는 것은 페미니즘의 본래적 특징이 아니다. 이 입장을 택하지 않은 주목할 만한 페미니스트이자 여성 인식론자의 예는 철학자인 수잔 핵(Susan

Haack)이다(Haack, 1998: 제6장과 제7장, 특별히 124쪽과 132-133쪽의 각주 2 참고). 여기서의 관심은 페미니즘이 아니라 견지이론이다. '사회적인 것' 은 그것을 표현하기 위해 경험과 관심사를 갖는 '명명하는' 분석을 통해 지식에 추가된다(Moore, 2000). 대안적 교육과정과 비판적 교육학과 같은 대안적 유형이 모색되었는데, 그것은 '정복당한' 집단의 경험과 견지에 근거했다. 이처럼 환원적 모습으로 지식(knowledge)은 앎(knowing)과 뒤섞이게 되었다.

구성주의는 호소력이 있다. 왜냐하면 지배집단의 지식이 보편적이고 사심 없는 것이라는 거짓 주장을 확실하게 '폭로하기' 때문이다. 구성주의는 지식이 계급, 성 그리고 인종의 권력관계에서 늘 어떻게 구성되는지를 폭로한다. 앎과 지식의 융합은 견지이론과 후기구조주의자들의 정체성 그리고 경험의 선취와 연관되어 있다. 지식은 경험에 근거하며 따라서 특정 범주의 '인식자' 가 배제된다면 지식은 불완전하다. 이렇게 볼 때 중요한 것은 말한 것이 무엇(what)이냐가 아니라 그것을 말한 사람이 누구인가(who)다. 왜냐하면 전자는 후자의 견지 안에 위치할 때에만 이해될 수 있기 때문이다(Maton, 2000).

지식에 대한 '폭로하기(unmasking)' 접근 때문에 제기되는 문제들은 교육적으로 특히 심각하다. 교육과정에 대한 상식적 직관에 따르면, 교육과정 지식으로 선정된 것은 지식의 '이론 외적 기능(extra-theoretical function)' 때문이 아니라, 포함될 수 있었지만 그렇지 못한 현 사회 내의 다른 지식과 무관한 어떤 속성 때문이다. 가르쳐져야 하는 지식과 거짓되고, 유해하며, 하찮은 혹은 어떤 다른 방식에서 부적절한 지식을 구분하는 타당한(논쟁의 소지는 있지만) 경계 설정 기준이 있다. 포스트모던 상대주의는 경계를 설정하는 기준의 가능성을 부정한다. 실제로 상대주의는 바로 교육 이념(the idea of education)의 이해 가능성(intelligibility)을 문제 삼는다. 왜냐하면 어떤 교육과정도 최종 분석에서는 순전히 자의적인 권력의 산물이 되기 때문이다.

이것은 포스트모더니즘을 상대주의로 내모는 이성과 이성적 자아의 정체를 폭로하는 것이다. 하레(Harré)와 크라우츠(Krausz)는 '상대주의의 다양성' (Haack, 1998: 제9장 참고)을 비판적으로 검토하면서 다음과 같이 말하고 있다.

> 강점과 다양성이 무엇이든지 상대주의의 모든 주장은 사실상 관찰에 달려 있는데, 관찰에는 매 현상을 위한 많은 언어와 많은 이론들, 느낄 수 있고 만질 수 있으며 볼 수 있는 것 등에 관한 많은 기술들 그리고 도덕적 및 심미적 가치에 대한 서로 다른 많은 평가들이 있다. 이러한 관찰에 따르면, 현상들은 어떤 기술(description)이 선택되느냐에 따라 상대적이며, 설명도 선호되는 이론에 따라 상대적이고, 기술이나 설명 모두 어떤 언어가 사용되느냐에 따라 상대적이라는 결론이 내려진다. 동일한 의미로 도덕적 및 심미적 평가들도 현재의 기준이 무엇이냐에 따라 상대적이라고 가정된다(Harré and Krausz, 1996: 7-8).

그렇다면 상대주의에는 '많은 언어들' 등이 있다는 사실은 당연한 결과인가? 이 문제는 특별히 교육적으로 민감하다. 왜냐하면 그것이 교육의 가장 근본적인 관심인 무엇을 가르쳐야 하는가와 관계되기 때문이다.

지식과 사회: 무엇을 가르쳐야 하는가

교육과정 논쟁의 통상적인 틀을 벗어나기 위해서는 인식론의 기본 문제로 돌아갈 필요가 있다. 교육개혁에 관한 현재의 공식적 수사는 '지식사회' 라는 아이디어에 지나치게 의존하고 있다. 이는 지식노동자들이 관건이 되는 높은 수준의 산업사회로 이행해야 한다는 것이다. 교육은 새로운 유형의 유연하고 다기능을 갖춘 노동자를 양성함으로써 이러한 변화에 보조를 맞추어야 하며 이어 노동자들도 '평생학습자' 가 될 준비를 해야 한다. 이러한 아이디어들이 야기하는 문제들은 심각하다(예, Beck, 1999). 그러나 영(Young, 1998)이 지적한 것처럼 교육사회학은 이상하게도 '미래의 교육과정' 에 관한 논쟁에 기여할 준비가 제대로 되어 있지 않다. 왜냐하면 교육사회학에는 견고한 지식이론이 결정적으로 부족하기 때문이다(Moore and Young, 2001). 이번 장에서 인식론과 과학철학에서의 논쟁을 검토하면서 지식이 사회적인 것으로 주장되는 다양한 방식을 살피는 것도 바로 그 때문이다.

영(Young)은 지식의 성장이 점증하는 전문화와 분화를 수반하는 과정과 '차별적인 **사회적** 평가' 그리고 '계층화' 와 관련되어 온 과정을 구분했다(Young, 1998: 15-16, 강조는 인용자). 환원론은 전자를 후자로 환원시킴으로써 둘을 융합한다. 지식의 조직, 즉 지식의 전문화와 분화는 단지 사회분화와 계층화의 반영에 불과하다. 실재론자들은 지식의 성장이, 비록 그 성격상 사회적이라 할지라도 그 나름의 논리를 갖는다고 주장한다. 영은 "두 과정 사이에는 필연적인 관계가 없다" 그리고 "분화가 확대되는 것은 사회적으로 계층화의 축소와 관련되는데, 사회는 파편화되는 분화의 경향성을, 계층화를 줄여 통합함으로써 균형을 이루고자 한다"고 생각한다(Young, 1998). 이러한 목적이 실현되기 위해서는 지식의 사회적 논리에 대한 비환원적 이해를 개발하는 것이 계층화 논리를 탐구하는 것만큼 중요하다.

'우리는 무엇을 가르쳐야 하는가?(What should we teach?)'라는 질문은 '우리는 무엇을 믿어야 하는가?(What should we believe?)'라는 형태로 다루어질 수 있다. 우리가 (집단적으로—그리고 '우리'가 누구든지) 어떤 점에서 참이나 가치 있는 것으로 믿지 않는 것들을 가르쳐야 한다는 것은 교육에 대한 어떠한 방어적 정의와도 일치하기 어려울 것이다. 이 문제의 결론을 어떻게 내릴 수 있을까?

인식론은 우리가 어떻게 ① 참이라 믿게 되고, ② 실제로 참이며, ③ 참이라는 것이 증명될 수 있다는 신념을 갖게 되고 확고히 하는가와 관련된다. 인식론은 기본적으로 '규범적' 인식론과 '자연화된' 인식론으로 구분할 수 있다. 전자는 참이라는 어떤 신념(논리적 정당화의 선험적[a priori] 형식으로)을 갖기 위한 형식적 조건(formal conditions)과 연관된다. 후자는 참된 신념들이 생산되고 받아들여지는 사회적 조건들과 관련된다. 니닐루토(Niiniluoto)는 다음과 같이 말한다.

> 논리적 경험주의는 종종 올바른 과학 혹은 당위적으로 존재해야 하는 과학을 표현한 이상적 모델과 규범을 위한 일반적 처방을 논리적 분석과 합리적 재구성을 통하여 확고히 하려는 시도로서 묘사된다. 따라서 과학철학은 과학적 합리성의 선험성을 주장한다. 반면에 …… '자연화된 인식론'과 과학철학에 대한 역사적/사회학적 접근은 …… 과학적

합리성이란 과학적 연구의 실질적 실행에 근거해야 한다고 주장한다 (Niiniluoto, 2002).

규범적 인식론은 지식의 선험적 원리들의 논리적 재구성을 시도한다. 반면에 자연화된 인식론은 지식 생산과 수용의 사회학적 조건들을 찾으려 한다. 즉, 신뢰할 만한 방식으로 생산된 신념을 갖는 것이 옳다고 생각한다. 파피누(Papineau)에 의하면, 과학에 대한 자연화된 접근은 "어떤 선험적 근거에 따른 과학적 합리성의 원리들을 구체화하는 것이 아니라 … 올바른 과학방법론을 결정하기 위해 서로 다른 과학적 실행 방법의 효과성에 관한 경험적 정보를 찾는다." (Papineau, 1996: 16)

규범적 인식론은 보다 나은 지식을 생산하기 위해서 어떻게 그것이 가능한지를 확실히 하고자 한다는 점에서 '규범적'이다. 자연화된 인식론도 이러한 규범적 열망을 공유한다는 점을 아는 것이 중요하다. 두 접근의 차이는 규범적인 것과의 관계보다는 선험적인 것과의 관계다(Kitcher, 2001). 물론 상대주의자들은 모든 지식이 동등하다고 보기 때문에 규범적 기준이라는 관념을 거부한다.

규범적 인식론은 '정합론(整合論, coherentism)'*과 '토대주의(土臺主義, foundationalism)'로 구분할 수 있다. 정합론은 신념들이 그 정당화를 위해 서로를 강화하고 지지하는 방식을 말하며, 토대주의는 참된 신념이 일단의 다른 것들이나 명제로부터 그들 자신의 정당화를 끄집어내지 않는 어떤 정초적 조건이나 명제들 위에서 형성된다

---

* 역자 주: 정합론은 이성과 이성적 직관에 의거한 '선험적' 인식에 회의적인 성향을 보인다.

고 주장한다. 이것은 이성적 직관이나 경험주의 전통 안에서 기본적 감각 경험 또는 '감각 자료'(sense data)일 수 있다. 여기서 특히 중요한 것은 토대주의의 경험주의적 유형이자 '실증주의'로 알려진 학파다. 실증주의는 사회과학이 대학에서 자리 잡고 합법화되기 시작하였던(특히 유럽의 저명한 많은 논리실증주의자들이 나치로부터 도피해 간 미국에서) 20세기 전반에 과학적 방법의 모형으로서 영향력이 있었다.

실증주의에서 용어의 의미는 용어가 언급하는 바로 그것이다—통상 용어는 '사물(thing)'이기보다는 '감각(sensation)'이다. 20세기의 초반에 이런 입장은 러셀(B. Russell), 화이트헤드(Whitehead)와 케임브리지의 비트겐슈타인(Wittgenstein)과 같은 '논리적 원자론(logical atomism)' 철학자들과 비엔나 학파로 알려진 오스트리아의 논리실증주의자들에 의해 대표되었다. 이때 '논리적(logical)'이란 독일의 프레게(Frege)와 영국의 러셀(Russell)에 의해 발전된 상징적 논리와 기호(notation)의 강력한 체계를 말한다(Dummett, 1993; Klee, 1997; Edmonds and Eidinow, 2001). 그러나 이러한 토대주의자들의 계보는 서양철학의 정전을 통해 살펴볼 수 있으며 현대과학의 초기에 실험방법의 발전에 중요한 기여를 했다(Luntley, 1995: 제1장). 여기서 토대주의를 살펴보는 것은 중요하다. 왜냐하면 최근 영향력을 가진 지식에 관한 포스트모던 주장들이 토대주의나 보다 협소한 실증주의와 관련된 것이 확실하기 때문이다—실증주의와 과학의 융합은 또한 1960년대와 1970년대에 유사한 논쟁들에서 다루어졌던 주제이기도 했다. 전형적으로 포스트모던은 전체 또는 심지어 모든 서양철학 전통으로서 '계몽주의 기획'을 토대주의로 확대한다!

토대주의와 실증주의

토대주의는 지식이 비사회적으로 간주될 수 있는 세 가지 방법 중 한 가지 중요한 예를 제공한다. 세 가지 방법이란 지식은 신성한 계시를 통해 받아들이게 된다는 것, 지식은 직관적으로 자명해진다는 것 그리고 지식은 직접적 감각 경험에 근거한다는 것이다. 이 중 마지막(경험주의) 입장에서는 사회적인 것이란 직접적인 경험을 이미 수용했거나 인식된 편견과 전제에 의해 거르고 중재하는 것으로 간주할 것이다(Klee, 1997: 172, [그림 8-1] 참고). 16세기 베이컨(Bacon)과 데카르트(Descartes)로부터 20세기의 논리실증주의자에 이르기까지 사회적이고 문화적인 것은 지식과 진리를 왜곡하는 것으로 간주되었다. 왜곡의 주요한 근원은 종교, 형이상학, 미신, 상식 등과 같이 다양한 형태로 받아들여진 권위의 강제와 무비판적 수용이었다. 실증주의자들은 스스로를 보수적인 주장을 촉진하기보다는 오히려 권위에 도전하는 사람들로 보았다.

실증주의는 단어들과 감각들 사이의 일대일 그리고 명료한 관계—단어는 그것이 명명하거나 '그리는' 것을 의미한다—에 근거하면서 그리고 사회적인 것에 의해 매개(혹은 왜곡)되지 않는다는 점에서 지식과 신념을 구별하는 비매개된 의미들을 통한 언어의 완전성(perfection of language)을 추구했다. 지식은 개념의 조작화와 명제의 경험적 확증을 통하여 방법론적으로 실현되는 순수한 관찰 언어를 통해서 정당화될 수 있는 것이다. 이러한 언어의 형식이 명제적 논리다. 실증주의에 대한 비판은 그와 같은 매개되지 않고 전제조건이 없는 인식 언어와 그것과 연관된 방법론의 가능성 여부에 집중한다. 실증주의는 20세기 중엽에 붕괴했는데, 그것은 다른 논거(그중의 일부는 실증주의 자체에 내재하는, R. Collins, 2000: 717-730)로부터 제기된 많은 주장들이 그러한 언어가 가능하지 않다는 것을 입증했기 때문이었다.

독단적 회의론과 '전부 아니면 전무'의 오류(all-or-nothing fallacy)

지식의 사회적 위치성(locatedness)에 대한 인식에는 두 가지의 기본 반응이 있다. 그 하나는 실증주의가 단지 지식이론으로서만 잘못을 범했다는 반응이다. 우리는 지식을 가지고 있으며 그것이 사회적이라는 것을 안다. 과제는 비실증주의적(non-positivistic) 지식이론을 생산하는 것이다. 모든 지식은 사회적으로 생산되지만 그 방법에는 근본적인 차이가 있으며, 이것이 핵심 문제다. 이것이 '자연화된' 인식론에 의해 계승된 경로이며 다양한 모습으로 오늘날 주류의 위치에 있다(Muller, 2000: 제9장).

다른 반응은 실증주의는 옳지만 그 조건들이 절대 충족될 수 없기 때문에 우리는 지식을 가질 수 없다는 입장이다. 이것이 포스트모더니즘에 의해 채택된 입장이다. 본질적으로 포스트모더니즘은 모든 지식이 사회적으로 매개되고 맥락화되기 때문에 모든 진리 주장들은 그것이 구성되는 맥락에 상대적일 수밖에 없으며 따라서 어떠한 지식도 있을 수 없다고 주장한다. 모든 신념은 인지적으로 동등하다. 왜냐하면 그 누구도 사회적으로 구성되지 않는 필연적인 인식론적 특권을 주장할 수 없기 때문이다. 그러나 이것은 지식이 사회적으로 구성되지 않았을 경우에만 지식이라는 실증주의 원리를 암묵적으로 받아들이면 이해할 수 있다. 니닐루토는 이러한 입장을 '독단적 회의론(dogmatic scepticism)'이라 부른다.

> 전형적인 '독단적' 회의론자는 지식의 절대주의적 개념을 부인하는 철학자가 아니다. 대신에 그런 강력한 개념을 가정하고(이러한 의미에서) 지식이 불가능하다는 주장을 전개한다.
>
> 이러한 사고의 유형은 전부 아니면 전무의 오류라고 부를 수 있다. 다른 형태는 일부 범주(예, 진리, 지식, 개념적 구분)에 관한 강력하고 절대적인 표준을 제안한다. 그리고 이 표준을 만족하는 것이 어렵고 불가능하다고 해석함으로써 그 범주가 쓸모 없고 거부되어야 한다는 증거로 삼는다(Niiniluoto, 2002: 81).

구성주의가 지식의 조건을 위해 (독단적으로) 토대주의의 요구를 어떻게 공유하는가, 그런 조건들을 충족할 수 없기 때문에 아무런 지식도 존재하지 않는다는 (회의적) 결론을 어떻게 이끌어 내는가 하는 점을 이해하는 것이 중요하다. 두 관점 사이의 이러한 관계는 핵킹(Hacking)에 의해 지적되었다. 그에 따르면 "사회적 구성주의의 뿌리는 오늘날 그렇게도 많은 구성주의자들이 싫어한다고 고백한 바로 그 논리실증주의에 있다."(Hacking, 2000: 42-43) 포스트모던 구성주의자들과 실증주의적 토대주의자들 사이의 이견은 포스트모더니스트들이 존재한다고 주장한 것처럼 그렇게 근본적인 차이는 아니다. 그리고 그것은 두 관점이 어떻게 다른지 뿐만 아니라 공유하는 것이 무엇인지를 분명히 하는 데 필수적이다.

그레일링(Grayling, 2001)은 비트겐슈타인(Wittgenstein)의 『논리철학

논고(*Tractatus*)』(1921)에서 발전된 실증주의 모형이 안고 있는 문제를 논의하기에 좋은 관점을 제공했다.

> 가장 중요한 점은 비트겐슈타인이 자신의 후기 철학을 정립하면서 특별한 공격에 대비해 스스로 선택한 문제 중의 하나가 『논리철학논고』에서 언어를 지나치게 단순화하고 왜곡한다는 점이었다. 그것은 우리가 말하는 것이 사실의 그림(picture of a fact)이라면, 언어는 명제들의 합이며, 그것은 단일한 본질을 지니고, 이러한 본질은 술어논리(述語論理, predicate logic)*로 기술 가능하며, 언어와 세계는 그림 그리는 관계(picturing relationship)에 의해 연결되는 유사한 구조를 가지며, 감각은 우리가 말하는 (따라서 생각하는) 것에 붙어 있다고 주장한다. 비트겐슈타인은 이 모든 것을 거부했다(Grayling, 2000: 61).

이것은 실증주의적 토대주의의 기본 특징들을 요약한 것이다. 그것은 포스트모더니스트들에 의해 거부된 것들을 포함하며, 그런 거부를 위한 근거를 제안하며, 결정적인 쟁점이 언어의 가능성을 둘러싼 것임을 지적한다. 그레일링은 러셀, 비트겐슈타인 등이 앞에서 요약된 원자론적 모델과 같은 특정 모델에 근거하여 언어와 세계에 관한 사고를 그렇게 현혹시킨 이유는 무엇 때문인가라는 문제를 제

---

* 역자 주: 술어논리와 명제논리 사이의 근본적 차이는 아마도 속성(attribute)을 소유하는 대상으로부터 그것을 분리한다는 것이다. 술어논리에서는 어떤 주어진 대상의 견고성을 결정하는 함수를 만들 수 있다. 그러나 명제논리에서는 각 경우에 대하여 새로운 문장을 만들어 내야 한다. 술어는 여러 개의 인자를 가질 수 있다는 것을 이해하는 것이 중요하다.

기한다(Grayling, 2000: 60). 클리(Klee)는 비엔나 학파를 논의하면서 그 이유를 시사한다. 특히 그는 현재의 관심사에 적합한 관찰로부터 시작한다. "실증주의자들은 과학적 이론이란 외적 실재(그들은 확신하지 못하는 것도 심지어 이해할 수 있다고 주장했다)가 아니라, 실질적이고 가능한 인간 경험에 대한 언어적 재현"이라고 주장한다(Klee, 1977: 28, 강조는 인용자). '언어적' 그리고 '경험'이라는 용어는 실증주의와 구성주의가 서로 만나는 지점을 암시하는 것들이다. 그레일링과 유사하게 클리도 실증주의자들이 '그렇게 수학적 논리에 매력을 보인 이유'에 대해 의아해했다.

> 그들은 수학적 논리를 보편적으로 적용 가능한 것으로, 최대로 정교한 인식 도구로, 추상적이고 이해하기 어려운 개념들과 문제 그리고 논짐을 성공석으로 분석하는 데 사용될 수 있는 도구로 이해했다는 것이 그 대답이다. 성공적인 분석은 우리를 곤란하게 하는 것이 무엇이든지 우리가 이미 이전에 이해했던 방식과 다르게 이해하는 방법을 보임으로써 그 곤란함을 끝낸다.
>
> 수학적 논리가 보편적으로 적용 가능한 것은 그것이 어떤 특정 주제에 관한 문제의 주장을 파악하고 표현하기 위해 사용될 수 있는 주체 중립적 언어(subject-neutral language)라는 사실 때문이다. 그리고 수학적 지식의 정밀함은 이 주체 중립적 언어의 주요 상징이 수학적으로 엄밀하며 모호하지 않은 의미들을 제공할 수 있다는 사실에 기인한다. 간단히 말해 여러분들은 태양 아래 모든 것에 관해 대화하기 위해 수학적 논리를 사용할 수 있으며 여러분 각자가 그것을 가지고 생산하는 주장들은 독특하고 계산 가능한 의미를 갖는다. 이것은 놀라운 결과

다. 왜냐하면 일반성과 엄밀성이 증가함에 따라 혼돈과 모호함은 감소하기 때문이다. 그러므로 수학적 논리라는 이 상대적으로 새로운 '장난감' 이 실증주의자들에 의해 채택되어 거의 헤라클레스의 힘을 지닌 일종의 철학적 만병통치약이 된 것은 그리 놀랄 일이 아니다(Klee, 1997: 30).

포스트모더니스트들이 역사 밖에 존재하는 것으로 가정된 지배적이고 헤게모니적 지식 유형에 관한 논의를 통해 무엇을 얻고자 하였는지가 더욱 분명하게 된다. 이것이 바로 규범적이고 선험적인 토대주의 인식론이다. 즉, 수학적으로 엄밀하고 분명한 의미의 형식적으로 구성된 주체 중립적 언어다. 그러나 이것은 철학적으로 특별한 (한때 중요하고 영향력이 있었을지라도) 기획의 기만적 관념 이상 아무것도 아니다. 현실적으로 실증주의는 홀로 헤게모니 지배를 가능하게 한 적도 그리고 심지어 안정적 형식을 이룬 적도 전혀 없다. 포스트모더니즘은 이러한 기획('계몽주의적 기획' 등)의 범위와 의미를 수사적으로 부풀리며 견지이론에서는 그것을 헤게모니적으로 서양 · 백인 · 남성적인 것으로 의인화한다. 그러나 이들 접근들은 급진적 회의주의가 유일하게 수용 가능한 지식의 조건으로서 실증주의의 규범적 선험성을 어떻게 독단적으로 수용하게 되었는지를 인식하지 못했다. 보맨(Bohman)은 이를 다음과 같이 지적한다.

자연과학과 인간과학을 대비하는 표준 목록은 모두 과학지식에 관한 실증주의와 경험주의적 견해로부터 나왔다. 즉, 관찰의 중립성과 경험의 소여성, 일의적(univocal) 언어의 이상과 이론적 해석으로부터 자료의 독립, 지식 조건의 보편성에 대한 신념과 이론 선택을 위한 기준에서 나온 것이다(Bohman, 1991: 2).

포스트모더니즘은 오직 실증주의만이 과학을 위한 모델을 제공한다고 주장함으로써 실증주의의 소멸을 과학 그 자체의 소멸로 다룬다. 뿐만 아니라 후기경험주의의 자연화된 인식론이 과학과 지식에 대한 대안적 이해의 기초를 제공하는 방식을 이해하지 못했다. 런틀리(Luntley)의 지적처럼 이처럼 유별난 포스트모더니스트들은 진정한 포스트모더니스트라고 말하기 어렵다. 왜냐하면 그들은 지식이 어떤 토대 위에 근거할 수 없다면, 전혀 존재할 수 없다는 관념을 여전히 갈망했기 때문이다(Luntley, 1995: 140). 실증주의에 반대하는 가장 결정적 타격 중의 하나는 지식이란 과학적 발견 논리를 재구성하지 않는다는 포퍼(Popper, 1994)의 논증이었다. '과학의 지배적인 관점' 에 대한 포스트모던 비판은 이렇게 중요한 점에서 근본적으로 방향이 잘못되었다. 이것은 실증주의에 대한 비판이지만, 실증주의는 과학이 아니며, 오랫동안 과학의 지위를 대신하여 왔다. 보맨은 "실증주의와 그 '방법의 통일' 주장에 대한 거부와 함께 과학들 사이의 첨예한 구분을 옹호하였을 수많은 역사적 이유들이 간단히 사라졌다" 고 주장한다(Bohman, 1991: 2). 따라서 사회이론이 할 일은 사회과학이 포스트모더니즘의 독단적 회의주의의 상대주의 속으로 사라지게 하기보다는 후기경험주의 조건 아래에서 그 가능성을 재고하는 것이다(Lopez and Potter, 2001).

실증주의와 구성주의는 동일한 이론적 국면에 있지만 서로 양 극단에 위치하고 있다. 두 관점은 모두 언어가 인식 주체(실증주의자들에게는 단일 언어와 단일 주체, 구성주의자들에게는 많은 언어와 하나의 탈중심화되고 분절된 자아를 의미한다)의 의식 내에서 의미를 구성하는 방식과 지식을 동일시함으로써 지식을 앎으로 단순화한다. 듀멧(Dummett, 1996: 5)은 '언어적 전회(linguist turn)'의 '명백한 첫 사례'로 1884년에 출판된 프레게(Frege)의 『산술의 기초(*The Foundations of Arithmetic*)』를 지목했다(R. Collins, 2000: 제13장 참고). 오늘날 문화연구에 근거를 둔 담론-이론적 모델과 연관된 기호학은 그 기원을 수학적 논리(그토록 많은 현대 구성주의자들이 배척한다고 공언한 바로 그 논리적 실증주의; Hacking, 2000: 42-43)에 두고 있다(R. Collins, 2000: 675-679). 자주 포스트모더니즘과 동일시되는 '언어적 전회'는 처음에는 언어를 향한 전회가 아니라, 기호학적 예증이 (실증주의적) 수학적 논리와 과학적 방법으로부터(구조주의적) 언어학과 문화인류학으로 그리고 (후기구조주의적) 인문학과 문예비평의 담론 이론으로 학문의 경계를 가로질러 확산되는 일련의 이동이었다. 콜린스는 "1900년대 후반의 포스트모더니즘은 들을 수 있는 귀를 가진 사람들을 향하여, 수학적 기초의 위기를 크게 외친 것"이라고 말한다.(R. Collins, 2000: 855, 10-15 참고). 현대 구성주의적 상대주의의 포스트모던 형식은 '포스트(post)'라는 수사적 접두사가 함축하는 급진적 대안이기보다는 실증주의의 변형이다.

지식의 복권과 상대주의의 비정합성

오늘날 인식론적 딜레마는 동전의 양면을 반영하는 것으로 간주될 수 있다. 이를 벗어나는 길은 실증주의와 포스트모더니즘이 공유하는 지식의 문제에 대한 언어 중심성(언어적 전회)과 지식의 앎으로의 환원에 대한 대안을 구체화하는 것이다. 이들은 또한 지식이 지식으로 간주되기 위해서는 확실해야만 한다(둘 모두 무오류적 관점을 가정한다)는 토대주의의 원리를 공유한다. 그렇지만 확실한 지식의 가능성 여부에 대해서는 서로 입장을 달리한다. 이런 점에서 런틀리는 (앞에서) 포스트모더니스트들이 전혀 포스트모던적이지 않다고 말했다. 그들은 정설에 회의적인 이단으로 실증주의적 억견(臆見, doxa)의 상태에 머물고 있다. 이와 유사하게 니닐루토는 그들을 '낙담한 절대주의자들' 로 묘사한다. "독단적 인식론적 실재론자들은 실재에 관한 절대적으로 확실한 지식을 얻을 수 있을 것이라고 주장한다. 비판적 실재론*은 진리와 확실성이 모두 정도의 문제라는 것을 인정한다. 그렇게 함으로써 비판적 실재론자는 낙담한 절대

---

* 역자 주: 비판적 실재론은 다음과 같은 특징을 가지고 있다. ① 실재는 독립적이다. 어떠한 경우에도 실재는 우리의 표상으로부터 독립적이다. 실재는 객관적으로 존재하는 것이며 우리가 원하는 대로 통제할 수 있거나 우리가 원하는 대로 존재하는 것이 아니다. ② 존재론과 인식론은 구별된다. 즉, 존재론을 인식론으로 환원할 수 없다. ③ 우리는 세계를 발견할 수 있다. ④ 오류 가능성을 인정한다(fallibilism). ⑤ 이론들을 합리적으로 평가할 수 있다. ⑥ 실재는 동일한 존재론적 층위수준(ontological depth)에 있지 않다. 실재적(real-힘, 메커니즘), 실제적(actual-힘, 메커니즘의 현실화/구체화), 경험적(empirical-구체화된 현상에 대한 경험). ⑦ 인과과정이 언제나 경

주의자들이 선호하였던 회의적 교리의 전형인 전부 아니면 전무의 오류를 피할 수 있었다." (Niiniluoto, 2002: 95)

이것이 의미하는 바는 지식의 고전적 정의에 대한 오류가능주의적 해석과 오류불가능주의를 대비함으로써 나타낼 수 있다. 니닐루토는 아래 방법으로 이것을 나타낸다('iff' 는 '…인 경우와 그 경우에 한하여[if and only if]'를 의미한다.).

명제적 지식의 고전적 정의에 따르면,

(a) X는 h인 경우와 그 경우에 한하여(iff) 믿는다.

(b) h는 참이다.

(c) X는 h에 대해 정당성을 가진다.

무오류주의자는 조건 (c)를 정당성이 확실성을 의미하는 강력한 의미로 해석한다.

(c_1) X는 h임이 확실하다(Niiniluoto, 2002: 80).

오류가능주의(fallibilism)는 적절히 (c)를 약화시킨다. 니닐루토는 '약한' 오류가능주의의 예를 다음과 같이 제시한다. "h는 유용한 증거에서 그 경쟁자들보다 더 개연적이거나 더 수용적이다." "h는 신

험되는 것도 아니고 설혹 경험되더라도 언제나 인과적 효과를 산출하지 않는다. ⑧ 어떠한 믿음이 거짓이라고 '비판'하면서 동시에 그러한 믿음이 지속되는 이유를 '설명'함으로써 가치판단에 일정한 영향을 미칠 수 있다(설명적 비판[explanatory critique]). B. Danermark, M. Ekström, L. Jakobsen, & J. C. Karlsson (1997), 이기홍 역(2005), 『새로운 사회과학방법론: 비판적 실재론의 접근』, 서울: 한울.

뢰할 만한 과정에 의해 얻어진다." "X는 h를 확신할 권리를 갖는다." 그는 마지막 경우의 한 예가 교사로부터 획득된 지식일 것이라고 주장한다. 왜냐하면 교사는 "h와 관한 진리를 말할 '의무가 있는 사람이다 …… 과학적 문제에 관한 저잣거리의 지식은 통상 과학적 '권위들' 또는 전문가들로부터 나오는 정보에 근거하기 때문이다." (Niiniluoto, 2002)

니닐루토는 "인식론적으로 실재론은 개연적이고 억측이며 진리 같은(truthlike) 지식에 대한 오류가능주의의 개념을 동원해야 하고 그렇게 함으로써 오류불가능주의의 질투(Scylla of infallibilism)와 회의주의의 진퇴양난(Charybdis of scepticism)을 피해야 한다" 고 주장한다 (Niiniluoto, 2002: 85). 인식론적 딜레마의 출구는 지식에 대한 '강한' 오류가능주의 형식으로 지식의 절대주의 공식을 수정하는 것이다.

> X는 h인 경우와 그 경우에 한하여(iff) 믿는다.
> (a') X는 h가 진실 같다고 믿는다.
> (b') h는 진실 같다.
> (c') X는 h가 유용한 증거에서 그 경쟁자보다 더 진실 같다고 주장할 이유를 갖는다(Niiniluoto, 2002: 84).

실증주의와 포스트모더니즘에 의해 요구되고 있는 것은 의심 없이 확실한 지식에 대한 강한 정의, 즉 '거대' 진리다. 그러나 런틀리는 "이런 점에서 지식의 토대가 부족하다는 것이 얼마나 걱정스러운가? 이 물음에 대해 우리가 할 수 있는 대답의 일부는 우리가 지식의 표준을 얼마나 높게 설정하느냐에 달려 있다" 고 주장한다.

만약 지식을 위한 토대의 결핍이 지식에 대한 어떠한 기계적 처방도 없다는 주장에 이르게 되면, 이것은 정말로 모든 지식이 오류일 수 있다는 관찰에 이르게 되고 마는 것인가? 만약 그렇다면 이것은 확실히 정확한가? 우리의 지식은 오류 가능하다. 우리가 오류가능성을 인정하는 것은, 즉 우리의 어떤 주장이 틀린 것으로 나타날 가능성이 있다는 사실은 그것이 확실히 문제가 아니라 우리가 겸손하다는 것을 인정하는 것인가? 실제로 선입견 없이 더 깊이 생각해 보면 우리의 지식에 오류가 있을 수 없다고 주장하는 것이 이상해 보일 것이다. 우리는 그렇게 훌륭하지 않다. 만일 토대의 상실이 단지 우리의 오류 가능성을 인식하는 것이라면 문제는 무엇인가? 코페르니쿠스가 전부 틀렸다고 할 수 있지만 나는 그렇지 않았다고 단언한다(Luntley, 1995: 90).

이것은 전부 아니면 전무의 오류에 의해 제기된 것과 동일하다. 오류가능주의는 전부 아니면 전무의 관점을 거부함으로써 절대주의와 상대주의 사이에 자리한다. 그것은 우리가 의심의 여지 없는 확실한 지식을 생산할 수 있는 어떠한 방법도 없다는 것을 인정한다. 사실 지식의 조건(인간의 조건!)은 지식이 불가능하다는 것이 아니라 그것이 어렵다는 것을 말한다. "즉, 토대의 부족은 신념의 표준을 갖는 것이 불가능하다는 것이 아니라, 유용하게 '지식' 으로 불리는 어떤 것을 얻으려는 노력이 취약하다는 것을 의미한다." (Luntley, 1995: 87-88) '비판적' 인 자리에 '비판적 실재론' 을 옮겨 놓은 것이 오류가능주의다.

오류가능주의 접근은 세상에 반대되는 진술의 진실 여부를 평가하려는 것이 아니며 또한 어떤 것이 실제로 존재하는 방식에 대해 확실한 그림을 제공한다고 주장하는 것도 아니다. 차라리 그것은 지식을 생산하는 다양한 방법의 상대적 신빙성과 관련된다. 상대주의는 그러한 평가가 가능하다는 것을 부인한다. 왜냐하면 상대주의는 모든 판단이 그 구조와 견지에 따라 상대적이며 더구나 비교할 수 없다는 입장이기 때문이다(즉, 모든 의미는 담론-상대적이고 한 담론의 내용이 다른 담론으로 번역될 수 없기 때문이다.). 신빙주의(reliabilism)는 오류가능주의의 두 번째 원리다. 신빙주의는 우리의 신념을 구성하는 다양한 방법이 있을지라도 우리는 여전히 지식 생산 절차의 신빙성(reliability)을 평가함으로써 신념의 표준을 계속 가질 수 있다는 것을 인정한다. 뮬러는 교육 연구와 관련하여 다음과 같이 말한다.

> 추론들이 형식적으로 동일할지라도 그것이 정책 연구에 구체적으로 사용되거나 실행을 이끄는 지침으로 사용될 때 모두 동등하게 추천될 수 없다. 그것들은 '초경험적 장점들', 즉 일관성, 설명력, 풍성함, 이해력과 단순성이라는 점에서 서로 다르다. 달리 말하면, 정합성(coherence)이나 '인식론적 장점' 에서 다르다. ……
>
> '인식론적 장점(epistemic gain)' 은 바로 구성주의자들이 인정하기를 원하지 않았던 것이다. …… 실증주의의 비판은 절대 진리 그리고 절대적 인식론의 특권에 대한 관점(다른 무엇보다도 과학적인 자아상과 더욱 관련이 있다는 주장)을 대체했다. 그러나 실증주의의 비판은 우리가 인식론적 장점을 분별할 수 있다는 주장을 대체하지는 못했다 (Muller, 2000: 152).

우리는 '인식론적 장점' 측면에서 '지식을 생산하는 실행' 과 '일관성, 설명력, 생산력, 이해력과 단순성' 과 같은 특질을 분별할 수 있다. 그러나 무엇이 인식론적 장점을 분별할 수 있도록 하는가?

뮬러를 비롯하여 여러 학자들(예, Luntley, 1995; Collier, 1994: 1)이 지적한 것처럼 이 물음을 제기하면 과학자들뿐만 아니라 상식적 실재론을 지닌 '보통' 사람들로부터도 불신을 받게 될 것이다. 왜냐하면 실재가 독립적으로 존재한다는 관념이 문제시될 것이고 또한 그 물음이 존재론적 실재론(ontological realism)의 원리로서 공식적으로 더 잘 알려졌기 때문이다(Niiniluoto, 2002: 제2장). 포스트모더니즘 등과 같은 다양한 상대주의에 의해 촉진된 것은 이러한 원리의 부정이었다. 우리는 준거틀을 새롭게 설정함으로써 여기에 얽힌 쟁점들을 진전시킬 수 있다. '실증주의/포스트모던 논쟁의 경계 안에는 지식이 존재하는가?' 라는 질문이 있다. 그러나 만일 이러한 공통된 오류불가능주의 선가정의 준거틀 밖으로 나아간다면, 우리가 지식을 갖는다는 것은 그렇게 심각한 의심거리가 아니다. 우리는 우리가 지식을 가지고 있음을 안다. 따라서 쟁점은 지식이란 무엇(what)인가, 그것을 어떻게 만드는가, 그리고 그것을 볼 때 어떻게 인식하는가 등이다.

우리는 두 가지 방법으로 우리가 지식을 가지고 있는 것을 알 수 있다. 그 하나는 우리가 하는 것을 부정하려는 비정합성, 즉 상대주의의 비정합성과 관련이 있으며 다른 하나는 그러한 부정이 비정합적인 이유와 관련이 있다. 이는 지식이란 가질 수 있다는 상식과 '실재론' 을 '비판적 실재론' 으로 바꾸는 정신-독립적 실재가 존재한다는 비판적 실재론자들의 확신 모두와 일치한다.

상대주의의 비정합성

상대주의에 대해 잘 알려진 논리적 반대는 상대주의가 모든 진리는 상대적이라고 주장한다는 점이다. 그러나 이러한 상황이 되기 위해서는 상대적이지 않은 단 하나의 진리가 있어야 하는데, 그것은 모든 진리가 상대적이라는 진리다. 그러므로 모든 진리가 상대적이라는 것은 진실이 아니다. 이것을 다른 식으로 말하자면, 그것이 진리임을 주장하기 위해 상대주의는 진리란 존재하지 않는다는 자신의 원리로부터 은밀히 자신은 예외로 해야 한다. 예컨대 지식이 남성적 관점을 재현한다는 점을 논의하기 위해서는 성차별적이지 않은 독립적인 관점을 암묵적으로 가정해야 한다(비록 명백히 부정되고 있을 경우조차도.). 왜냐하면 지식이 페미니스트적 관점에서 남성적이라고 주장하기 위해서는 그것이 오직 그 입장에서만 그렇다는 것을 의미하기 때문이다(만일 모든 지식이 관점-특수적이라면). 유사하게 이해-이론적 접근은 그들 자신의 원리(그들은 그들 자신의 이해를 가져야 한다)에 비판을 가하게 된다. 이런 유형의 논의는 하나의 입장/관점/이해가 또 다른 입장/관점/이해에 의해 폭로되는 무한한 역행의 덫에 걸린다. 이러한 역행은 끝이 없다.

비슷한 문제가 통약불가능성 원리에서도 발생한다. 상대주의는 모든 지식은 입장이나 준거틀에 따라 상대적이라고 주장한다. 그리고 서로 반대되는 패러다임을 판단할 수 없다. 왜냐하면 각 패러다임의 용어들은 서로 교환될 수 없으며 실제로 다른 패러다임이 다른 세계에 적용되기 때문이다. 이때 문제는 이것이 실제로 그렇다면 우리는 결코 아무것도 알 수 없다는 것이다. 왜냐하면 우리가 절대로 볼 수 없는 것 하나는 바로 차이(difference)일 것이기 때문이다(Grayling, 2001: 118-122; Fay, 1996; Popper, 1994). 만일 우리가 자신의 의미에 의해서만 다른 유형의 삶을 볼 수 있다면, 우리는 다른 것으로서 그것을 볼 수 없었을 것이다. 즉, 우리는 단지 자신의 의미에 의해서만 그들의 의미를 볼 수 있었을 뿐이다. 분명히 모든 문화들(그리고 성, 계급, 인종집단과 같은 문화 내의 집단들)의 차이를 인식할 수 있다. 우리는 그것을 보면 차이를 알 수 있다. 차이 때문에 당황하게 되며 '이것이 무엇을 의미하지?'라는 질문을 할 수 있다. 배타적이고 통약 불가능한 관점 안에 갇히기보다는 다른 사람의 관점으로 사물을 보는 것이 가능하다. 즉, 타자(the Other)는 포스트모더니스트들이 생각하는 것처럼 그런 '타자(other)'가 결코 아니다. 정치적으로 다양한 정체성, 차이 그리고 인정을 만들어 내는 반면에, 그런 것들이 비가시적이고 불가능한 것이라는 (반)인식론적 입장을 제안하는 것이 포스트모더니즘의 독특함이다. 우리가 차이를 인식할 수 있다는 사실은 의미들이 단지 분석틀에 상대적이 아니며 그 분석틀이 통약 불가능하지 않다는 것을 보여 준다. 의미들은 분석틀 상호 간에 의미 있게 이용될 수 있다. 우리는 다른 사람들로부터 배울 수 있으며 그들과 공감함으로써 '우리의 마음을 변화' 시킬 수 있다. 우리는 각자의 '이해' 를 마음에 품고 있으면서도 이성에 의해 설득되어 자신의 세계관을 변화시킬 수 있다.

존재론적 실재론과 단순 진리

상대주의의 비정합성은 '초월적' 논증을 통한 지식의 가능성을 옹호한다. 이것은 런틀리가 정신으로부터 독립적으로 실재하는(존재론적 실재론의 원리) '단순 진리' 를 증명하는 방법이다(Luntly, 1995: 110–114; Collier, 1994: 제1장; Bhaskar, 1975). 초월적 논증은 'X가 Y와 같이 다른 어떤 것을 가지고 있다는 가정이 충족되어야 한다. 왜냐하면 주어진 X에 부정될 수 없는 공약(commitment)이 있기 때문이다.' 라는 형식을 취한다. 여기서는 런틀리의 주장을 상세히 다루지 않을 것이다. 그는 "시공 속에서 지속되는 대상의 형이상학적 모델은 우리가 물체들(material objects)에 관해 사유(thought)하기 위해서 필수적" 이라고 예증함으로써 존재론적 실재론의 단순 진리를 정당화한다고 주장한다는 것으로 충분하다.

> 경험이 독립적으로 계속된다는 세계관은 우리가 물체들에 대해 사유할 수 있는 능력을 가지고 있음을 인정하는 것과 관련된다. 우리 모두는 물체에 대해 사유한다는 것을 받아들인다. 그것은 문제가 되지 않는다. 그러므로 개요로서 단순 진리 관념은 정당화된다. 이것은 우리가 물체들에 관해 사유할 수 있다는 것을 부정하지 않는 한 의심받을 수 없다(Luntley, 1995: 113).

우리 식으로 물체에 관해 생각할 수 있기 위해서는 경험에 독립적으로 존재하는 물체가 존재해야만 한다. 그것은 우리로 하여금 판단과 진리를 구별할 수 있게 해 준다(Luntley, 1995: 28–32). "판단 개념, 즉 어떤 것을 말하거나 어떤 것을 생각하는 것은 우리와 독립하여 존재하는 진리 개념에 우리를 연관시킨다." 우리는 판단할 때 '우리의 판단이 잘못되었음을 보여 줄 개념(notion)에 스스로 볼모로 잡혀 있다.' 어떤 것이 사실인지를 판단할 때마다 우리가 틀렸음을 증명할 수 있는 사태들, 즉 세상이 실제로 존재하는 방식이 있다. 그런데 그것은 우리가 판단하는 방법에 독립적이다. 런틀리는 이것을 '기본 제약(basic constraint)'이라고 부른다.

> 기본 제약: 진리는 판단에 독립적이다. 왜냐하면 독립적인 진리 개념을 인정하는 것이 판단행위의 전제조건이기 때문이다(Luntley, 1995: 29).

이는 판단과 진리를 엄밀하게 구별하는 것이 가능하다는 것이다. 그러나 상대주의는 이러한 구분을 부정한다. 왜냐하면 진리란 권력에 봉사하기 위하여 가면을 쓴 판단에 불과하다고 보기 때문이다. 이러한 구분은 앞선 장에서 다루었던 번스타인의 두 개의 기술 언어 사이의 '담론의 간극'을 구성한다. 만약 구성주의 견해가 옳았다면, 우리는 절대로 잘못될 수 없고 세상은 우리가 그것이 존재할 것으로 생각한 그대로 존재할 것이다. 번스타인의 지적처럼 이것은 결코 우리에게 '스스로 알릴 수' 없다. 비록 모순되는 진리들이 주장될지라도 모든 사람들은 항상 옳다고 생각할 것이다.

런틀리는 '과학적 세계관'이 우리의 상식적 세계관과 더불어 계속된다고 주장한다. "물리적 세계가 우리의 관찰과 무관하게 계속해서 움직인다는 세계관은 모든 문화가 공유하고 우리가 처음으로 단순 진리로 받아들인 핵심 상식적 신념이다." 이 '핵심 상식적 신념(core common-sense belief)'은 문화와 관점을 가로질러 서로 간에 의사소통을 가능하게 하는 문화들 사이의 열린 통로다. 이를 통해 우리는 '타자' 의 관점을 볼 수 있다. 자유적 인문주의 전통에 있는 교육자들에게 이것은 직업적 소명의 도덕적 이해 가능성을 위해 가장 근본이 되는 원리다.

실증주의로부터 포스트모더니즘으로의 이동은 진리에 대한 오류불가능주의이고 토대론적 모델에 대한 공약이 낙관주의에서 비관주의로 옮겨 간 것과 같다. 실증주의자들은 희망에 찬 절대주의자들이었으며 포스트모더니스트들은 실망한 절대주의자들이었다. 이들 모두는 확실성이라는 '거대 진리' 를 가정한다. 이 둘에 맞서 실재론은 다른 방향으로 움직이는데, 그것은 거대 진리로부터 단순 진리로, 오류불가능주의로부터 오류가능주의로, 절대주의 혹은 상대주의로부터 신빙주의로 움직인다. 이러한 바탕에서 우리는 서로 대화할 수 있고, 타자의 관점에서 사물들을 보게 되며, 우리 마음을 바꾸도록 설득당할 수 있다. 또한 우리는 포스트모더니즘의 "다양한 재잘거림(plurality of chattering)과 같은 무정부적 혼돈"을 거부할 수 있다 (Luntley, 1995: 124).

지식의 장과 지식의 사회적 생산

'지식을 사회적인 것으로 본다는 것이 의미하는 것은 무엇인가?' 라는 질문은 거대 진리보다는 오히려 단순 진리에 입각하여 다시 제기될 수 있다. 철학적으로 이 물음에 대한 분석틀은 존재론적 실재론, 오류가능주의 그리고 신빙주의의 원리들에 따라 확증된다. 사회학적으로 이 물음은 자연화된 인식론이 지식이 생산되는 양식과 실천에 대한 사회학적 이해를 통해 실재를 드러내게 되는 방법과 관계가 있다. 인식론적 딜레마를 피하기 위해서는 (자연화된) 인식론과 지식사회학의 상보성을 필요로 한다. 지식의 사회성은 창발적(emergent) 모형을 통해 접근된다. 지식을 향한 구성주의적 접근의 환원론과 지식 생산의 창발적 속성이라는 점에서 지식을 정의하는 비판적인 사회학적 실재론이 가장 대비된다. 니닐루토는 이러한 관점을 '창발적 유물론(emergent materialism)'이라 부른다(Niiniluoto, 2002: 제2장).

창발적 지식사회학 모델은 다음과 같은 점을 주장한다. 즉, ① 지식이란 지식이 실제로 생산되는 체계적 속성(quality)의 창발적 산물이며, ② 나중에 지식은 독특한 상징적 생산 양식으로 이해되며, ③ 이러한 속성들은 독특하고 지속적인 집단적 양식들로, 비판적 실재론적 지식사회학의 대상들을 구성한다. 창발성은 자율성이 결국 '허구(illusion)'인 곳에서 중요한데, 왜냐하면 그것은 지식에 대한 환원 불가능한 자율성 원리에 근거하기 때문이다. 이러한 자율성은 환원론에 의해 부정되며 또한 부르디외의 관계 모델(제3장)에서도 결여되었다. 창발성은 철학적인 것과 사회학적인 것을 연결하는 것으로 간주될 수 있다. 이러한 입장은 지식 내에서 그리고 지식에 근거하여 작동하는 외적 요인들의 중요성을 부정하는 것이 아니라, 오히려 지식이 실재적인 어떤 것에 근거하여 작동하는 것이라 주장한다. 지식은 그 자체로 당연히 지식이다. 동시에 토대주의와 반대로 창발적 입장은 지식이 본래적으로 사회적이며 역사적으로 자리매김된다고 주장한다. 이러한 지식의 '이중 결정(double determination)'은 외적으로뿐만 아니라 내적으로도 철저하게 역사화된다는 것이다. 설명이 필요한 두 가지 쟁점이 있는데, 그것은 ① 지식과 앎을 구별하는 방법과, ② 인간 실천의 구조화되고 창발적인 장으로 지식을 이해하는 방법이다.

인식 주체 없는 인식론

'지식' 과 '앎' 의 차이는 무엇일까? 이에 대한 포퍼의 주장은 다음과 같다.

> 전통적 인식론은 주관적 의미, 즉 '나는 안다' 혹은 '나는 생각한다' 와 같이 단어의 일상적 용법으로 지식이나 사유를 연구해 왔다. 단언컨대 이것은 인식론의 연구자들을 적절하지 않은 방향으로 이끌었다. 왜냐하면 과학적 지식을 연구하고자 하는 동안에도 그들은 실제로 과학적 지식에 전혀 적합하지 않은 것을 연구했다. 과학적 지식은 '나는 안다' 와 같이 단어의 일상적 용법에서의 단순한 지식이 아니다(Popper, 1972: 108).

포퍼는 많은 예를 들면서 지식과 앎의 차이를 증명한다. "나는 페르마의 마지막 공리가 증명된 적이 없다는 것을 안다. 그러나 그것이 언젠가는 증명될 것이라고 나는 믿는다." 그리고 "메타 수학적 지식(metamathematical knowledge)의 현 상태를 고려하면, 페르마의 마지막 공리는 풀리지 못할 것처럼 보일 수 있다." 등의 예도 포함된다(Popper, 1972: 110).

포퍼는 개인적 의식의 상태와 지식의 장(field)의 상태를 구분하고 있다. 그의 논점은 후자가 전자로 단순히 환원될 수 없다는 것이다. 수학적 지식의 장은 사람들이 수학에 관해 아는 것의 단순한 총합이 아니다. 어떤 특별한 상태에서 지식의 장은 아무도 인식하지 못하거나 관심을 두지 않은 문제를 포함하게 될지도(아주 불가피하게 포함해야만 하는) 모른다(Hacking, 2000). 이것은 정부나 상업적으로 영향받은 연구비 정책, 지적인 유행, 연구자들의 계급, 인종, 성별 구성 등과 같은 부수적인 것들을 적절히 반영할 것이다. 그러나 이것은 내재적인 가능성들이 그 장에 없다는 것을 의미하지 않는다. 다른 예를 들어 보자. 체스는 규칙들(rules)이 매우 많지만 체스 게임의 수는 계산할 수 있다. 역사적으로 특별한 게임들이 실제로 열렸으며 얼마나 자주 열렸는지 하는 것은 부수적이다(따라서 인식 주체로서 체스 선수의 경험으로 나타나게 된다.). 그러므로 우리는 체스 규칙에 따라 주어진 가능성의 장으로서의 체스와 체스 선수의 경험으로서의 체스를 구분할 수 있다. 전자는 후자와 독립적으로 기술될 수 있다. 체스는 체스를 두는 사람의 경험이 아니라 체스 선수로 하여금 경험하도록 하는 것이다. 같은 방식으로 본다면, 과학은 과학을 하는 사람들이 과학을 할 때 행하는 것이 아니라 첫 번째 예에서 본 것처럼 과학은 과학자들로 하여금 과학을 하도록 하는 조건이다.

창발적 과학 모델은 과학의 영역을 구성하는 '실재적인 것의 영역들(domains of the real)'이 단절적이라는 관념을 포함한다. 니닐루토는 이를 다음과 같이 설명하고 있다.

창발적 유물론자들은 '창발적'인 정신 현상의 존재를 받아들인다.

> (이 존재는) 인과적으로 충분히 복잡한 물질적 전체 혹은 체계의 효율적인 속성이다.…… 체계 S의 그러한 창발적 속성들은 진정한 물리이론이 S의 요소들과 그것들의 상호관련성에 관한 정보로부터 기인한다고 할 수 없다. 이런 점에서 '비첨가적'이며 부분의 총합 그 이상이다. 이러한 견해는 질료 외부의 어떠한 실체도 가정하지 않지만 비물리적 속성(non-physical properties)들의 존재는 인정한다. 따라서 속성이원론(property dualism)으로도 불린다(Niiniluoto, 2002: 22).

특정 과학은 그것이 관심을 두는 영역들의 구별되는 존재론적 속성들에 의해 전문화된다. 뒤르켐이 사회적인 것에 대한 비환원적 이해의 기초라는 나름의 정당성을 지닌 하나의 과학으로서 사회학의 자율성을 그렇게 구축하고자 마음을 기울였던 것도 바로 이 때문이었다. 과학에 대한 (실증주의적) 단일 모형보다는 각각의 독특한 영역에 따라 방법론적으로 전문화된 과학들의 집합을 갖는다. 이들 과학들은 나름대로 구분되는 영역을 중심으로 방법론적으로 특화되었지만, 그럼에도 각각을 과학으로 불릴 수 있도록 하는 절차적 프로토콜(즉, 논리적 엄밀성과 일관성 요구, 증거 중시, 오류 가능성 등)을 공유한다.

니닐루토의 '속성이원론'과 '비물리적 속성들'에 대한 언급은 앞서 체스의 규칙에 관련해 암시되었지만, "문화적 실체(cultural entities)란…… 통상적 의미의 '사물'이 아니다."라는 점과 관련된다. 문화적 실체는 시작한 시간이 있고 아마도 조만간 파괴될 것이다. 그렇지만 공간에 위치하지 않는다. '영웅' 교향곡은 비록 그 다양한 종류의 물리적, 정신적 경우들이 자리하고 있을지라도 공간에 존재하지 않는다(Niiniluoto, 2002: 24; Schmaus, 1994: 50−51 참고). 주로 사회과학은 물질적 대상들의 생성력보다는 사회적 실천의 생성 원리를 기술하는 것에 관심이 있다. 그러나 원리들은 그 규제력과 물질적 효과에 있어서 확실히 실재적이다.

과학, 지식, 사회

뒤르켐은 ① 사회학이 나름의 구별되는 과학으로 존재할 수 있도록 용인하며, ② 그렇게 함에 있어 이 새로운 '과학적' 형식으로 교육에 근거한 사회계급의 정당성의 기초를 제공하도록 과학을 정의할 수 있기를 원했다. 뒤르켐은 처음에 고등사범학교(Ecole Normal Supérieure)에서 그의 스승이었던 부트루(Boutroux)의 관념 속에서 과학의 '창발적' 모델을 만났다(Lukes, 1973: 57−58). 뒤르켐의 출발점은 "한 학문이 뚜렷하게 구별되는 탐구 영역을 가지고 있을 경우라야 '과학' 으로 불릴 수 있다"는 입장이었다. 과학은 사물(thing) 그리고 실재들(realities)과 관련이 있다. 과학이 기술하고 해석할 자료들을 가지지 못한다면, 그것은 진공 속에서 존재하는 것이다. 사회과학이 과학으로 존재를 인정받기 전에 무엇보다 먼저 분명한 탐구주제를 부여받아야 했다(Durkheim, 1972: 57).

이러한 과학 논증은 자연적 현상과 사회적 현상의 우주는 다른 유형의 '사물들(철학자들이 '자연적 종' 으로 부르는 것)' 의 층위(또는 영역들)로 이루어졌다는 견해에 근거한다. 그리고 적어도 이 사물들의 일부는 인간에 의해 체계적으로 조사되도록 개방되어 있다(Collier,

1994). 각 과학들은 그들의 '대상들(objects)'의 성격과 우리가 취하게 될 지식의 양식에 따라 정의된다. 과학적 이해 양식들은 지식 추구가 그 자체로 목적이고, 비판적이고 합리적인 탐구문화와 실천을 중심으로 조직화될 때 제도적으로 자율적이 된다. 결정적으로 과학은 역사적으로 진화된 체계적 반성의 집합적 실천이다. 여기에는 사회 그 자체를 반영하는 사회학의 출현도 포함된다(Durkheim, 1956: 92-93; 1977: 340).

만일 사회학이 이러한 의미에서 하나의 과학이 되려면, 두 가지 조건을 충족해야만 한다. 그 하나는 '사회적인 것(the social)'이 실재적인 것(the real)의 구별되는 영역을 실제로 구성해야 한다는 것이다. 다른 것들과 마찬가지로, 사회는 자연의 일부지만 그 자체의 속성과 원리들을 가진, 그리고 그 자체의 과학을 필요로 하는 구별되는 일부다. 다른 하나의 조건은 사회학이 자율적 과학이 되기 위해서는 사회적 현상들이 심리학이나 생물학에 의해 연구되는, 보다 낮은 수준의 현상들로 환원되는 것이 가능하지 않아야만 한다는 것이다. 어울리기에 적절한 이들 학문들은 실재에 대한 그들 나름의 수준을 위해 존재하기 때문에 중요한 사회적 현상들은 항상 설명되지 않은 채로 방치된다. 이 '나머지' (혹은 '창발적' 수준)가 사회학의 영역과 자율적 학문으로서 사회학의 토대를 구성한다. 사회학 그리고 오직 사회학만이 '사회적인 것' 을 설명할 수 있다(제5장과 '이중 자아' 참고). 만일 과학의 기초가 독특한 '대상' 이나 현상의 장을 갖는 것이라면 그리고 사회학이 '사회의 과학(the science of society)' 이 되기 위해서는 사회적인 것이 독립적인 영역으로 존재해야만 한다. 독립적 영역은 엄격한 의미에서 '사물처럼' 개인에게 외재적이다. 즉, '외재적'

인 것으로서 그리고 독자적(sui generis) 실재로서 사회적인 것에 대한 관념은 뒤르켐 이론 해석에 있어서 가장 다루기 힘든 문제 중의 하나였다. 그리고 뒤르켐이 이것을 실체주의적(substantialist) 방식으로 다루고자 하지 않았다는 점을 이해하는 것이 특히 중요하다. 그는 계속해서 이것을 분명하게 하고자 했다.

이런 의미에서 '사물' 이 물리적 대상들의 상식적 외관인 '사물' 이 아니라는 점을 인식하는 것이 중요하다. 뒤르켐은 사회적 사실들이 물질의 존재론적 지위(또는 '실체')를 갖는다는 형이상학적 관점을 거부했다. 이는 "특정 질서의 사실(facts)을 사물로 다루기 위해 그것들을 특정한 실재의 범주에 두는 것이 아니다." 라는 뒤르켐의 주장에 잘 나타나 있다(강조는 인용자). 그것들은 효과에서만 (물질적으로) 실재적이다. 예컨대 규칙들은 일반적 의미에서는 '사물' 이지만 돌이나 고양이 같은 대상은 확실히 아니다. 뒤르켐에게 있어서 사회적인 것의 외재성은 비록 그것이 우리 '내부에' 있을지라도 우리에게 즉시 주관적인 경험을 주지 않는다는 사실에 근거한다. 왜냐하면 앞서 5장에서 설명한 것처럼, 주관성과 사회적인 것 사이의 관계는 아비투스의 생성 원리와 사회적 실천의 현실화와의 관계처럼 '서로 인접' 하거나 '굴절' 되었기 때문이다. 문법 규칙을 알지 못하면서 어떻게 완벽하게 유능한 연사가 될 수 있겠는가를 생각해 보라. 중요한 것은 '사회적인 것' 이 사회적인 수준에서 존재하는 것과 동일한 형식으로 그리고 구문의 규칙을 묘사하는 것과 동일한 방식으로 주관성과 행동 안에서 그대로 실현되지 않는다는 점이다. 따라서 '고양이가 방석 위에 앉았다' 라는 구문은 단순하게 반복될 수 없을 것이다. 우리의 말은 규칙 지배적이지만 규칙 그 자체는 즉각적인 의식의 밖에 존재한다.

우리에게 규칙은 자연적인 말로부터 단순히 읽어낼 수 있기보다는 언어학을 통하여 발견되어야 한다. 우리가 규칙들을 발견할 때 언어학의 이론적 언어로 쓰인 규칙들은 세상에 물질적으로 자리하는 실재적 대상인 '사물'의 재현이 아니다. 우리는 아틀라스 산맥의 어두운 동굴 속이나 정글 가운데 깊이 숨겨진 언어 법칙들을 발견하거나 기술할 수 없다. 이러한 유형의 사물들도 실재적 속성이나 효과들을 가지지만 그리고 시간적으로는 존재하지만, 공간적으로는 그렇지 못하다. '사물'에 대한 우리의 이론적 설명은 구성적 가능성과 효과의 모델을 재현하는 것이 아니라 동상체(homologues)다(번스타인의 분류화와 구획의 원리와 마찬가지로).

사회적인 것을 '이해'하기 위해서는 단일 시각으로부터 벗어나야만 한다. 사회적인 것은 경험으로부터 발견될 수 없으며 또한 그것으로 환원될 수도 없다.

> '사물'이란 무엇인가? 우리가 밖으로부터 아는 것과 안으로부터 아는 것이 다르듯이 사물은 관념과 다르다. 사물은 지성인에 의해 자연스럽게 통제되지 않는 어떤 지식의 대상이다. 그것은 **단순히 정신 활동의 과정에 의해 제대로 파악될 수 없으며,** 오직 정신에 의해서만 이해될 수 있다. 정신은 관찰과 실험에 의해 **스스로 밖으로 향하게 된다.** 처음에는 외적이고 직접적으로 접근 가능한 특성으로부터 점점 비가시적이고 더욱 깊숙이 자리한 것으로 향하게 된다. 따라서 사회질서를 사물로 다루기 위해서는 그것들을 특정한 실재의 범주 안에 두는 것이 아니라 그것들에 대한 어떤 정신 태도를 가정해야 한다. 이는 사물들이 전혀 알려지지 않은 원인에 근거하고, **심지어 가장 사려 깊은 성찰**에 의해서도 발견

될 수 없으며, 우리가 그것들의 성격이나 특징적 속성에 대해 절대적으로 무지하다는 원리에 입각하여 그것을 연구하는 것이다(Durkheim, 1956: 58-59, 강조는 인용자).

정신은 과학적 실천인 이론과 '반성' 을 통하여 '스스로 밖으로 향한다.' 더구나 이것은 개인의 성취가 아니라 집합의 성취다. 이런 점에서 사회적 사실들 혹은 사물들은 개인에 대해 외재적이고 즉각적인 인식(immediate awareness)에 대해 독립적이다.

지식의 사회적 생산

이러한 관점에 따르면, 사회적인 것으로서 지식은 물질 생산의 장과 마찬가지로 지식 생산의 장으로 이해된다. 장(fields)은 구별되는 생산의 사회적 관계(생성 원리)에 의해 구조화된다. 반면에 현존하는 상징적 물질은 새로운 아이디어나 인공물(예술품 등)로 변형된다. 이것이 "지식으로 구성된 대상의 사회적 변형이다." (Whitley, 2000: 32) 포퍼에 따르면, 이러한 장의 한 수준이 '문제 장(problem fields)' 이고 주의와 활동의 초점을 형성하는 문제들이다. 이러한 문제들을 콜린스는 '근원적 고민(deep troubles)' 이라고 부른다.

근원적 고민은 자기 번식의 어려움을 내포하고 있는 교리다. 대안적 경로들이 보이지만 그것들 또한 더한 어려움을 안고 있다. 그렇게 어려운 문제의 탐색은 철학적 추상성-성찰성 절차의 보다 높은 단계에 도달하기 위한 매개체로서 중요한 원동력이 된다. 지적인 삶은 그 에너지를 반대로부터 얻는다. 지적인 삶은 근원적 고민들 위에서 번성한다. 왜냐하면 근원적 고민들은 확실한 논증거리를 제공하기 때문이다. 일단 근원적 고민이 발견되면, 지속적인 추상화 수준을 통해 순환되는 경향이 있다. 근원적 고민의 인식은 우리로 하여금 지적인 창조성의 기본 원리를 더욱더 엄밀하게 재공식화할 수 있도록 한다. 반대는 관심 공간을 소수 법칙(the law of small numbers)에 따라 작게 나누는데, 이는 참여자들에 가장 중요한 것에 단순히 따르는 것들에 아니라, 쓸모 있는 근원적 고민들에 따라 나눈다(R. Collins, 2000: 837).

콜린스의 진술과 그의 웅장한 기념비적 연구인 『철학의 사회학(*The Sociology of Philosophies*)』으로부터 세 가지 핵심을 끄집어낼 수 있다. ① 지적인 문제 장은 하나의 '근원적 고민'에 대한 대략 세 개에서 다섯 개의 반응을 중심으로 구조화되는 경향이 있다(소수 법칙). ② 그들은 분화의 역동성과 위치의 정련화를 통해 발전한다. ③ 이들 분화의 역동성은 '추상성-성찰성 절차'—역사적 시간에 대한 개념의 정교화—를 통해 계속해서 보다 높은 수준에서 요점을 되풀이해서 주장할 것이다. 장은 시간과 공간으로 확장된다. 장은 이제 막 기술된 경쟁하는 입장들의 집합과 시간적으로 앞뒤로 움직이는 '스승-제자' 연결고리를 중심으로 구조화된 동시대 것들의 네트워크에 근거한다. 그리고 장은 정전(正典)이나 논쟁들과 관련되어 있다. 콜린스의 치밀한 저작은 세계의 주요 문명을 중심으로 그러한 장을 조사했다. 그리고 이 분야의 후속 연구를 위해 근간이 되는 연구와 참고할 거리를 제공한다.

휘틀리(Whitley)는 현대 과학의 특징을 “늘 새로운 것의 생산”에 대한 관심이라고 주장한다(Whitley, 2000: 33). 독창성의 추구는 지식-생산 체제의 추동력이고 이것은 연구하는 사람들에게 독특한 가치와 일련의 동기를 제공한다. 개인, 팀, 기관은 혁신과 독창성을 통해 평판을 얻는다. 이는 지적 작업에서 높은 수준의 개인적 자율성을 수반하고, 다른 한편으로 휘틀리가 주장하듯 장 그 자체는 타당성의 집합적 수단과 근거를 제공한다. 지식은 고립된 개인이 아니라 장의 산물이다. 니닐루토도 유사한 지적을 하고 있다.

> 지식은 연구자 공동체의 사회적 산물이다. 퍼스(Peirce)는 “논리란 사회적 원리에 근거한다”고 주장한다. 우리의 관심은 무한한 공동체의 관심들과 동일시되어야 한다. 왜냐하면 진리란 서로 다른 정신들을 그들 밖의 힘에 의해 아주 똑같은 결론으로 이끄는 탐구과정에 의해 도달할 수 있다고 기대하기 때문이다. 그러므로 과학 공동체가 지식의 적절한 주체다. 포퍼는 과학 공동체 안에서 비판적인 토론을 거쳐 통과되기 전까지는 개별 과학자의 어떠한 결론도 과학의 결과가 될 수 없다고 주장함으로써 이러한 생각을 표현했다.
>
> 따라서 과학의 사회적 성격은 개별 과학자들의 오류 가능성 결과다. 또한 어떠한 유한한 과학자들 집단도 단지 대체로 추측적인 지식만을 주장할 수 있다(Niiniluoto, 2002: 94).

휘틀리는 지식 생산의 장을 전문가 조직이나 장인 조직과 유사성을 갖는 ‘노동 조직’의 특수한 형태로 묘사한다. 그러나 기본적으로 지속적인 혁신(콜린스 식으로 말하면 '신속한 발견')을 강조한다는 점에서 차이가 있다. 특별히 학자들은 계속적으로 외부의 이해관계(이용자들)에 적절히 반응하도록 압력을 받지만, 적절하게 혁신할 수 있고 평판을 부여하고 억누르며 얻으려 애쓰는 것이 오직 장 안에서만 가능하기 때문에 가장 우선하여 서로를 위해 생산한다. 슈마우스가 이해이론(利害理論, interest theory) 비판에서 지적한 바와 같이 이러한 조건은 독특하고 환원 불가능한 인지적 관심(그리고 아비투스)을 지식 생산자들에게 제공한다. 그들은 이해이론 — 이해관계는 지식 그 자체에 내재한다 — 에 의해 환원론에 자극받는 사람들과 질적으로 구별된다.

정 리

지식의 문제는 교육과 교육사회학의 근본이다. 교육적으로 가르쳐야 할 가치 있는 것이 있으며 교육사회학적으로 교육에 관해 가치 있는 지식을 생산하는 방식이 분명히 있을 것이다. 이번 장에서는 교육학에서 진보주의와 전통주의 그리고 사회학에서 구성주의와 토대주의 사이의 갈등으로 드러난 주된 관심사들을 다루었다. 말하자면 이번 장에서는 교육과정으로부터 지식사회학과 교육과정의 저변에 있는 인식론적 쟁점과 논쟁으로 이보 후퇴한 셈이다. 이 과정에서 지식과 사회적인 것(the social)과의 관계에 관한 세 가지 접근, 즉 토대주의, 구성주의, 실재론을 검토했다.

이들의 기본 입장은 실증주의, 질적 사회학, 현대 포스트모더니즘,

마르크스주의 학파와 뒤르켐주의 사회학적 실재론, 구조주의, 후기 구조주의 등과 같이 시기에 따라 다양한 이차적 유형이나 학파로 표현되었다. 일반적으로 토대주의와 구성주의(실증주의와 포스트모더니즘)는 근본적인 대안으로 간주되었다. 그러나 자세히 살펴보면 다음과 같은 공통점을 가지고 있다.

- 언어의 중심성에 대한 확신
- 지식의 앎으로의 환원
- 지식의 확실성에 대한 오류불가능주의 원리('거대' 진리)

두 입장이 서로 일치하지 않는 점은 언어의 가능성과 실증주의의 단성적, 비매개적 기술 언어의 현실화에 대한 것이다. 실증주의가 지식(감각 자료에 근거한 언어와 경험)을 역사와 사회의 밖에 두는 반면, 구성주의는 지식이 구성되는 특별한 국지적 맥락으로 환원한다.

반대로 실재론자들은 지식이 사회적이라는 구성주의와 입장을 같이한다. 그러나 지식 모델은 비환원적이고 지식 생산과 그 창발적 속성의 집합적 조건에 대해 관심을 기울여야 한다고 주장한다. 실재론은 지식이 가능하다는 실증주의와 입장을 같이한다. 그러나 지식은 언어적 모형보다는 그 사회성의 측면에서 이해해야 하며 절대적이기보다는 잠정적이라는 입장이다. 실재론자들의 입장은 다음과 같이 정리할 수 있다.

- 진리를 확정적이지 않고 잠정적인 것으로 받아들이는 오류가능주의 모델

• 진리 주장의 평가에 대한 신빙주의 접근
• 정신–독립적 실재에 대한 존재론적 실재론 수용('단순' 진리)

본래 여기서 우리의 관심은 관례적으로 행해져 온 교육과정 논쟁이 태생적으로 보수적이고 반동적이며 공고한 특권과 권력관계의 방어로서 기능하는 교육과정을 퇴출시키려는 시도를 하지 않아서, 지식 기반 교육 모델이나 인식론적으로 강력한 교육사회학을 옹호하는 것을 실질적으로 불가능하게 했다는 점이다. 오랫동안 교육사회학은 인식론적으로 취약한 상대주의적 구성주의의 영향을 강하게 받아 왔다. 두 영역은 이러한 경향을 서로 강화한다. 교육에 관심을 두는 이들 두 영역이 스스로에게 가장 기본이 되는 범주를 부정하기 바란다는 것이 이상하다! 비판적 실재론의 기대는 지식의 자율성과 관련하여 환원론에 반대하는 입장을 지지하는 그 능력 때문이다.

제7장

교육과 사회

교육사회학의 과제

제7장

교육사회학의 과제

교육사회학 개론서인 이 책에서는 교육의 복잡성과 교육을 이해하는 데 있어서 사회학 방법이 복잡하다는 것을 강조하고자 했다. 이러한 일은 불가피하게 아무런 결론 없이 마무리되는 경향이 있다. 왜냐하면 제기된 문제와 쟁점에 대한 간단한 해답이란 없으며 또한 결과들에 관한 단순한 체크리스트가 있을 수 없기 때문이다. 이 책에서는 교육사회학의 쟁점을 이해할 수 있는 실마리를 제공하고자 했으며 어떤 것에는 반대하고 다른 것들에는 찬성했다. 이런 점은 이 책의 구성에 어느 정도 반영되었다. 앞의 3개 장(제1장~제3장)에서는 교육과 불평등, 경제와 계급 그리고 국가와 지위 등과 같은 핵심 영역들을 다루었다. 그러나 각 영역에 대한 설명에는 한계가 있다. 이들 영역들 중의 오직 한 영역만을 주목하거나 분석해서는 사회와 역사적으로 특정한 사례를 충분히 논의할 수 없다. 각 영역은 모두 중요한 기여를 한다. 그렇지만 각 영역들이 서로 보완적으로 활용되기 위해서는 영역들 간 교환을 가능하게 하는 '장치'가 있어야만 한다. 이것이 중요한 문제였다. 그래서 뒤의 3개 장(제4장~제6장)에서는 이와 같은 제한점을 극복할 수 있는 가능성을 제시하고자 했다. 이런 점에서 부동의 연구에 기인한 구조-역동성 모델과 그것이 제공하는 의사결정 과정의 맥락화는 종합적이고 설명적인 논의의 체계적인 생산을 위한 가장 좋은 본보기가 될 수 있을 것으로 생각했다. 그러나 이 점도 역시 인식론적 논쟁의 비판적 재검토를 필요로 한다.

앞에서 언급된 문제는 교육사회학의 장(field)이 보완적이기보다는 오히려 단절적인 특징을 갖는다는 점이다(비단 교육사회학만 그러한 것은 아니다.). 이는 단순히 전문화된 학문 영역의 자기 반성의 문제는 아니며, 대신에 오랫동안 그러한 장이 특정한 인식론적 입장에 의해 지탱되었기 때문이다. 본질적으로 이러한 입장은 확실하지 않을 경우에는 언제나 으레 상대주의와 환원론 입장을 지향하는 경향을 그 특징으로 한다. 교육의 사회학이 현상학에서 포스트모더니즘으로, 그렇게 회의적이고 인식론적으로 취약한 관점을 편중하여 취하는 것은 이상한 일이다. 하지만 진보주의도 다양한 모습으로 편애를 받으면서 교육 담론에 강력한 영향을 미쳤다. 이들은 실증주의/구성주의, 전통주의/진보주의와 같이 평행선을 달리지만, 구성주의는 교육적으로 진보주의를 문제시하기보다는 오히려 상당한 도움을 주었다.

지식사회학에 대한 구성주의적 접근은 합리적으로 객관적이고 보편적이게 다루어졌던 지식이 자기 이해적이고 편파적임을 밝혔다.

지식은 그것을 드러내고 주장할 수 있는 위치에 있는 사람들의 관점과 이해라는 식으로 딱지 붙여졌다. '비판적' 사회학은 지식관계를 권력관계와 인식자의 범주로 경험적으로 정의된 집단관계로 바꾸어 썼다. 이런 식으로 관점들과 지식체 사이의 경계는 강한 분류화를 가정한다. 그들은 제로섬 게임에 참여한 경쟁하는 권력 블록들 간의 통약불가능한 입장과 양립 불가능한 이해관계를 드러낸다. 지식의 장은 번스타인이 '수평적 지식구조'라 지칭한 분단된 형태를 취한다. 각 입장들은 후기구조주의의 하이픈 넣기(hyphenation)와 같은 분열을 통해 급증한 범주들로 개별화됨으로써 이데올로기화되었다. 제6장은 다소 길었는데, 환원론의 비정합성과 부적절성을 예증하고 그 대안으로 창발성(emergence)에 관심을 두는 실재론을 제시하였다.

이러한 상황은 실증주의에 대한 오래된 논쟁의 고리타분한 이분법과 가정들을 대신하여 지식의 문제를 다룰 대안적 언어가 부재했기 때문이다. 교육사회학에서(그리고 다른 곳에서) 실증주의의 위치는 독특하다. 신뢰할 만한 철학적 고안으로서 실증주의는 이미 오래전에 붕괴되었지만 그 유령은 우리를 계속해서 떠나지 않고 있다. 실증주의는 사라진 지 오래되었지만 여전히 많은 현대적 사고의 시금석으로 남아 있다. 마지막 장에서 증명하려고 시도한 바와 같이 포스트모더니즘의 회의적이고 상대적인 논리는 실증주의와 관련해서만 의미가 있고, 영향력이 있으며, 토대주의의 원리를 암묵적으로 받아들이고 있다. 포스트모더니즘은 과거와 근본적으로 단절하기보다는 언젠가 영향이 감소될 구성주의자들의 동어반복을 단지 증식하고 있을 뿐이다. 런틀리의 지적처럼 포스트모더니즘이 안고 있는 실제적 문제는 그것이 충분히 포스트모던하지 않다는 점이다! 포스트모더니즘은 후기실증주의 과학철학에서 일어난 상당한 진전과 그러한 진전이 지식사회학에 미치는 의미에 대해 둔감하다.

그렇다면 쟁점은 무엇인가? 쟁점은 아래와 같이 세 가지 표제로 표현될 수 있다.

교육사회학

교육사회학의 목적은 지식을 생산하는 것이어야 한다. 교육사회학은 ① 사회 내의 교육에 관한 지식과, ② 교육을 통해 사회에 관한 지식을 생산해야만 한다. 이상적으로 이들 두 가지는 상호보완적이어야 한다. 전자와 관련하여 상당한 노력이 교육, 학교교육 그리고 교실의 내적 과정을 연구하는 데 이용되었다. 의심할 것 없이 이러한 노력은 우리로 하여금 포착하기 어려운 교실에서의 상호작용의 역동성에 민감하도록 했다. 그러나 이는 사회적-교육적 규칙성과 변화의 거시적 역동성을 이해하는 데 별다른 기여를 하지 못했다. 이것이 바로 약한 효과를 가진 사회학, 즉 교육을 '위한' 사회학(sociology for education)이다. 교육의 과정에 대한 논의는 거시-구조적 모델의 역동성 안에서 진행될 필요가 있다. 그렇게 함으로써 강한 효과의 사회학, 즉 교육 '의' 사회학(sociology of education)을 구성할 수 있다(Moore, 1996). 구성주의의 환원 논리는 미시적/질적 접근과 거시적/양적 접근의 구별을 이데올로기화하기 때문에 이러한 작업을 수행하기 어렵게 한다. 1970년대 초의 초기실증주의 논쟁에서 구조적이고 양적 접근은 실증주의적이고 보수적인 것으로 나쁘게 받아들여졌다. 오늘날 포스트모더니즘은 그것을 남성중심주의와 민족중심주의라는 식으로 세련되게 그린다. 관점의 특수성을 통약 불가능성과 배제성이라는 식으로 가정하기보다는 서로 '소통할' 수 있는 관점과 접근법이 필요하다.

교육

사회학과 교육학의 장을 지배했던 실증주의/구성주의 그리고 전통주의/진보주의의 평행 상태는 후기계몽주의의 반전으로 인해 인식론적으로 강력하고 합리적인 지식 양식을 보수주의에 효과적으로 넘겨주었다. 사회적으로 진보적인 목적을 위한 지식 기반 교육과정 논의는 교육적으로 부재했다. 교육 담론의 장에서 그와 같은 결핍은 '진보적' 입장이 인식론적으로 약한 교육과정과 교수법의 형태와 동등하게 다루어졌다는 것을 의미한다. 또는 정반대로, 인식론적으로 약한 진보적인 교육의 형태가 노동자 계급, 소수 인종, 여학생들의 가장 좋은 교육적 관심을 나타낸다는 것이다. 이러한 연합은 교사로 하여금 학생들을 학문적 형태보다는 오히려 치료/보상의 목적을 가지고 희생자로 접근하도록 체계적으로 장려해 왔다. 그리고 그 때문에 사회적으로 엘리트들이 인식론적으로 강한 지식의 형태에 특권적으로 접근하는 것을 유지해 왔다. 그러나 번스타인은 '진보적인' 교육의 실제적인 수혜자가 전문가 집단의 중간계급의 아이들이었다는 것을 밝혀냈으며 스톤(Stone)은 영국 학교에 다니는 흑인과 노동계급 학생들의 삶을 기록했다. 성 혁명은 중간계급과 상위중간계급 출신 여학생들로 하여금 '전통적인' 학교에 접근하는 것이 가능하게 했으며 이 과정에서 그들은 '문화적 자본' 뿐만 아니라 실질적이고 지적으로 이로운 자신들의 유리한 지식을 아주 당연하게 사용하도록 격려되었다. 지식 범주는 지식사회 이념이 정치와 교육 담론의 중심이 되면서 더욱더 결정적이 되고 있다. 때문에 진보적인 목적을 위해 지식을 발견하고 모두에게 그것이 개방되도록 하는 언어를 발견하는 것이 긴요하게 되었다.

지식

이 책의 기본 입장은 비판적이고 창발적인 유물론의 일종이다. 이러한 입장은 구성주의적 관념론의 반실재론적 양식보다는 지식의 사회적 생산에 관심이 있다. 이 입장의 주된 관심은 경험에 기반을 둔 정체성의 주관성들보다는 역사적으로 생산되고 지속되는 지식 생산과 변형의 집합적 관계다. 이러한 차이를 지적하는 것은 사회학 내부의 오래된 긴장을 다시 보고자 하는 것이 아니다. 주관성을 탐구하는 것이 결정적으로 중요하지만, 그것은 실존의 물적 조건 내에서 행해져야 하고, 인식론적 실재론 안에서만 성취될 수 있다는 것을 인식하는 것이 중요하다. 인식론적 실재론은 이러한 물적 조건들이 우리를 넘어 존재하지만 이론과 과학적 탐구를 통해서도 유용하게 될 수 있다는 것을 인식하도록 한다. 그것들은 스스로를 우리에게 '알릴' 수 있으며 결정적으로 그들을 인식함으로써 우리는 그것들에 적응할 수 있다. 구성주의는 사회적 연구의 관점과 양식을 넘어 인식론으로 확장될 때에만 문제가 된다. 이 경우 구성주의는 반실재론적 상대주의의 내적 모순과 비정합성 때문에 붕괴된다. 많은 핵심 사항에서 실증주의에 대한 비판이 옳다고 하더라도 비판만으로 실증주의에 대한 인식론적 대안을 제공할 수는 없다. 대신에 비판적 실재론은 오늘날 엄격하고 건전한 대안을 제공하고 있으며 구성주의자의 통찰력이 물적 구조와 그 역동성 안에서 재구성될 수 있도록 틀을 제공할 것이다.

원래 이 책의 기본 관점은 지금까지 단편적이고 임의적인 지식으로 다루어져 온 교육사회학의 다양한 설명들이 폭넓게 통합될 수 있도록 일반 이론의 틀과 형식으로 종합화될 필요가 있다는 것이었다. 이는 사회학적 탐구와 설명이 실재론으로 복귀하는 것을 말하며 결국 강한 지식으로의 복귀를 의미한다. 이와 같은 지식의 변호는 가르치는 일의 명료성이란 가르칠 가치가 있다는 확신—아놀드(Arnold) 식으로 말하면 "오늘날 모든 곳에서 가장 최선으로 알고 있으며 생각하고 있는 것"(Arnold, 1960: 70)—에 깃들어 있다는 관점을 지지한다. 그리고 이러한 가르침은 사회학을 위해 가치 있는 지식을 생산할 것이다.

역자 후기

이 책은 영국 케임브리지대학교 교육학과 교수인 롭 무어(Rob Moore)의 *Education and Society: Issues and Explanations in the Sociology of Education*(2004)을 번역한 것이다. 이 책은 지금까지 교육사회학에서 다루었던 중요한 문제들을 대부분 망라하고 있는 교육사회학 입문서다. 그러나 교육사회학 관련 선행 지식이 부족한 사람들에게는 그다지 친절하지 않으며, 책의 구성 또한 기존 방식에 익숙한 사람들에게는 낯선 편이다. 또한 각 장의 내용이 일목요연하게 유기적으로 연결되어 있다고 보기 어렵다. 그렇지만 교육사회학 관련 기본 지식을 어느 정도 갖추고 있거나, 그에 더하여 추가적인 지식을 필요로 하는 사람들에게는 유익한 책이라고 할 수 있다. 특히 교육사회학의 주요 쟁점들을 깊이 있게 천착하고 있다는 점이 돋보이는 책이다.

역자가 보기에 이 책의 장점은 다음과 같이 세 가지로 정리할 수 있다. 첫째는 교육사회학의 다양한 쟁점을 분석적으로 정리하고 있다는 점이다. 교육사회학의 이론이나 쟁점을 단순히 소개하거나 설명하는 것이 아니라 그것들을 심층적으로 다룸으로써 일종의 교육사회학 논쟁의 흐름을 이해할 수 있도록 하고 있다. 둘째는 교육사회학의 여러 이론과 연구방법의 상대적 강점과 약점을 비교, 분석함으로써 교육현상의 복잡성에 대한 사회학적 인식과 이해의 지평을 확대하고 있다는 점이다. 주지하는 바와 같이 교육현상은 특정 이론에 따라 완벽하게 설명될 수 있는 것이 아니며, 모든 사람의 동의를 구하는 설명과 이해 방식을 제공한다는 것 또한 가능하지 않다. 그러나 이 책에서는 교육현상을 둘러싼 여러 이론의 의의와 한계를 개관함으로써 특정 이론의 독단주의(dogmatism)에 빠질 위험성을 줄이는 데 도움을 주고 있다. 마지막은 교육사회학의 학문적 기조를 제공하고 있는 마르크스, 베버, 부르디외, 뒤르켐 그리고 번스타인 등의 교육사상이 무엇이었으며, 그것이 교육사회학 논의에 어떠한 영향을 미치고 있는가 하는 점을 알려 주고 있다는 점이다. 이런 점에서 이 책은 교사, 학부모, 연구자 그리고 정책결정권자들에게 교육에 대한 유익한 이해 지평을 넓히는 데 도움을 줄 것으로 기대된다.

이 책은 크게 6개 장으로 구성되어 있다. 제1장에서는 교육사회학의 탐구 영역과 연구방법을 개관하고 있다. 교육이나 사회의 불평등은 교육사회학의 가장 중심이 되는 탐구 주제이며, 이러한 주제가 교육사회학 논의에서 어떤 식으로 어떻게 다루어져 왔고 그 과정에서 간과한 문제가 무엇인지를 설명하고 있다. 이어 교육사회학의 연구

방법을 계급이나 사회구조 등과 같은 교육 밖의 문제에 주목하는 외재적 접근과 교육의 과정과 같은 교육 안의 문제에 주목하는 내재적 접근으로 구분하고 있다. 제2장에서는 교육과 경제와의 관계를 분석하고 있다. 교육과 경제와의 관계는 산업주의와 자본주의 모델로 양분되어 논의되는 것이 일반적이다. 산업주의 모델에서는 교육이 개인적 출세와 국가 발전의 주요 동력이며 사회적 평등화의 주된 기제라는 입장을 취한다. 반면에 자본주의 모델은 교육이 경제적 불평등을 정당화하고 재생산하는 기제라는 입장이다. 저자도 이러한 기본 입장에서 크게 벗어나지 않는다. 다만 이들 각 모델의 주장과 한계를 뒤르켐(E. Durkheim)과 보울즈(S. Bowles)와 긴티스(H. Gintis)의 입장을 중심으로 비판적으로 다루고 있다. 제3장은 교육과 문화 그리고 정치와의 관계를 분석하고 있다. 그는 경제학자와 정치학자 그리고 사회학자의 교육현상 이해 방식을 비교한다. 일반적으로 경제학자들은 교육현상을 경제적 자원의 문제로 이해하려는 경향이 강하다. 이에 비해 정치학자와 사회학자들은 교육과 경제와의 관계가 교육현상의 모든 것을 설명하지 못한다고 주장하며, 대신에 국가 형성과 대중교육제도의 출현 그리고 문화적 자원과 교육의 관계를 통해 교육현상을 이해하고자 한다. 저자는 베버(M. Weber)와 부르디외(P. Bourdieu)의 교육사상을 중심으로 근대국가의 출현과 관료제가 교육에 미친 영향, 그리고 문화적 자본이 교육에 미치는 영향을 체계적으로 분석하고 있다. 제4장에서는 교육 변화와 교육 불평등의 관계를 분석하고 있다. 과연 교육 불평등과 사회 불평등은 어떤 관계가 있는가? 교육 불평등은 변화하였는가? 학생들은 교육 불평등을 어떻게 바라보는가? 그것은 변화될 것인가? 하는 점을 체계적으로 다루고 있다. 특히 교육 팽창이 교육 불평등과 사회 불평등에 미치는 영향을 부동(R. Boudon)의 구조-역동성 모델을 중심으로 분석하고 있다. 아울러 외재적 접근과 내재적 접근을 통합한 방법론을 바탕으로 교육 불평등의 문제를 분석하는 것이 필요하다는 점을 강조하고 있다. 제5장에서는 교육의 과정을 다루고 있다. 앞서 2, 3, 4장이 교육에 대한 외재적 접근을 다루었다면, 제5장은 교육의 내재적 접근을 다루고 있다. 뒤르켐과 번스타인(B. Bernstein)을 중심으로 사회, 아비투스, 교수법적 지식 등을 다루고 있다. 뒤르켐의 교육적 공헌을 새롭게 해석하고 있으며 번스타인 이론을 체계적으로 분석하고 있다. 마지막으로 제6장에서는 교육적 지식의 문제를 다루고 있는데, 전체 장 중에서 가장 많은 분량을 차지하고 있다. 저자는 '무엇을 가르쳐야 하는가?' 하는 문제가 교육사회학 논의의 핵심 쟁점이라고 생각한다. 지식사회학과 교육의 관계에 대한 그의 오랜 연구 결과가 이 장에 잘 정리되어 있다. 교육사회학에서 교육적 지식의 문제는 과학적으로 검증이 가능한 것만을 지식으로 간주하는 실증주의에 오랫동안 지배받았다. 1970년대 초반 이후 등장한 포스트모더니즘과 구성주의 등의 영향으로 교육적 지식은 상대주의와 허무주의의 늪에 빠지게 되었다. 교육적 지식을 둘러싼 실증주의적 절대주의와 구성주의적 상대주의의 양보 없는 갈등은 '학교에서 가르쳐야 하는 것은 무엇인가?'에 대한 보다 진전된 논의를 어렵게 하였다. 저자는 이러한 진퇴양난은 교육사회학에서 치열한 인식론적 논의가 부재하였기 때문이라고 주장한다. 저자는 인식론적으로 강력한 교육사회학을 구축하고자 하며, 지식에 대한 실증주의와 상대주의 접근의 해묵은 갈등을 비판적 실재론(critical realism)으로 극복하고자 한다. 이처럼 저자는 모든 장에서 교육현상을 이해하는 데 있어서 교육사회학의 지적 장(field)과 교육사회학의 지식이 필요하다는 점을 적극적으로 변호하고 있으며, 교육사회학이 구별되는 독특한 탐구 영역을 가지고 있고, 교육사회학의 지식이 교육현상을 이해하는 데 유효하다는 점을 줄곧 강조하고 있다.

이 번역서는 한국교원대학교에서 교육사회학을 전공하고 있는 여러 선생님들과 함께 공부한 결과다. 구수경 박사, 허준용 선생, 이성민 선생은 어려운 초역 작업을 하였으며, 김희정 선생, 윤혜선 선생은 번역본을 꼼꼼하게 검토 · 수정하였고 잔손이 많이 가는 참고문헌을 정리해 주었다. 이들은 우리 교육을 아름답게 하기 위해 함께 고민하는 '참 좋은 삶과 학문의 벗들' 이다. 이들과의 만남은 행운이며 이들의 헌신적인 참여가 없었다면 번역 작업은 불가능했을 것이다. 사실 번역은 그다지 재미있는 작업이 아니다. 특히 오역에 대한 두려움과 내 생각과는 다른 저자의 생각을 헤아려야 하는 어려움 때문이다. 그러나 이들과의 작업은 이러한 어려움을 상당 부분 극복할 수 있게 해 주었다. 그들에게 미안함과 감사를 전한다. 내가 아는 한 이들 모두는 훌륭한 교사이며, 초등 · 중등 교사를 거쳐 대학의 연구자가 된 이 책의 저자 무어처럼 앞으로 뛰어난 연구자가 될 것으로 믿는다. 마지막으로 어려운 시기에 시장성 없는 번역본의 출판을 허락해 주신 학지사 김진환 사장님과 불편한 원고를 정말로 책답게 만들어 주신 편집부 이하나 선생께 진심으로 감사드린다.

역자 손준종

참고문헌

Ahier, J. (1991) Explaining economic decline and teaching children about industry: some unintended continuities? In R. Moore and J. Ozga (Eds), *Curriculum Policy* (Oxford: Pergamon Press/Open University Press).

Ahier, J. and Moore, R. (1999) Post-16 education, semi-dependent youth and the privatisation of inter-age transfers: re-theorising youth transitions. *British Journal of Sociology of Education*, 20(4), 515–30.

Ahier, J., Beck, J. and Moore, R. (2003) *Graduate Citizens: Issues of Citizenship and Higher Education* (London: Routledge Falmer).

Alexander, J. C. (Ed.) (1990) *Durkheimian Sociology: Cultural Studies* (Cambridge: Cambridge University Press).

Alexander, J. C. (1995) *Fin de siécle Social Theory: Relativism, Reduction and the Problem of Reason* (London: Verso).

Althusser, L. (1972) Ideology and the ideological state apparatuses. In B. Cosin (Ed.), *Education: Structure and Society* (Harmondsworth: Penguin Books).

Apple, M. (1997) What postmodernisists forget: cultural capital and official knowledge. In Halsey et al. (1997).

Apple, M. (2000) Standards, markets, and curriculum. In B. Franklin (Ed.), *Curriculum and Consequence: Herbert M. Kliebard and the Promise of Schooling* (New York: Teachers College Press, Columbia University).

Arnold, M. (1960) *Culture and Anarchy* (Cambridge: Cambridge University Press). 윤지관 역(2006). 교양과 무질서. 파주: 한길사.

Arnot, M. (2002) *Reproducing Gender? Essays on Eucational Theory and Feminist Politics* (London: Routledge Falmer).

Arnot, M. (2003a) A reconsideration of Paul Willis' 'Learning to Labour'. In C. Vincent (Ed.), *Social Justice, Identity and Education* (London: Routledge Falmer Press).

Arnot, M. (2003b) Working class masculinities, schooling and social change: reconsidering the sociological significance of Paul Willis' 'Learning to labour'. In G. Dimitriades and N. Dolby (Eds), *Learning to Labour in New Times* (New York: Routledge).

Arnot, M. and Dillabough, J. (1999) Feminist politics and democratic values in education. *Curriculum Inquiry*, 29(2), 159–90.

Arnot, M. and Whitty, G. (1982) From reproduction to transformation: recent radical perspectives on the curriculum from the USA. *British Journal of Sociology of Education*, 3(1), 93–103.

Arnot, M., David, M. and Weiner, G. (1999) *Closing the Gender Gap: Post-War Education and Social Change* (Cambridge: Polity).

Ball, S. (Ed.) (1992) *Foucault and Education* (London: Routledge). 이우진 역(2007). 푸코와 교육: 푸코를 통해 바라본 근대교육의 계보학. 청계.

Ball, S., Bowe, R. and Gerwirtz, S. (1997) Circuits of schooling: a sociological exploration of parental choice of school in social class contexts. In Halsey et al. (1997).

Barnett, C. (1986) *The Audit of War: The Illusion and Reality of Britain as a Great Nation* (London: Macmillan).

Beck, J. (1998) *Morality and Citizenship in Education* (London: Cassell).

Beck, J. (1999) Makeover or takeover? The strange death of educational autonomy in neo-liberal England. *British Journal of Sociology of Education*, 20(2), 223–38.

Becker, H. (1971) Social class variations in the teacher-pupil relationship. In B. Cosin, R. Dale, G. Esland, D. Mackinnon and D. Swift (Eds), *School and Society* (London: Routledge & Kegan Paul/Open University).

Bennett, N. (1976) *Teaching Styles and Pupil Progress* (London: Open Books).

Bernstein, B. (1973) *Class, Codes and Control*, vol.1: *Theoretical Studies Towards a*

Sociology of Language (St Albans: Paladin).

Bernstein, B. (1977) *Class, Codes and Control,* vol.3: *Towards a Theory of Educational Transmission,* 2nd edn (London: Routledge & Kegan Paul).

Bernstein, B. (1990) *Class, Codes and Control,* vol.4: *The Structuring of Pedagogic Discourse* (London: Routledge).

Bernstein, B. (1996) *Pedagogy, Symbolic Control and Identity: Theory, Research, Critique,* 1st edn (London: Taylor Francis).

Bernstein, B. (2000) *Pedagogy, Symbolic Control and Identity: Theory, Research, Critique,* rev. edn (Oxford: Rowman & Littlefield).

Bernstein, B. (2001) Symbolic control: issues of empirical description of agencies and agents. *International Journal of Social Research, Methodology, Theory and Practice,* 4(1), 21–34.

Bhaskar, R. (1975) *A Realist Theory of Science* (Leeds: Leeds Books).

Bilton, T. et al. (2002) *Introductory Sociology*, 4th edn (Basingstoke: Palgrave).

Blackburn, R. and Mann, M. (1979) *The Working Class in the Labour Market* (London: Macmillan).

Blanning, T. C. W. (2002) *The Culture of Power and the Power of Culture* (Oxford: Oxford University Press).

Bohman, J. (1991) *New Philosophy of Social Science* (Cambridge: Polity).

Bonnett, M. and Cuypers, S. (2001) Autonomy and authenticity in education. In N. Blake, P. Smeyers, R. Smith and P. Standish (Eds), *The Blackwell Guide to Philosophy if Education* (Oxford: Blackwell).

Boudon, R. (1974) *Education, Opportunity and Social Inequality* (New York: John Wiley).

Boudon, R. (1977) Education and social mobility: a structural model. In J. Karabel and A. H. Halsey (Eds), *Power and Ideology in Education* (New York: Oxford University Press).

Bourdieu, P. (1977) *Outline of a Theory of Practice* (Cambridge: Cambridge University Press).

Bourdieu, P. (1986) *Distinction* (London: Routledge). 최종철 역(2005). 구별짓기: 문화와 취향의 사회학. 새물결.

Bourdieu, P. (1988) *Homo Academicus* (Cambridge: Polity). 김정곤 외 공역(2005). 호모 아카데미쿠스. 동문선.

Bourdieu, P. (1993) *The Field of Cultural Production: Essays on Art and Literature*, ed. R. Johnson (Cambridge: Polity).

Bourdieu, P. (1997) The forms of capital. In Halsey et al. (1997) 유석춘 외 편역(2003). 사회자본: 이론과 쟁점. 그린.

Bourdieu, P. and Passeron, J. C. (1977) *Reproduction in Education, Society, and Culture* (London: Sage). 이상호 역(2000). 재생산: 교육체계이론을 위한 요소들. 서울: 동문선.

Bowles, S. (1977) Unequal education and the reproduction of the social division of labour. In Karabel and Halsey (1977).

Bowles, S. and Gintis, H. (1976) *Schooling in Capitalist America* (London: Routledge & Kegan Paul). 이규환 역(1986). 자본주의와 학교교육. 사계절.

Bradley, H. (1996) *Fractured Identities* (Cambridge: Polity).

British Journal of Sociology of Education (2002) Special issue: *Basil Bernstein's Theory of Class, Educational Codes and Social Control*, 23(4).

Brown, J. R. (2001) *Who Rules in Science* (Cambridge, MA: Harvard University Press).

Brown, P. (1987) *Schooling Ordinary Kids* (London: Tavistock).

Brown, P. and Lauder, A. H. (1997) Education, globalisation and economic development. In Halsey et al. (1997).

Brown, P. and Lauder, A. H. (2001) *Capitalism and Social Progress* (Basingstoke: Palgrave).

Calhoun, C., Li Puma, E. and Postone, M. (Eds) (1993) *Bourdieu: Critical Perspectives* (Cambridge: Polity).

Chubb, J. and Moe, T. (1997) Politics, markets and the organisation of schools. In Halsey et al. (1997).

Cladis, M. (Ed.) (1999) *Durkheim and Foucault: Perspectives on Education and Punishment* (Oxford: Durkheim Press Ltd).

Clark, T. (1973) *Prophets and Patrons* (Chicago: University of Chicago Press).

Cole, M. (Ed.) (1988) *Bowles and Gintis Revisited: Correspondence and Contradiction in Educational Theory* (Lewes: Falmer).

Cole, M. (2003) Might it be in the practice that it fails to succeed? A Marxist critique of claims for postmodernism and poststructuralism as forces for social change and social justice. *British Journal of Sociology of Education*, 24(4), 487-500.

Collier, A. (1994) *Critical Realism: An Introduction to Roy Bhaskar's Philosophy* (London: Verso).

Collins, C., Kenway, J. and McLeod, J. (2000) *Factors Influencing the Educational Performance of Males and Females in School and their Initial Destinations after Leaving School* (Deakin University).

Collins, R. (1977) Functional and conflict theories of educational stratification. In Karabel and Halsey (1977).

Collins, R. (1981) *The Credential Society* (New Work: Academic Press). 정우현 역(1989). 학력주의사회. 서울: 배영사.

Collins, R. (1990) The Durkheimian tradition in conflict sociology. In Alexander (1990).

Collins, R. (2000) *The Sociology of Philosophies: A Global Theory of Intellectual Change* (Cambridge, MA: Harvard University Press).

Dale, R. (1997) The state and the governance of education. In Halsey et al. (1997).

Dale, R. and Robertson, S. (2002) The varying effects of regional organisations as subjects of globalisation of education. *Comparative Education Review*, 46(1), 10-36.

Dale, R., Esland, G. and MacDonald, M. (Eds) (1976) *Schooling and Capitalism* (London: Routledge/Open University).

Daniels, H. (2001) Bernstein and activity theory. In Morais et al. (2001).

Davis, K. and Moore, W. E. (1953) Some principles of stratification. In R. Bendix and S. M. Lipset (Eds), *Class, Status and Power* (London: Routledge).

Diaz, M. (2001) Subject, power and pedagogic discourse. In Morais et al. (2001).

Dummett, M. (1996) *Origins of Analytic Philosophy* (Cambridge, MA: Harvard University Press).

Durkheim, E. (1933) *The Division of Labour in Society* (London: CollierMacmillan). 임희섭 역(1990). 사회분업론. 삼성출판사.

Durkheim, E. (1952) *Suicide* (London: Routledge & Kegan Paul). 황보종우 역(2008). 에밀 뒤르켐의 자살론. 청아출판사.

Durkheim, E. (1956) *Education and Sociology* (Toronto: The Free Press). 이종각 역 (1994). 교육과 사회학. 배영사.

Durkheim, E. (1961) *Moral Education* (New York: Free Press).

Durkheim, E. (1972) *Selected Writings*, ed. A. Giddens (Cambridge: Cambridge University Press).

Durkheim, E. (1973) *Emile Durkheim on Morality and Society*, ed. R. Bellah (Chicago: University of Chicago Press).

Durkheim, E. (1977) *The Evolution of Educational Thought* (London: Routledge).

Durkheim, E. (1995) *The Elementary Forms of Religious Life* (New York: Free Press). 노치준 외 공역(1992). 종교생활의 원초적 형태. 서울: 민영사.

Edgerton, D. (1996) *Science, Technology and the British Industrial 'Decline' 1870-1970* (Cambridge: Cambridge University Press).

Edmonds, D. and Eidinow, J. (2001) *Wittgenstein's Poker: The Story of a Ten Minute Argument between Two Great Philosophers* (London: Faber).

Erickson, R. and Goldthorpe, J. (1993) *The Constant Flux: A Study of Class Mobility in Industrial Societies* (Oxford: Oxford University Press).

Fay, B. (1996) *Contemporary Philosophy of Social Science* (Oxford: Blackwell).

Floud, J. and Halsey, A. H. (1961) English secondary schools and the supply of labour. In Halsey et al. (1961).

Floud, M. and Hammer, M. (Eds) (1990) *The Education Reform Act, 1988: Its Origins and Implications* (Lewes: Falmer).

Foster, P., Gomm, R. and Hammersley, M. (1996) *Constructing Educational Inequality* (Lewes: Falmer).

Freidson, E. (1994) *Professionalism Reborn: Theory, Prophecy and Policy* (Cambridge: Polity).

Gellner, E. (1992) *Reason and Culture* (Oxford: Blackwell).

Gephart, W. (1999) The realm of normativity in Durkheim and Foucault. In Cladis(1999)

Giddens, A. (1990) *The Consequences of Modernity* (Cambridge: Polity). 이윤희, 이현희 공역(1991). 포스트모더니티. 서울: 민영사.

Gillborn, D. and Mirza, H. (2000) *Educational Inequality: Mapping Race, Class, and*

Gender (London: Commission for Racial Equality).

Gillborn, D. and Youdell, D. (2000) *Rationing Education: Policy, Practice, Reform and Equity* (Buckingham: Open University Press).

Gintis, S. and Bowles, H. (1988) Contradiction and reproduction in educational theory. In Cole (1988).

Giroux, H. (1997) Crossing the boundaries of educational discourse: modernism, post-modernism and feminism. In Halsey et al. (1997).

Goldthorpe, J. (1997) Problems of 'meritocracy'. In Halsey et al. (1997).

Goldthorpe, J. (2000) *On Sociology* (Oxford: Oxford University Press).

Gorard, S. (2000) One of us cannot be wrong: the paradox of achievement gaps. *British Journal of Sociology of Education*, 21(3), 391–400.

Grace, G. (1997) Politics, markets and democratic schools: on the transformation of school leadership. In Halsey et al. (1997).

Grayling, A. C. (2001) *Wittgenstein: A Very Short Introduction* (Oxford: Oxford University Press).

Green, A. (1990) *Education and State Formation* (Basingstoke: Macmillan).

Haack, S. (1998) *Manifesto of a Passionate Moderate* (Chicago: University of Chicago Press).

Habermas, J. (1995) *Postmetaphysical Thinking* (Cambridge: Polity).

Hacking, I. (2000) *The Social Construction of What?* (Cambridge, MA: Harvard University Press).

Hakim, C. (2000) *Working-Lifestyle Choices in the 21st Century* (Oxford: Oxford University Press).

Halsey, A. H. (1971) Theoretical advance and empirical challenge. In Hoper (1971).

Halsey, A. H. (1997) Trends in Access and Equity in Higher Education: Britain in Internal Perspective. In Halsey et al. (1997).

Halsey, A. H., Floud, J. and Anderson, J. (Eds) (1961) *Education, Economy and Society* (New York: Free Press).

Halsey, A. H., Heath, A. and Ridge, J. (1980) *Origins and Destinations* (Oxford: Clarendon Press).

Halsey, A. H., Lauder, H., Brown, P. and Wells, A. S. (Eds) (1997) *Education, Culture, Economy, Society* (Oxford: Oxford University Press).

Harding, S. (Ed.) (1987) *Feminism and Methodology* (Milton Keynes: Open University Press).

Hargreaves, A. (1989) *Curriculum and Assessment Reform* (Milton Keynes: Open University Press).

Hargreaves, D. (1967) *Social Relations in a Secondary School* (London: Routledge & Kegan Paul).

Harré, R. and Krausz, M. (1996) *Varieties of Relativism* (Oxford: Blackwell).

Hartley, D. (1997) *Re-Schooling Society* (London: Falmer).

Harvey, D. (1990) *The Condition of Postmodernity* (Oxford: Blackwell). 구동회, 박영민 공역(1994). 포스트모더니티의 조건. 한울.

Hasan, R. (2001) The ontogenesis of decontextualised language: some achievements of classification and framing. In Morais et al. (2001).

Hatcher, R. (1998) Class differentiation: rational choices? *British Journal of Sociology of Education*, 19(1), 5–24.

Heath, A. and McMahon, D. (1997) Education and occupational attainment: the impact of ethnic origins. In Hasle et al. (1997)

Hickox, M. (1982) The Marxist sociology of education: a critique. *British Journal of Sociology*, 33(4), 563–78.

Hickox, M. (1986) Has there been a British intelligentsia? *British Journal of Sociology*, 37, 260–8.

Hickox, M. (1995) Situating vocationalism. *British Journal of Sociology*, 16(2), 153–63.

Holmwood, J. (1995) Feminism and epistemology. *Sociology*, 29(3), 411–28.

Hopper, E. (Ed.) (1971) *Readings in the Theory of Educational Systems* (London: Hutchinson).

Hopper. E. (1997) A typology for the classification of education systems. In Karabel and Halsey (1977).

Horkheimer, M. and Adorno, T. (1979) *Dialectic of Enlightenment* (London: Verso).

Hough, J. R. (1987) *Education and the National Economy* (Lewes: Croom Helm).

Husén, T. (1979) *The School in Question* (Oxford: Oxford University Press).

Hymes, D. (1995) Bernstein and Poetics. In P. Atkinson, B. Davies and S. Delamont (Eds) *Discourse and Reproduction: essays in honour of Basil Bernstein* (Cresskill, NJ: Hampton Press).

Ignatieff, M. (1998) *The Warrior's Honour* (London: Chatto & Windus).

Israel, J. (2001) *Radical Enlightenment* (Oxford: Oxford University Press).

Jencks, C. (1972) *Inequality* (New York: Basic Books).

Jessop, B. (1993) From social democracy to Thatcherism: twenty-five years of British politics. In N. Abercrombie and A. Warde (Eds), *Social Change in Contemporary Britain* (Basingstoke: Macmillan).

Jones, L. and Moore, R. (1996) Equal opportunities, the curriculum and the subject. In J. Ahier, B. Cosin and M. Hales (Eds), *Diversity and Change: Education, Policy and Selection* (London: Routledge).

Jordan, B. (1996) *A Theory of Poverty and Social Exclusion* (Cambridge: Polity).

Karabel, J. and Halsey, A. H. (Eds) (1997) *Power and Ideology in Education* (New York: Oxford University Press). 강순원 역(1985). 교육과 사회구조. 미래사.

Keddie, N. (1971) Classroom knowledge. In Young (1971).

Kitcher, P. (2001) *Science, Truth and Democracy* (Oxford: Oxford University Press).

Klee, R. (1997) *Introduction to the Philosophy of Science* (Oxford: Oxford University Press).

Kuhn, T. S. (1970) *The Structure of Scientific Revolutions* (Chicago: Chicago University Press).

Lopez, J. and Potter, G. (2001) *After Postmodernism: An Introduction to Critical Realism* (London: Athlone).

Lopez, J. and Scott, J. (2000) *Social Structure* (Buckingham: Open University Press).

Lukes, S. (1973) *Emile Durkheim, His Life and Works: A Historical and Critical Study* (London: Allen Lane).

Luntley, M. (1995) *Reason, Truth and Self: The Postmodern Reconditioned* (London: Routledge).

Macan Ghaill, M. (1988) *Young Gifted and Black: Student Teacher Relations in the*

Schooling of Black Youth (Milton Keynes: Open University Press).

Mannheim, K. (1952) *Essays on the Sociology of Knowledge* (London: Routledge & Kegan Paul).

Marx, K. (1976) *Capital,* vol.1 (Harmondsworth: Penguin Books). 김수행 역(2005). 자본론. 비봉출판사.

Mathieson, M. and Bernbaum, G. (1991) The British disease: a British tradition? In R. Moore and J. Ozga (Eds), *Curriculum Policy* (Oxford: Pergamon Press/Open University Press).

Maton, K. (2000) Languages of legitimation: the structuring significance for intellectual fields of strategic knowledge claims. *British Journal of Sociology of Education,* 21(2), 147–67.

Measor, L. and Sikes, P. (1997) Feminist theories. In B. Cosin and M. Hales (Eds), *Families, Education and Social Differences* (London: Routledge).

Merton, R. (1959) *Social Theory and Social Structure* (New York: Free Press).

Mills, C. (1998) Alternative epistemologies. In L. A. Alcoff (Ed.), *Epistemology: The Big Questions* (Oxford: Blackwell).

Mills, S. (1997) *Discourse* (London: Routledge). 김부용 역(2001). 담론. 인간사랑.

Mirza, Heidi Safia (1992) *Young, Female and Black* (London: Routledge).

Moore, R. (1987) Education and the ideology of production. *British Journal of Sociology of Education,* 8(2), 227–42.

Moore, R. (1988) The correspondence principle and the Marxist sociology of education. In Cole (1988).

Moore, R. (1996) Back to the future: the problem of change and the possibilities of advance in the sociology of education. *British Journal of Sociology of Education,* 17(2), 145–62.

Moore, R. (2000) For knowledge: tradition, progressivism and progress in education–reconstructing the curriculum debate. *Cambridge Journal of Education,* 30(1), 17–36.

Moore, R. and Maton, K. (2001) Founding the sociology of knowledge: Basil Bernstein, intellectual fields and the epistemic device. In Morais et al. (2001).

Moore, R. and Muller, J. (1999) The discourse of 'voice' and the problem of knowledge and identity in the sociology of education. *British Journal of Sociology of Education,* 20(2), 189–206.

Moore, R. and Muller, J. (2002) The growth of knowledge and the discursive gap. *British Journal of Sociology of Education,* special issue: *Basil Bernstein's Theory of Class, Educational Codes and Social Control,* 23(4), 627–38.

Moore, R. and Young, M. (2001) Knowledge and the curriculum in the sociology of education: towards a reconceptualisation. *British Journal of Sociology of Education,* 22(4), 445–61.

Morais, A., Neves, I., Davies, B. and Daniels, H. (Eds) (2001) *Towards a Sociology of Pedagogy: The Contribution of Basil Bernstein to Research* (New York: Peter Lang).

Mortimore, P. (1997) Can effective schools compensate for society? In Halsey et al. (1997).

Müller, W. and Karle, W. (1996) Social selection in educational systems in Europe. In J. Ahier, B. Cosin and M. Hales (Eds), *Diversity and Change: Education, Policy and Selection* (London: Routledge).

Muller, J. (2000) *Reclaiming Knowledge* (London: Falmer).

Nash, R. (1999) Bourdieu, 'habitus' and educational research: is it all worth the candle? *British Journal of Sociology of Education,* 20(2), 175–88.

Niiniluoto, I. (2002) *Critical Scientific Realism* (Oxford: Oxford University Press).

Noden, P. (2000) Rediscovering the impact of marketisation: dimensions of social segregation in England's secondary schools, 1994–99. *British Journal of Sociology of Education,* 21(3), 371–90.

Ogbu, J. (1997) Racial Stratification and Education in the United States: why inequality persists, in Halsey et al. (1997).

Papineau, D. (Ed.) (1996) *The Philosophy of Science* (Oxford: Oxford University Press).

Parsons, T. (1961) The school class as a social system: some of its functions in American society. In Halsey et al. (1961).

Poggi, G. (1972) *Images of Society: Essays on the Sociological Theories of Tocqueville, Marx, and Durkheim* (Stanford, CA: Stanford University Press).

Pollard, A. (Ed.) (1994) *Look Before You Leap* (London: Tuffnell Press).

Popper, K. (1972) *Objective Knowledge: An Evolutionary Approach* (Oxford: Clarendon

Press).

Popper, K. (1994) *The Myth of the Framework* (London: Routledge).

Power, S., Aggleton, P., Brannen, J., Brown, A., Chisholm, L. and Mace, J. (Eds) (2001) *A Tribute to Basil Bernstein* (London: Institute of Educatoin).

Power, S., Edwards, T., Whitty, G. and Wigfall, V. (2003) *Education and the Middle Class* (Buckingham: Open University Press).

Ramp, W. (1999) Durkheim and Foucault on the genesis of disciplinary society. In Cladis (1999).

Ranson, S. (1990) From 1944 to 1988: education, citizenship and democracy. In Floud and Hammer (1990).

Reay, D. (1998) Engendering social reproduction. *British Journal of Sociology of Education*, 19(2), 195–210.

Reeves, F. and Chevanners, M. (1998) The ideological construction of black underachievement. In M. Woodhead and A. McGraph (Eds), *Family, School and Society* (London: Hodder & Stoughton).

Rikowski, G. (1996) Left alone: end time for Marxist education theory? *British Journal of Sociology of Education*, 17(4), 415–52.

Ringer, F. (1969) *Decline of the German Mandarins: German Academic Community, 1890–1933* (Cambridge, MA: Harvard University Press).

Ringer, F. (1977) Cultural transmission in German higher education in the nineteenth century. In Karabel and Halsey (1977).

Rutter, M., Maughan, B., Mortimore, P. and Ouston, J. (1979) *Fifteen Thousand Hours: Secondary Schools and their Effects on Children* (London: Open Books).

Sarup, M. (1977) *Marxism and Education* (London: Routledge & Kegan Paul). 이혜영 외 공역(1987). 마르크스주의와 교육이론. 한길사.

Savage, M. and Egerton, M. (1997) Social mobility, individual ability and the inheritance of class inequality. *Sociology*, 31(4), 645–72.

Savage, M., Barlow, J., Dickens, P. and Fielding, T. (1992) *Property, Bureaucracy and Culture: Middle-Class Formation in Contemporary Britain* (London: Routledge).

Schmaus, W. (1994) *Durkheim's Philosophy of Science and the Sociology of Knowledge*

(Chicago: University of Chicago Press).

Scott, J. (1996) *Stratification and Power* (Cambridge: Polity).

Scruton, R. (1997) Kant. In *Oxford Past Masters. German Philosophers* (Oxford: Oxford University Press).

Scruton, R. (1999) *Spinoza* (London: Routledge).

Sewell, T. (1997) *Black Masculinities and Schooling: How Black Boys Survive Modern Schooling* (Stoke on Trent: Trentham Books).

Singh, P. (2001) Pedagogic discourses and student resistance in Australian secondary schools. In Morais et al. (2001).

Smith, D. and Tomlinson, S. (1989) *The School Effet: A Study of Multi-Racial Comprehensives* (London: Policy Studies Institute).

Stone, M. (1981) *The Education of the Black Child in Britain* (London: Fontana).

Turner, B. (Ed.) (1993) *Citizenship and Social Theory* (London: Sage).

Turner, B. (1999) *Classical Social Theory* (London: Sage).

Turner, R. (1961) Modes of ascent through education: sponsored and contest mobility. In Halsey et al. (1961).

Usher, R. and Edwards, R. (1994) *Postmodernism and Education* (London: Routledge).

Walkerdine, V. (1984) Developmental psychology and the child-centred pedagogy: the insertion of Piaget into early education. In J. Henriques, W. Holloway, C. Urwin, C. Venn and V. Walkerdine, *Changing the Subject* (London: Methuen).

Ward, S. (1996) *Reconfiguring Truth: Post-Modernism, Science Studies and the Search for a New Model of Knowledge* (New York: Rowman & Littlefield).

Weber, M. (1930) *The Protestant Ethic and the Spirit of Capitalism* (London: George Allen & Unwin). 박종선 역(1996). 프로테스탄티즘의 윤리와 자본주의정신. 고려원.

Weber, M. (1966) *The Sociology of Religion* (London: Methuen). 전성우 역(2008). 막스 베버 종교사회학 선집. 파주: 나남.

Weber, M. (1967) *The Religion of China* (London: Collier-Macmillan). 이상률 역(1990). 유교와 도교. 문예출판사.

Weiner, G. (1994) *Feminisms in Education* (Buckingham: Open University Press).

Weiner, G., Arnot, M. and David, M. (1997) Is the future female? Female success, male disadvantage and changing gender patterns in education. In Halsey et al. (1997).

Weiss, L. and Hobson, J. (1995) *States and Economic Development* (Cambridge: Polity).

Wells, A. S. and Serna, I. (1997) The politics of culture: understanding local political resistance to detracking in racially mixed schools. In Halsey et al. (1997).

Westergaard, J. (1995) *Who Gets What: The Hardening of Class Inequality in the Late Twentieth Century* (Cambridge: Polity).

Whitley, R. (2000) *The Intellectual and Social Organisation of the Sciences* (Oxford: Oxford University Press).

Whitty, G. (1991) The New Right and the national curriculum: state control or market forces? In R. Moore and J. Ozga (Eds), *Curriculum Policy* (Oxford: Pergamon Press).

Whitty, G. (1997) Marketisation, the state, and the re-formation of the teaching profession. In Halsey et al. (1997).

Wiener, M. (1981) *English Culture and the Decline of the Industrial Spirit 1850–1980* (Cambridge: Cambridge University Press).

Willis, P. (1977) *Learning to Labour* (Farnborough: Saxon House). 김찬호, 김영훈 공역 (2004). 학교와 계급재생산: 반학교문화, 일상, 저항. 서울: 이매진.

Woodhall, M. (1997) Human capital concepts. In Halsey et al. (1997).

Wright, C., Weekes, D., McGlaughlin, A. and Webb, D. (1998) Masculinised discourses within education and the construction of black male identities amongst African Caribbean youth. *British Journal of Sociology of Education*, 19(1), 75–88.

Youdell, D. (2003) Identity traps or how black students fail: the interactions between biographical, sub-cultural, and learner identities. *British Journal of Sociology of Education*, 24(1), 3–20.

Young, M. F. D. (Ed.) (1971) *Knowledge and Control* (London: Collier-Macmillan).

Young, M. F. D. (1988) *The Curriculum of the Future* (London: Falmer).

찾아보기

인 명

Althusser, L. 95

Ball, S. 209, 215
Bernstein, B. 72, 226, 252, 262, 267, 267
Boudon, R. 182, 185, 209
Bourdieu, P. 128, 153, 157, 160, 163, 167, 182, 188
Bowles, S. 76, 92, 101, 270
Brown, P. 181, 199, 205, 219

Collins, C. 19
Collins, R. 154, 156, 182, 184, 188, 328

Durkheim, E. 139, 153, 195, 229, 232, 236, 237, 250, 251, 323

Foucault, M. 149

Gintis, H. 76, 92, 101, 270
Goldthorpe, J. 74
Green, A. 129

Halsey, A. H. 19, 83
Hopper, E. 110
Husén, T. 111

Jencks, C. 61

Kant, I. 234

Merton, R. 195
Mirza, H. 205, 208

Niiniluoto, I. 297

Ogbu, J. 26

Parsons, T. 88, 90
Passeron, J. -C. 163, 182, 189
Popper, K. 320, 321

Reay, D. 165

Turner, R. 104

Weber, M. 131, 145, 150
Willis, P. 22, 196, 197
Wittgenstein, L. 302

Young, M. 296

내용

가시적 260
가시적 교수법 266
가열 110
갈등이론 155
개인적 자아 241, 242
개인주의 249
객관화된 자본 162
견지(見地)이론 281
경쟁 이동 104
경쟁적 사회이동 105
경제적 민족주의 113
계급 127
계급, 코드 그리고 통제 228
계층화 26
계층화의 원리 88
관료제 131
교수법 담론 226, 257
교육 거버넌스 119
교육가능성 38
교육계층화 140
교육과정 255, 279
교육분화 46
교육사상의 전개 230
교육시장 212
교육실행지역(EAZ) 39
교육의 과정 255
교육적 의사결정 193, 209
교육적 장치 257
교육적 페미니즘 43
구성주의 281, 285, 294, 306, 331
구조-역동성 모델 184
구획 255, 260
권력 253
급진적 교육학 97
기계적 246
기계적 연대 245, 248
기술기능이론 189

낙인이론 50
내재적 38
내재적 접근 39
냉각 110
네오포디즘 120
노동하는 법 학습 196
능력별 학급편성 165
능력주의 86, 186

다문화주의 24
대응원리 95
대응이론 76
도덕교육 247
독단적 회의론 302

마르크스주의 74, 92
문인계층 131
문화적 자본 157, 162

반학교 하위문화 197
부르주아지화 86
분류화 255, 260
불평등 21, 47, 61
비가시적 교수법 260, 262
비실증주의적 301
비판적 실재론 332

사회 불평등 46
사회분업론 245
사회적 자본 161, 237, 241
사회적 자아 242
사회적 폐쇄 152
사회적인 것 324
사회학주의 238
사회화 237
상대주의 315
상품화 115
선택 212
성 혁명 32, 42
세계화 116
시장논리 210
시장화 87, 114, 211, 216
신교육사회학 40
신빙주의 312, 318
실재론자 331
실증주의 282, 299, 306, 310
실증주의적 303
실현화 258
실현화 규칙 262

아비투스 143, 148
언어적 장치 254
언어적 전회 307
오류가능주의 309
외재적 37
외재적 접근 38
위치결정 25, 195
유기적 연대 230, 245, 246, 248
의사결정 181
이중 자아 240
이차 효과 194
인간자본론 71, 188
인식 규칙 262
인식론 289, 297

인식론적 딜레마 308
일차 효과 194, 209

자살론 245
자연화된 인식론 282
자유주의 74
장 327
적응 유형 195
정교한 코드 263
정합론 298
제도화된 자본 162
제한된 코드 263
존재론적 실재론 313, 315
중국의 문인계층 145
지식사회학 289
지위 127, 174
지위집단 137, 138, 152, 156
집단 내 차이 34

차이 21,47, 87, 315
창발적 유물론 319
체화된 문화적 자본 162
체화된 자본 162
취향 151, 153

코드 259
콜먼 보고서 61

토대주의 298, 331

포드주의적 23
포스트모더니스트 292
포스트모더니즘 289, 295, 306, 310
포스트포디즘 120
프로이센 133

학교교육과 자본주의 76
학교효과성 62
학력 인플레이션 188
학력주의화 188
합리적 행위(또는 선택)이론(RAT) 193
헤드스타트 프로젝트 39
후원 이동 104
후원적 사회이동 105

저자 소개

롭 무어(Rob Moore)

영국 런던대학교 사회학박사로, 초등학교와 중등학교의 사회과 교사를 거쳐 런던대학교와 개방대학교 등에서 교육사회학을 가르쳤고, 현재는 케임브리지대학교 교육학과 교수로 재직하고 있다. 주된 관심사는 교육과 지식사회학, 사회이론과 사회학 연구방법 등이다. Cultural Capital: objective probability and the cultural arbitrary(*British Journal of Sociology of Education*, 25(4), 445–456, 2004) 등 다수의 논문을 발표하였다.

역자 소개

손준종

우석대학교를 거쳐 현재 한국교원대학교에서 교육사회학을 가르치고 있다. 주된 관심사는 교육과 불평등, 교육의 역사사회학, 고등교육 등이다. 저서로 『교육사회학』(문음사, 2001), 역서로 『국가가 필요 없는 교육』(문음사, 2004), 『고전정치경제학자의 교육사상』(공역, 원미사, 2002), 『우리가 원하는 학교』(공역, 학지사, 1998) 등이 있다.

교육과 사회
교육사회학의 쟁점

Education and Society
Issues and Explanations in the Sociology of Education

2010년 2월 22일 1판 1쇄 인쇄
2010년 2월 26일 1판 1쇄 발행

지은이 • Rob Moore
옮긴이 • 손준종
펴낸이 • 김진환
펴낸곳 • ㈜ 학지사
121-837 서울특별시 마포구 서교동 352-29 마인드월드빌딩 5층
대표전화 • 02) 330-5114 팩스 • 02) 324-2345
등록번호 • 제313-2006-000265호

홈페이지 • http://www.hakjisa.co.kr
커뮤니티 • http://cafe.naver.com/hakjisa

ISBN 978-89-6330-306-2 93370

정가 15,000원